吳見思評點

史記論文

中華書局印行

史記論文

武進吳見思齊賢評點
山陰吳興祚留村參訂

伯夷列傳

夫學者載籍極博。猶考信於六藝。詩書雖缺。然虞夏之文可知也。伯夷有傳有詩所志在神農虞夏故先閒閒引起。 堯將遜位。讓於虞舜。伯夷所重在讓國一節故先以堯讓天下引起擬人于其倫是極重伯夷處 舜禹之間。岳牧咸薦。乃試之於位。典職數十年。功用既興。然後授政。示天下重器。王者大統。傳天下若斯之難也。一折 而說者曰。堯讓天下於許由。許由不受。恥之逃隱。及夏之時。有卞隨務光者。此何以稱焉。又忽引一許由與卞隨務光先爲伯夷襯貼 太史公曰。余登箕山。其上蓋有許由冢云。一 即許由事不實說殺只作疑詞下便可撇入本傳主客乃分不然便是許由合傳矣 孔子序列古之仁聖賢人。孔子是一篇之主 如吳太伯伯夷之倫。又請一吳太伯帶出伯夷若不耑爲伯夷者是另一法 詳矣。余以所聞。由光義至高。其文辭不少概見。何哉。又回映由光一筆繚繞襯貼文辭正照下伯夷有傳有詩 孔子曰。伯夷叔齊。不念舊惡。怨是用

中華書局印行

希求仁得仁。又何怨乎。（即以孔子接下）余悲伯夷之意。睹軼詩可異焉。（倒提軼詩）其傳曰。（始正序伯夷事）

（蓋伯夷有傳在也）伯夷叔齊。孤竹君之二子也。父欲立叔齊。及父卒。叔齊讓伯夷。伯夷曰。父命也。遂逃去。叔齊亦不肯立而逃之。國人立其中子。於是伯夷叔齊。聞西伯昌善養老。盍往歸焉。及至。西伯卒。武王載木主。號爲文王。東伐紂。伯夷叔齊叩馬而諫曰。父死不葬。爰及干戈。可謂孝乎。以臣弑君。可謂仁乎。左右欲兵之。太公曰。此義人也。扶而去之。武王已平殷亂。天下宗周。而伯夷叔齊恥之。義不食周粟。隱于首陽山。采薇而食之。（序伯夷實事平實簡淨蓋前後多跌蕩此不得不平實章法也）及餓且死。作歌。其辭曰。（應前軼詩）登彼西山兮。采其薇矣。以暴易暴兮。不知其非矣。神農虞夏。忽焉沒兮。我安適歸矣。于嗟徂兮。命之衰矣。（悲憤歷落流利抑揚此歌騷之祖也）遂餓死于首陽山。由此觀之。怨耶。非耶。（序伯夷止此即掉轉一筆接著怨字下發）

（議論）或曰。天道無親。常與善人。若伯夷叔齊。可謂善人者非耶。積仁絜行如此而餓死。且七十子之徒。仲尼獨薦顏淵爲好學。然回也屢空。糟糠不厭。而卒蚤夭。天之報施善人。其何如哉。盜跖日殺不辜。肝人之肉。暴戾恣睢。聚黨數千人。橫行天下。竟以壽終。是遵何德哉。此其尤大彰明較著者也。—（反借夷齊一宕引出顏淵盜跖作一反一正以極詠嘆○有堯舜由光諸人故又引顏淵盜跖二人照應作章法若至近世。操行不軌。專犯忌諱。而終身逸樂富厚累世不絕。或擇地而蹈之。時然後出言。行不由徑。非公正不發憤。而遇禍災者不可勝數也。又卽近世人一反一正以足上意作兩層寫妙余甚惑焉。儻所謂天道。是邪非邪。—又雙結一句以極詠歎三非邪呼應子曰。道不同。不相爲謀。又接孔子回應怨希求仁兩句亦各從其志也。裝一句作道不同註腳故曰。富貴如可求。雖執鞭之士。吾亦爲之。如不可求。從吾所好。歲寒然後知松柏之後凋。兩節正應各從其志舉世混濁。清士乃見。又裝一句作松栢後凋註腳一挽上伯夷豈以其重若彼。其輕若此哉。—又以詠歎作一結君子疾沒世而名不稱焉。又引孔子之言賈子曰。貪夫狥財。烈士狥名。夸者死權。衆庶馮生。引賈子四句烈士一句是主指伯夷同明相照。同類相求。雲從龍。風從虎。聖人作而萬物覩。引易經五句聖人一句是主指孔子此兩節將伯夷孔子合說直貫至篇末伯夷叔齊雖賢。得夫子而名益彰。顏淵雖篤學。附驥尾而行益顯。卽所謂同類相求聖作而物覩也又點顏淵以陪伯夷正在有意無意之間妙巖穴之士。趨舍有時。若此類名堙滅而不稱。悲夫。一反應疾沒世而名不稱閭巷之人。欲砥行立名者。非附青雲之士。惡能施於後世哉。又借名字以詠歎作一結

通篇純以議論詠歎回環跌宕一片文情極其純密而伯夷實事只在中間一頓序過如長江大河前後風濤重疊而中有澄湖數頃波平若黛正以相間出

奇○序伯夷處全以孔子作主由光顏淵作陪客組織貫串照映前後極其奇肆文○極其純密是史公得意之筆○步步頓折步步呼應欲止而復起欲行而又留如輕雲在天微風拂之或卷或舒婀娜萬態吾烏乎測之○妙處在雜引經傳層間疊發而神理自成一片縱橫變化絕不費手非史公其孰能之

管晏列傳

管仲夷吾者。潁上人也。一少時常與鮑叔牙游。鮑叔知其賢。一篇以鮑叔事作主故先點鮑叔管仲貧困常欺鮑叔。即下分財多自予之類也世即以爲欺鮑叔耳然於鮑叔何有哉鮑叔終善遇之不以爲言。已而鮑叔事齊公子小白。管仲事公子糾。及小白立爲桓公。公子糾死。管仲囚焉。鮑叔遂進管仲。管仲既用。任政於齊。齊桓公以霸。九合諸侯。一匡天下。管仲之謀也。一管仲一生事業只畧寫數語管仲曰。吾始困時。嘗與鮑叔賈。分財利多自與。鮑叔不以我爲貪。知我貧也。此不接於鮑叔善遇之下乃序管仲事即借仲語另起一峯從空插入章法妙吾嘗爲鮑叔謀事。而更窮困。鮑叔不以我爲愚。知時有利不利也。吾嘗三仕三見逐於君。鮑叔不以我爲不肖。知我不遭時也。吾嘗三戰三走。鮑叔不以我爲怯。知我有老母也。公子糾敗。召忽死之。吾幽囚受辱。鮑叔不以我爲無恥。知我不羞小節。而恥功名不顯於天下也。忽排五段前實事既畧此虛事獨詳前以緊節勝此以排語佳相間成文○五知我連絡點綴生我者父母。知我者鮑子也。一一句收得有力繳還知我字鮑叔既進管仲。

間接以身下之。子孫世祿於齊。有封邑者十餘世。常爲名大夫。天下不多管仲之賢而多鮑叔能知人也。一從間處折宕以贊語作結點還知字收管仲既任政相齊。間接一匡九合前已總序此又另出一頭重提以區區之齊在海濱。通貨積財。富國彊兵。與俗同好惡。是管仲本旨故其稱曰。倉廩實而知禮節。衣食足而知榮辱。上服度則六親固。四維不張。國乃滅亡。以上用韻下令如流水之源。令順民心。故論卑而易行。俗之所欲。因而予之。俗之所否。因而去之。其爲政也。善因禍而爲福。轉敗而爲功。貴輕重。任權衡。一一部管子收盡數行摶捖之力卽因禍爲福何借一因字生下三段桓公實怒少姬。南襲蔡。管仲因而伐楚。責包茅不入貢於周室。桓公實北征山戎。而管仲因而令燕脩召公之政。於柯之會。桓公欲背曹沫之約。管仲因而信之。諸侯由是歸齊。此皆一匡九合中事又提三段另序俱不實寫故曰知與之爲取。政之寶也。一又卽以管子語結之

繳完上節管仲富擬於公室。有三歸反坫。齊人不以爲侈。管仲卒。齊國遵其政。常彊於諸侯。收完任政相齊一段卽帶下作晏子過文後百餘年而有晏子焉。一由上接下蟬聯蛇蜿滑稽刺客傳皆用此法

晏平仲嬰者。萊之夷維人也。事齊靈公莊公景公。以節儉力行重於齊。既相齊。食不重肉。妾不衣帛。與管仲三歸反坫對其在朝。君語及之。卽危言。語不及之。卽危行。國有道。卽順命。無道。卽

衡命。二十五字作八句四節兩對俊永包括 以此三世。靈莊景也 顯名於諸侯。一晏子一生事業亦只數語約畧虛寫與管仲一樣 越石父賢在縲紲中晏子出遭之途解左驂贖之載歸弗謝入閨久之越石父請絕晏子懼然攝衣冠謝曰嬰雖不仁免子於厄何子求絕之速也石父曰不然吾聞君子詘於不知己而信於知己者一句案 方吾在縲紲中彼不知我也一折 夫子既已感寤而贖我是知己二折 知己而無禮固不如在縲紲之中三折曲折而簡盡 晏子於是延入爲上客

一晏子爲齊相句 出句 其御之妻從門間而闚其夫其夫爲相御擁大蓋策駟馬意氣揚揚甚自得也既而歸其妻請去亦先作一縱石父請絕御妻請去作一樣寫 夫問其故妻曰晏子長不滿六尺身相齊國名顯諸侯今者妾觀其出志念深矣常有以自下者今子長八尺乃爲人僕御然子之意自以爲足妾是以求去也前三折此以兩對 其後夫自抑損晏子恠而問之御以實對晏子薦以爲大夫

太史公曰吾讀管氏牧民山高乘馬輕重九府及晏子春秋詳哉其言之也因二子書已詳言故史公傳以畧勝 既見其著書欲觀其行事故次其傳至其書世多有之是以不論論其軼事。一兩人先總下乃分 管仲世所謂賢臣然孔子小之一轉 豈以爲周道衰微桓公既賢而不

勉之至王。乃稱霸哉。二轉語曰。將順其美。匡救其惡。故上下能相親也。豈管仲之謂乎。

一管仲論完方晏子伏莊公尸。哭之。成禮然後去。一轉莊公事亦只於贊中點豈所謂見義不爲無勇。者邪。二轉至其諫說。犯君之顏。此所謂進思盡忠。退思補過者哉。三轉兩所謂作兩樣用用三豈字作三樣用

筆有化工假令晏子而在。余雖爲執鞭。所忻慕焉。一結悠然餘韻執鞭暗用御者事

管仲晏子是春秋時第一流人物功業烜赫一時操觚之家不知當如何鋪序史公偏只用輕清淡宕之筆而以秀折出之月影花香另是一種境界○管晏事功只用數語序過皆於閒處點染是所同也乃管子一傳前邊點過中嵌鮑叔一段閒文而後邊散提前事重敘如青幛對谿林花亂發晏子一傳前邊點過竟不重序後帶越石御妻兩段閒文即以終篇如桃花流水一去杳然各出一奇妙○此篇以風致勝無一實筆無一呆筆純以清空一氣運旋覺伯夷傳猶有意爲文不若此篇水到渠成無意於文而天然成妙

老莊申韓列傳

老子者。楚苦縣厲鄉曲仁里人也。姓李氏。名耳。字伯陽。謚曰聃。周守藏室之史也。一序縣鄉里姓名字謚官老子獨詳孔子適周。將問禮於老子。老子曰。子所言者。其人與骨皆已朽矣。獨其言在耳。先撇到問禮且君子得其時則駕。不得其時則蓬累而行。側不得時句吾聞之。良賈深藏若虛。君子盛德。容貌若愚。去子之驕氣與多欲。態色與淫志。是皆無益於子

之身（凡作三段語句精緻）吾所以告子若是而已孔子去謂弟子曰鳥吾知其能飛魚吾知其能游獸吾知其能走走者可以爲罔游者可以爲綸飛者可以爲矰（先立三句應三句作三疊）至于龍吾不能知其乘風雲而上天吾今日見老子其猶龍邪（上三疊此一掉餘意無盡）老子修道德其學以自隱無名爲務（因孔子之云插序老子本旨作一束）居周久之見周之衰乃遂去至關關令尹喜曰子將隱矣彊爲我著書於是老子乃著書上下篇言道德之意五千餘言而去莫知其所終（著書是一篇大旨四傳皆以此串）或曰老萊子亦楚人也著書十五篇言道家之用與孔子同時云（平空插入一老萊子又緊接孔子變化不測）蓋老子百有六十餘歲或言二百餘歲以其脩道而養壽也（又接入老子只虛敘作二束）自孔子死之後百二十九年（全以孔子作主穿插）而史記周太史儋見秦獻公曰始秦與周合而離離五百歲而復合合七十歲而霸王者出焉或曰儋卽老子或曰非也世莫知其然否（又出兩或曰與前或曰層疊歷落有意無意妙甚）老子隱君子也（又點一句作三束〇應子將隱句）老子之子名宗宗爲魏將封于段干宗子注注子宮宮玄孫假假仕于漢孝文帝而假之子解爲膠西王卬太傅因家于齊焉世之學老子者則絀儒學儒學亦絀老子道不同不相爲謀豈謂是邪（前以孔子相引後以孔子相配以終一篇之旨）李耳

無爲自化清靜自正一（正根道不同來而李耳無爲清靜另自一家老子五千文八字中隱括已盡○住法峭拔）莊子者、蒙人也、名周周嘗爲蒙漆園吏與梁惠王齊宣王同時其學無所不闚然其要本歸於老子之言（緊接上傳是合傳法）故其著書十餘萬言（應著書）大抵率寓言也作漁父盜跖胠篋以詆訿孔子之徒以明老子之術（雙承上孔子老子客一主一賓一虛）一畏累虛亢桑子之屬（前有老萊子此有畏累亢桑俱只虛序作顧盼）皆虛語無事實（應寓言）然善屬書離辭指事類情用剽剝儒墨雖當世宿學不能自解免也其言洸洋自恣以適己（全以虛致折宕學莊子）故自王公大人不能器之一（此句管下）（楚威王事）楚威王聞莊周賢使使厚幣迎之許以爲相莊周笑謂楚使者曰千金重利卿相尊位也（先作豔慕語不說盡下即入喻妙）子獨不見郊祭之犧牛乎養食之數歲衣以文繡以入太廟當是之時雖欲爲孤豚豈可得乎子亟去無污我我寧游戲污瀆之中自快無爲有國者所羈終身不仕以快吾志焉一（只述莊子數語即以完莊子之事竟莊子之篇以虛爲實使人不測）申不害者、京人也、故鄭之賤臣學術以干韓昭侯昭侯用爲相內修政教外應諸侯十五年終申子之身國治兵彊無侵韓者（申子只簡序實序虛序另出一法）申子之學本於黃老（根老子）而主刑名著書二篇號曰申子一（應著書）韓非者、韓之諸公子也、喜刑名法術之學而其歸

中華書局印行

本於黃老。根老子四家一線世系不亂非爲人。口吃。不能道說而善著書。應著書與李斯俱事荀卿。斯自以爲不如非。傳後死於李斯先出李斯相照非見韓之削弱。數以書諫韓王。韓王不能用。於是韓非疾治國不務修明其法制。執勢以御其臣下。富國彊兵而以求人任賢。五句作一氣讀反舉浮淫之蠹。而加之於功實之上。述非子本意以爲儒者用文亂法。而俠者以武犯禁。寬則寵名譽之人。急則用介胄之士。今者所養非所用。所用非所養。悲廉直不容於邪枉之臣。即上意作兩層寫觀往者得失之變。故作孤憤五蠹內外儲說林說難十餘萬言。應著書欲出說難且先將孤憤等序出作陪然。韓非知說之難。爲說難書甚具。終死於秦。不能自脫。未出說難先倒一筆直貫篇末說難曰。凡說之難。非吾知之有以說之難也。又非吾辯之難能明吾意之難也。又非吾敢橫失能盡之難也。劈頭出三比先作一掉凡說之難。在知所說之心。可以吾說當之。此一句貫下三段知字是一篇之主所說出於爲名高者也。而說之以厚利。則見下節而遇卑賤。必棄遠矣。所說出於厚利者也。而說之以名高。則見無心而遠事情。必不收矣。所說實爲厚利。而顯爲名高者也。而說之以名高。則陽收其身而實疏之。若說之以厚利。則陰用其言而顯棄其身。三比應前三比而末比則兼兩義法變此之不可不知也。點知字一作一束夫事以密成。語以泄敗。未必其身泄之也。而語及其所匿之事。如是者身危。貴人有過端。而說者明言善議以推其惡者。則身危。周澤未渥也。而語極知。說行而有功則德亡。說不行而有敗。則見疑。如是者身危。夫貴人得計而欲自以為功。說者與知焉。則身危。彼顯有所出事。迺自以為也。故說者與知焉。則身危。彊之以其所必不為。止之以其所不能已者。身危。三比之後衍作六比或長或短或散或排故曰與之論大人。則、以為間己。與之論細人。則、以為鬻權。論其所愛。則、以為借資。論其所憎。則、以為嘗己。徑省其詞。則、不知而屈之。汎濫博文。則、多而久之。順事陳意。則、曰怯懦而不盡。慮事廣肆。則、曰草野而倨侮。六段之後又衍作八比兩比一變文章樂事此說之難。不可不知也。又點知字作第二束凡說之務。在知飾所說之所敬。而滅其所醜。前兩段俱以知字結此以知字起變法彼自知其計。此知字作智則、無以其失窮之。自勇其斷。則、無以其敵怒之。自多其力。則、無以其難概之。又排三比規異事與同計。譽異人與同行者。則以飾之無傷也。有與同失者。則、明飾其無失也。又排兩比俱連下一氣滾去大忠無所拂辭。悟言無所擊排。乃後申其辯知焉。此所以親近不疑。知盡之難也。得曠日彌久。而周澤既渥。深計而不疑。交爭而不罪。乃明計利害以致其功。直指是非以飾其身以此相持此說之成也（以上俱交淺言深所以崇禍此則交深而言信矣此一段方正說以下又以譬喻作奇峯）伊尹為庖百里奚為虜皆所由干其上也故此二子者皆聖人也猶不能無役身而涉世如此其汙也則非能仕之所設也（下有三喻故先出伊尹百里兩喻引起承上起下作過接）宋有富人天雨牆壞其子曰不築且有盜其鄰人之父亦云暮而果大亡其財其家甚知其子而疑鄰人之父昔者鄭武公欲伐胡乃以其子妻之因問群臣曰吾欲用兵誰可伐者關其思曰胡可伐乃戮關其思曰胡兄弟之國也子言伐之何也胡君聞之以鄭為親己而不備鄭鄭人襲胡取之此二說者其知皆當矣然而甚者為戮薄者見疑非知之難也處知則難矣（連出三喻恐排比難看故中間一閃以間隔之仍借知字作一小束）昔者彌子瑕見愛于衛君衛國之法竊駕君車者罪至刖既而彌子之母病人聞往夜告之彌子矯駕君車而出君聞之而賢之曰孝哉為母之故而犯刖罪與君游果園彌子食桃而甘不盡而奉君君曰愛我哉忘其口而啗我及彌子色衰而愛弛得罪于君君曰是嘗矯駕吾車又嘗食我以其餘桃故彌子之行未變於初也前見賢而後獲罪者愛憎之至變也（又自作一解繳完彌子一段）故有愛於主則知當而加親見憎於主則罪當而加疏故諫說之士不可

不察愛憎之主而後說之矣（此總收上三喻繳束通篇意義已盡）夫龍之爲蟲也可擾狎而騎也然其喉下有逆鱗徑尺人有嬰之則必殺人人主亦有逆鱗說之者能無嬰人主之逆鱗則幾矣（一篇文字曲折無窮猶恐其直至末又幻作奇峰另開鑪冶奇觀妙想通體皆靈矣）人或傳其書至秦（即以書接下）秦王見孤憤五蠹之書（偏不接說難）曰嗟乎寡人得見此人與之游死不恨矣李斯曰此韓非之所著書也秦因急攻韓韓王始不用非及急（應韓不用）乃遣非使秦秦王悅之未信用李斯姚賈害之（應李斯）毀之曰韓非韓之諸公子也今王欲幷諸侯非終爲韓不爲秦此人之情也今王不用久留而歸之此自遺患也不如以過法誅之秦王以爲然下吏治非李斯使人遺非藥使自殺韓非欲自陳不得見秦王後悔之使人赦之非已死矣申子韓子（又帶出申子）皆著書傳於後世學者多有余獨悲韓子爲說難而不能自脫耳（繳還前不能自脫數語回環照映）

太史公曰老子所貴道虛無因應變化於無爲故著書辭稱微妙難識莊子散道德放論要亦歸之自然申子卑卑施之於名實韓子引繩墨切事情明是非其極慘礉少恩皆原於道德之意而老子深遠矣（四論一頭三脚以老子作主仍歸到老子結）

文字屈伸自如。變化無所不可。讀之覺鱗鬣東西。烟雲滿紙。史公亦將猶龍乎。吾又烏乎測之也○四傳以老子提綱。著書字貫如一栅傀儡。其實一線所穿。提之無不俱動。歸震川亦云。史記合傳。古本連書不斷。每人界斷提行。乃小司馬之陋。誠哉是言也○莊申韓皆推本老子。而老子又折衷孔子。傳中皆以孔子作主關合。是史公立言之旨○老莊二傳。俱以虛致回合以成妙致。然再加跌宕。反恐其弱。是東坡云。江瑤柱雖極爽口。多食則發風動氣。此之謂也。故接申子便以簡質矯之。而韓非則引說難一篇。洋洋灑灑。另作奇觀。妙豈言喻

司馬穰苴列傳

司馬穰苴者。田完之苗裔也。一只點一句並不少序下郎入時事齊景公時。晉伐阿甄。而燕侵河上。齊師敗績。景公患之。先說時事倥傯作一逼晏嬰乃薦田穰苴曰。穰苴雖田氏庶孽。然其人文能附衆。武能威敵。文武並濟極言其才然文一句虛是陪說願君試之。景公召穰苴。與語兵事。此下只就武一邊去大說之。以為將軍。將兵扞燕晉之師。穰苴曰。臣素卑賤。君擢之閭伍之中。加之大夫之上。士卒未附。百姓不信。人微權輕。願得君之寵臣。國之所尊。以監軍。乃可。請監軍如許鄭重不知穰苴之藉重監軍者若何正以襯後文之一笑也於是景公許之。使莊賈往。穰苴既辭。與莊賈約曰。旦日日中會於軍門。不說明妙穰苴先馳至軍。立表。句下漏。句待賈。先裝點一番寫穰苴心事賈素驕貴。以為將己之軍而已為監。不甚急。又闢開一筆寫莊賈心事親戚左右送之。留飲。日中而賈不至。穰

苴則仆表決漏。（又裝點一番。一立一仆一入。下一決寫得濃郁飛舞）入。（先待於軍門此時乃入也）行軍勒兵。申明約束。約束既定。（又裝點一番閱不數行已覺水阻山長遙遙難待）夕時。（立表下漏時不意其至此也極寫莊賈不堪）莊賈乃至。穰苴曰。何後期爲。賈謝曰。不佞大夫親戚送之。故留。穰苴曰。將受命之日。則忘其家。臨軍約束。則忘其親。援枹鼓之急。則忘其身。（先折之以正論侃侃之詞鏗鏘振響）今敵國深侵。邦內騷動。士卒暴露於境。君寢不安席。食不甘味。百姓之命。皆懸於君。（後折之以時勢外而士卒上而君內而百姓人不聊生便見後期之罪眞不可恕）何謂相送乎。召軍正問曰。軍法期而後至者云何。對曰。當斬。（惚忙中寫得雍容如禮）莊賈懼。使人馳報景公。請救。（正急之中偏作一頓）既往。未及反。於是遂斬莊賈以徇三軍。（正緩之中又作一閃）三軍之士皆振慄。（請監軍之故至此始明）久之。景公遣使者持節赦賈。馳入軍中。（前請救一句以爲因）（點寵臣之故空描一筆耳莊賈既斬則亦已矣孰意又生此一波哉）穰苴曰。將在軍。君令有所不受。問軍正曰。軍中不馳。今使者馳云何。正曰。當斬。（語與前對）使者大懼。（對莊賈懼）穰苴曰。君之使不可殺之。乃斬其僕。車之左駙。馬之左驂。以徇三軍。遣使者還報。（兩節奇事寫得踴躍飛動其妙如此）然後行。（計已成威已行可以一往而不顧矣）士卒次舍。井竈。飲食。問疾。醫藥。身自拊循之。悉取將軍之資糧享士卒。身與士卒平分糧食。最比其羸弱者。（先示之以法此結之以恩具寫將畧）三日。而後勒兵。病者皆求行。爭奮出。為之赴戰。晉師聞之。為罷去。燕師聞之。度水而解。兩聞之妙寫恩威並行不戰而屈直貫至斬莊賈請監軍一段於是追擊之。遂取所亡封內故境。而引兵歸。未至國。釋兵旅。應行軍勒兵解約束。應申明約束誓盟而後入邑。景公與諸大夫郊迎。勞師成禮。然後反歸寢。一寫得雍容儒雅亦本文能附衆來既見穰苴。尊為大司馬。田氏日以益尊於齊。已而大夫鮑氏高國之屬害之。譖於景公。景公退穰苴。苴發疾而死。田乞田豹之徒由此怨高國等。其後及田常殺簡公。盡滅高子國子之族。至常曾孫和。因自立為齊威王。用兵行威。大放穰苴之法。而諸侯朝齊。一穰苴一篇只是斬莊賈一節而未有奇勳茂績故推及身後王齊歸功穰苴是尊傳之法也齊威王使大夫追論古者司馬兵法。而附穰苴於其中。因號曰司馬穰苴兵法。兵法只帶作餘波

太史公曰、余讀司馬兵法。閎廓深遠。雖三代征伐。未能竟其義。如其文也。亦少褒矣。若夫穰苴區區為小國行師。何暇及司馬兵法之揖讓乎。世既多司馬兵法。以故不論。著穰苴之列傳焉。

此篇原止一事故無串插淩駕之妙其勝處只在期莊賈待軍門立表仆表下漏決漏故作裝點如優人扮劇有聲有色事事入神○穰苴之奇奇在兵法故運籌幃幄折衝樽俎斬一莊賈而二國旋師寫得揖讓從容絕無一毫鹵莽氣自是儒將風流

孫子吳起列傳

孫子武者、齊人也、以兵法見於吳王闔廬（先提兵法）闔廬曰子之十三篇吾盡觀之矣（十三篇作現成序已藏却孫武前半截事矣）可以小試勒兵乎對曰可闔廬曰可試以婦人乎（忽發此奇想以成奇致）曰可於是許之出宮中美女得百八十人孫子分爲二隊以王之寵姬二人各爲隊長皆令持戟令之曰汝知而心與左右手背乎（只就心手背出令是與婦女之言語亦俊）婦人曰知之孫子曰前則視心左視左手右視右手後即視背（只四語簡淨）婦人曰諾約束既布乃設鈇鉞即三令五申之於是鼓之右婦人大笑（先作一颺有致）孫子曰約束不明申令不熟將之罪也（又作一頓）復三令五申而鼓之左婦人復大笑（又作一颺）孫子曰約束不明申令不熟將之罪也既已明而不如法者吏士之罪也（數語作兩折有致）乃欲斬左右隊長吳王從臺上觀（此段美人二隊寵姬隊長已極可觀又從吳王臺上補寫一筆高臺武幄另增多少色澤）見且斬愛姬大駭趣使使下令曰寡人已知將軍能用兵矣寡人非此二姬食不甘味願勿斬也（又故作一頓）孫子曰臣既已受命爲將將在軍君命有所不受遂斬隊長二人以徇用其次爲隊長於是復鼓之婦人左右前後跪起（應前視心四句）皆中規矩繩墨無敢出聲（應大笑〇文字寫得儒雅俊秀是美人布陣語不是武夫）

中華書局印行

戰鬪語於是孫子使使報王曰兵既整齊王可試下觀之唯王所欲用之雖赴水火猶可也戲事竟可作實用寫孫武謀畧吳王曰將軍罷休就舍寡人不願下觀寫吳王一肚皮不快活聲口如見孫子曰王徒好其言不能用其實於是闔廬知孫子能用兵卒以爲將西破彊楚入郢北威齊晉顯名諸侯孫子與有力焉一虛事實寫實事虛寫此行文之妙○寫孫武只此試美人一事是史公好奇處孫武既死就孫武帶入孫臏後百餘歲有孫臏臏生阿鄄之間臏亦孫武之後世子孫也孫臏嘗與龐涓俱學兵法應兵法龐涓既事魏得爲惠王將軍得爲二字寫僥倖而自以爲能不及孫臏乃陰使召孫臏臏至龐涓恐其賢於己疾之則以法刑斷其兩足而黥之欲隱勿見曲折寫龐涓心事句句作相顧勢齊使者如梁孫臏以刑徒陰見說齊使齊使以爲奇竊載與之齊齊將田忌善而客待之一忌數與齊諸公子馳逐重射孫子見其馬足不甚相遠馬有上中下輩於是孫子謂田忌曰君弟重射重射重爲射質郞下千金也索隱恐悞臣能令君勝只點一句不明所以至臨時方說步驟之妙田忌信然之與王及諸公子逐射千金及臨質孫子曰今以君之下駟與彼上駟取君上駟與彼中駟取君中駟與彼下駟亦只指事而言並不說所以勝之故段段脫出段段咽住步驟之妙既馳三輩畢而田忌一不勝而再勝至此方明卒得王千金於是忌進孫子於威

王威王問兵法遂以爲師一應前兵法 其後魏伐趙趙急請救於齊齊威王欲將孫臏臏辭謝曰刑餘之人不可於是乃以田忌爲將而孫子爲師居輜車中坐爲計謀田忌欲引兵之趙孫子曰夫解雜亂紛糾者不控捲救鬭者不搏撠批亢擣虛形格勢禁則自爲解耳語奇倔難解說來自妙 今梁趙相攻輕兵銳卒必竭於外老弱罷於內君不若引兵疾走大梁據其街路衝其方虛彼必釋趙而自救是我一舉解趙之圍而收弊於魏也收句醒豁 田忌從之魏果去邯鄲與齊戰於桂陵大破梁軍一實事只虛寫 後十五年魏與趙攻韓韓告急於齊齊使田忌將而往直走大梁即用前法相爲照映 魏將龐涓聞之去韓而歸齊軍既已過而西矣先伏一句蓋齊走大梁魏師方歸正踵齊後所以見其減竈也 孫子謂田忌曰彼三晉之兵素悍勇而輕齊齊號爲怯善戰者因其勢而利導之兵法又點兵法 百里而趨利者蹶上將五十里而趨利者軍半至使齊軍入魏地爲十萬竈明日爲五萬竈又明日爲三萬竈亦不說明所以然之故即用前法 龐涓行三日大喜曰我固知齊軍怯入吾地三日士卒亡者過半矣滅竈之故反借龐涓口中說出妙 乃棄其步軍與其輕銳倍日并行逐之孫子度其行暮當至馬陵馬陵道狹而旁多阻隘可伏兵乃斫大樹句 白句 而書之曰龐涓死於此

樹之下。於是令齊軍善射者萬弩夾道而伏。期曰。暮見火舉而俱發。布置奇絕亦不先說明所以

龐涓果夜至斫木下。見白書。乃鑽火燭之。序得頓挫詳盡 讀其書未畢。齊軍萬弩俱發。魏軍大亂相失。龐涓自知智窮兵敗。應自以爲不及孫臏 乃自剄曰。遂成豎子之名。齊因乘勝盡破其軍。所留之步軍也 虜魏太子申以歸。孫臏以此名顯天下。世傳其兵法。━復以兵法回應前段

吳起者。衞人也。好用兵。嘗學於曾子。伏一句乃詳序 後事魯君。齊人攻魯。魯欲將吳起。吳起取齊女爲妻。而魯疑之。吳起於是欲就名。就名二字奇 遂殺其妻以明不與齊也。魯卒以爲將。將而攻齊。大破之。━先序破齊事 魯人或惡吳起曰。起之爲人。猜忍人也。其少時。家累千金。游仕不遂。遂破其家。鄉黨笑之。吳起殺其謗己者三十餘人。而東出衞郭門。與其母訣。齧臂而盟曰。起不爲卿相。不復入衞。遂事曾子。居頃之。其母死。起終不歸。曾子薄之。而與起絕。吳起少時一段事乃借魯人口中說出奇妙 起乃之魯。學兵法。前後以兵法實 以事魯君。魯君疑之。似不應稱魯君 起殺妻以求將。序目前事截住 夫魯小國。而有戰勝之名。則諸侯圖魯矣。一折 且魯衞兄弟之國也。而君用起。則是棄衞。應出衞郭門 魯君疑之。謝吳起。━吳起於是聞魏文侯賢。欲事之。文侯問李克曰。吳起何如人哉。李克曰。起貪而好色。後云廉平節廉此云然者蓋貪士未

（遇無所表見之時往往得此疑於人也孰知臨財得政始見大節哉）然用兵司馬穰苴不能過也於是魏文侯以爲將擊秦拔五城（實事虛序）起之爲將與士卒最下者同衣食臥不設席行不騎乘親裹贏糧與士卒分勞苦（又畧寫其將畧）卒有病疽者起爲吮之卒母聞而哭之人曰子卒也而將軍自吮其疽何哭爲母曰非然也往年吳公吮其父其父戰不旋踵遂死於敵吳公今又吮其子妾不知其死所矣是以哭之（又抽出一事以寫其將畧正於中間出色史公長技）文侯以吳起善用兵廉平盡能得士心乃以爲西河守以拒秦韓魏文侯既卒起事其子武侯武侯浮西河而下中流顧而謂吳起曰美哉乎山河之固此魏國之寶也起對曰在德不在險（先立一句）昔三苗氏左洞庭右彭蠡德義不脩禹滅之夏桀之居左河濟右泰華伊闕在其南羊腸在其北脩政不仁湯放之殷紂之國左孟門右太行常山在其北大河經其南脩政不德武王殺之由此觀之在德不在險（又疊一句應前作勢）若君不脩德舟中之人盡爲敵國也（應浮河中流）武侯曰善即封吳起爲西河守甚有聲名（西河守作兩段序蓋前爲守此乃封耳）魏置相相田文吳起不悅謂田文曰請與子論功可乎田文曰可起曰將三軍使士卒樂死敵國不敢謀子孰與起文曰不如子起曰治百官親萬民實府庫

子孰與起。文曰。不如子。起曰。守西河而秦兵不敢東鄉。韓趙賓從。子孰與起。文曰。不如子。（起之能事借論功一序明先極揚之）起曰。此子三者。皆出吾下。而位加吾上。何也。文曰。主少國疑。大臣未附。百姓不信。方是之時。屬之於子乎。屬之於我乎。起默然良久曰。屬之子矣。（又借此少抑之）文曰。此乃吾所以居子之上也。吳起乃自知弗如田文。（又點一筆極寫吳起推賢讓能以終揚之）田文既死。公叔為相。尚魏公主。而害吳起。公叔之僕曰。起易去也。（劈頭先入一句後註）公叔曰。奈何。其僕曰。吳起為人節廉而自喜名也。君因先與武侯言曰。夫吳起賢人也。而侯之國小。又與彊秦壤界。臣竊恐起之無留心也。武侯卽曰。奈何。君因謂武侯曰。試延以公主。起有留心則必受之。無留心則必辭矣。以此卜之。（節）君因召吳起而與歸。卽令公主怒而輕君。吳起見公主之賤君也。則必辭。（一節疊兩節說來自是奇計令人不覺）於是吳起見公主之賤魏相。果辭魏武侯。武侯疑之而弗信也。（前已說明只用一點）吳起懼得罪。遂去。卽之楚。楚悼王素聞起賢。至則相楚。明法審令。捐不急之官。廢公族疏遠者。以撫養戰鬬之士。要在彊兵。破馳說之言縱橫者。於是南平百越。北幷陳蔡。卻三晉。西伐秦。（實事虛序）諸侯患楚之彊。（兩句一總此句應撫戰士與南平百越等）故楚之貴戚盡欲害吳起。（此句應捐官廢公族）

等

及悼王死。宗室大臣作亂。單接貴戚句而攻吳起。吳起走之王尸而伏之。擊起之徒。因射刺吳起。幷中悼王。悼王既葬。太子立。乃使令尹盡誅射吳起而幷中王尸者。坐射起而夷宗死者七十餘家。

太史公曰。世俗所稱師旅。皆道孫子十三篇。吳起兵法。世多有。故弗論。論其行事所設施者。語曰。能行之者未必能言。能言之者未必能行。孫子籌策龐涓明矣。然不能蚤救患於被刑。吳起說武侯以形勢不如德。然行之於楚。以刻暴少恩亡其軀。悲夫。

此是兩扇對峙格。故不必鬬合而寫來恰是一樣。是合傳體也○孫子吳起與前穰苴皆稱其兵法。乃穰苴司馬法末點出孫子十三篇。則劈頭先序。而吳起所著兵法篇中竟不復提。只於贊中一點。文無定法。亦無定姿也○馬陵一段奇事。只用短陗簡淨法序。雖不及火牛奇肆。而情事恰好。

伍子胥列傳

伍子胥者。楚人也。名員。員父曰伍奢。員兄曰伍尚。其先曰伍舉。世系俱於員身上序另一法以直諫事楚莊王有顯。故其後世有名於楚。先立一句直至伐鄖鞭尸俱本於此楚平王有太子名曰建。使伍奢爲太傅。費無忌爲少傅。先提伍奢無忌平序後序無忌事夫奢之有無忌猶員之有嚭也隱隱先爲弔動可爲一歎無忌不忠於太子建。平王使無忌爲太子取婦於秦。秦女好。無忌馳歸報平王曰。秦女絕

美。王可自取而更爲太子取婦。平王遂自取秦女而絕愛幸之。生子軫。更爲太子取
婦。一頓住一折無忌旣以秦女自媚於平王。因去太子而事平王。恐一旦平王卒而太子
立。殺己。乃因讒太子建。又頓住先提一句後乃序讒太子事建母蔡女也。無寵於平王。平王稍益疏建。
使建守城父。備邊兵。又插一段以爲讒之所由入也頃之。無忌又日夜言太子短於王。間接曰。太子以
秦女之故。不能無怨望。願王少自備也。自太子居城父。將兵。外交諸侯。且欲入爲亂
矣。凡作兩段一段說內事一段說外事平王乃召其太傅伍奢考問之。始接入伍奢事伍奢知無忌讒太子於
平王因曰。王獨奈何以讒賊小臣。疏骨肉之親乎。只約畧寫然已明透無忌曰。王今不制。其事
成矣。王且見禽。亦只約畧寫更加急廹於是平王怒。囚伍奢。一按住伍奢下序太子事而使城父司馬奮
揚往殺太子。行未至。奮揚使人先告太子。太子急去。不然將誅。太子建亡奔宋。一又按
住太子事下序伍奢事逐段夾序無忌言於平王曰。伍奢有二子。皆賢。不誅且爲楚憂。可以其父質
而召之。不然且爲楚患。兩且爲作跌法王使使謂伍奢曰。能致汝二子則生。不能則死。只兩句一
正一反淨峭伍奢曰。尚爲人仁。呼必來。員爲人剛戾忍詢。能成大事。八字可抵子胥一生贊語彼見來
之幷禽。其勢必不來。王不聽。使人召二子曰。來。吾生汝父。不來。今殺奢也。亦只兩句一正一反

相照成法伍尚欲往。員曰。楚之召我兄弟。非欲以生我父也。一層恐有脫者。後生患。故以父爲質。詐召二子。二層二子去則父子俱死。三層何益父之死。往而令讎不得報耳。四層不如奔他國。借力以雪父之恥。五層俱滅無爲也。忙中急語故用短節情事歷歷業已詳盡是筆法伍尚曰。我知往。終不能全父命。一層然恨父召我以求生而不往。二層後不能雪恥。終爲天下笑耳。三層員所言者勢尚所言者情兩相對照各成其是謂員。可去矣。汝能報殺父之讎。我將歸死。謂員二字是咽住再起商已定而決絕之詞蓋英雄作事量力度德計定而行決不孟浪也此乃上下兩半篇關鎖處尚既就執。使者捕伍胥。伍胥貫弓執矢嚮使者。寫一筆作姿致以見伍員不凡使者不敢進。伍胥遂亡。聞太子建之在宋。間接太子事量往從之。奢聞子胥之亡也。曰。楚國君臣且苦兵矣。先決不來此決苦兵作兩層寫伍尚至楚。楚幷殺奢與尚也。一結完奢尚事伍胥既至宋。間接宋有華氏之亂。乃與太子建俱奔於鄭。鄭人甚善之。太子建又適晉。晉頃公曰。太子既善鄭。鄭信太子。太子能爲我內應。而我攻其外。滅鄭必矣。滅鄭而封太子。太子乃還鄭。事未會。會自私欲殺其從者。從者知其謀。乃告之於鄭。鄭定公與子產誅殺太子建。一帶序完太子建事建有子名勝。白公勝附傳卽於此間中插入無痕伍胥懼。乃與勝俱奔吳。到昭關。昭關欲執之。伍胥遂與勝獨身步走。幾不得脫。追者在後。幾不得脫危甚矣又找追者在後其危愈甚至江後有追者前有大江正寫其急江上有一漁父乘船知伍胥之急乃渡伍胥伍胥既渡解其劍曰此劍直百金以與父父曰楚國之法得伍胥者賜粟五萬石爵執珪豈徒百金劍耶不受寫漁父事不如吳越春秋佳然一篇大傳漁父只一襯耳主客之勢故只可如此寫也伍胥未至吳而疾止中道乞食乞食事閒故亦只一點至於吳吳王僚方用事公子光為將伍胥乃因公子光以求見吳王亦只畧寫頓住久之楚平王以其邊邑鍾離與吳邊邑卑梁氏俱蠶兩女子爭桑相攻乃大怒至於兩國舉兵相伐至於字好蓋小隙沉舟正不必如此也吳使公子光伐楚拔其鍾離居巢而歸伍子胥說吳王僚曰楚可破也願復遣公子光公子光謂吳王曰彼伍胥父兄為戮於楚而勸王伐楚者欲以自報其讎耳伐楚未可破也伍胥知公子光有內志欲殺王而自立未可說以外事乃進專諸於公子光退而與太子建之子勝耕於野亦只約畧寫不重五年而楚平王卒初平王所奪太子建秦女生子軫及平王卒軫竟立為後是為昭王夾序楚事吳王僚因楚喪使二公子將兵往襲楚楚發兵絕吳兵之後不得歸吳國內空而公子光乃令專諸間接專諸襲刺吳王僚而自立是為吳王闔廬闔廬既立得志乃召伍員以為行人而與謀國事序吳事歸到伍員楚誅其大臣郤宛

伯州犂。伯州犂之孫伯嚭。亡奔吳。吳亦以嚭爲大夫。一又乘便插入一伯嚭天生員復生嚭與員俱來爲之一嘆
前王僚所遣二公子將兵伐楚者。間接道絕不得歸。後聞闔廬弑王僚自立。遂以其兵
降楚。楚封之於舒。闔廬立三年。乃興師與伍胥伯嚭伐楚。拔舒。遂禽故吳反二將軍。
因欲至郢。將軍孫武曰。民勞未可。且待之。乃歸。後有伐楚一段大文偏先作此一颺事勢如此文勢如此〇以上序吳事
楚事鄭事晉事建事員事嚭事紛紜之極幾非一手可支乃逐層逐遞一起一伏或簡或繁安章頓句期於妥當而已此文之以法勝者也　四年、吳伐楚。
取六與潛。五年、伐越。敗之。六年、楚昭王使公子囊瓦將兵伐吳。吳使伍員迎擊。大破
楚軍於豫章。取楚之居巢。一伐楚事在後前作一颺此作一引　九年、吳王闔廬謂子胥孫武曰。始子
言郢未可入。今果何如。間接孫武事　二子對曰。楚將囊瓦貪。而唐蔡皆怨之。王必欲大伐
之。必先得唐蔡乃可。闔廬聽之。悉興師與唐蔡伐楚。與楚夾漢水而陳。吳王之弟夫
概將兵請從。王不聽。遂以其屬五千人擊楚將子常。子常敗走。奔鄭。於是吳乘勝而
前。五戰。遂至郢。己卯。楚昭王出奔。庚辰。吳王入郢。一以前寫子胥借力雪恥楚國苦兵勸王伐楚則破楚事當極爲
子胥鋪序乃只用夫概出師吳兵乘勝一字不及子胥實處虛寫　昭王出亡入雲夢。盜擊王。王走鄖。鄖公弟懷曰。平
王殺我父。我殺其子。不亦可乎。語簡意盡　鄖公恐其弟殺王。與王奔隨。吳兵圍隨。謂隨人

日。周之子孫在漢川者。楚盡滅之。事語簡意盡挿入事只可如此隨人欲殺王。王子綦匿王。己自爲王。以當之。隨人卜與王於吳。不吉。乃謝吳不與王。一又挿楚事始伍員與申包胥爲交。員之亡也。謂包胥曰。我必覆楚。包胥曰。我必存之。申包胥事不序在前乃於此另起一頭劈空挿入卽帶下入郢鞭尸事因鞭尸事卽帶下請救事章法之妙及吳兵入郢。伍子胥求昭王。既不得。乃掘楚平王墓。出其尸鞭之三百。然後已。申包胥亡於山中。使人謂子胥曰。子之報讐。其以甚乎。吾聞之。人衆者勝天。天定亦能勝人。今子故平王之臣。親北面而事之。今至於僇死人。此豈其無天道之極乎。伍子胥曰。爲我謝申包胥曰。吾日暮途遠。吾故倒行而逆施之。先私議一段應胥員爲反於是申包胥走秦告急。求救於秦。秦不許。包胥立於秦廷。晝夜哭。七日七夜不絕其聲。秦哀公憐之。曰。楚雖無道。有臣若是。可無存乎。乃遣車五百乘救楚擊吳。六月、敗吳兵於稷。會吳王久留楚求昭王。遙接而闔廬弟夫概乃亡歸。自立爲王。闔廬聞之。乃釋楚而歸。擊其弟夫概。夫概敗走。遂奔楚。楚昭王見吳有內亂。乃復入郢。封夫概於堂谿。爲堂谿氏。楚復與吳戰。敗吳。吳王乃歸。一吳王歸作兩層寫擊夫概而歸吳兵未盡歸也至敗而歸吳王乃與盡而反矣後二歲。闔廬使太子夫差將兵伐楚。取番。楚懼吳復大來。乃去郢。徙於鄀。一伐楚又作餘波當是時吳以伍子胥孫武之謀又照顧孫武一筆西破彊楚北威齊晉南服越人—伐楚後總一段為子胥出色破楚實威齊晉虛服越在後先於此輕點一句結楚事起越事中間出一齊晉以陪之令人不覺文章之妙其後四年孔子相魯—點孔子相魯與世家一樣寫然此則以子貢之說故也後五年伐越序越事起越王句踐迎擊敗吳於姑蘇傷闔廬指軍卻闔廬病創將死謂太子夫差曰爾忘句踐殺爾父乎夫差對曰不敢忘是夕闔廬死夫差既立為王以伯嚭為太宰習戰射—久忘卻伯嚭於此接入是夫差首用之臣二年後伐越敗越於夫湫越王句踐乃以餘兵五千人棲於會稽之上使大夫種厚幣遺吳太宰嚭以請和求委國為臣妾吳王將許之伍子胥諫曰越王為人能辛苦今王不滅後必悔之諫詞只具大畧吳王不聽吳王不聽一用太宰嚭計與越平—其後五年而吳王聞齊景公死而大臣爭寵新君弱乃興師北伐齊伍子胥諫曰句踐食不重味弔死問疾且欲有所用之也此人不死必為吳患今吳之有越猶人之有腹心疾也而王不先越而乃務齊不亦謬乎吳王不聽吳王不聽二伐齊大敗齊師於艾陵遂滅鄒魯之君以歸益疏子胥之謀—前後信用嚭計中間點此一句關合其後四年吳王將北伐齊越王句踐用子貢之謀乃率其衆以助吳而重寶以獻遺太宰嚭太宰嚭既數受越賂其愛信越殊

甚日夜為言於吳王。吳王信用嚭之計。伍子胥諫曰。夫越腹心之病。今信其浮辭詐僞而貪齊。破齊。譬猶石田。無所用之。且盤庚之誥曰。有顚越不恭。劓殄滅之。俾無遺育。無使易種於茲邑。此商之所以興。願王釋齊而先越。若不然。後將悔之無及。而吳王不聽。吳王不聽三使子胥於齊。子胥臨行。謂其子曰。吾數諫王。王不用。應前三不聽吾今見吳之亡矣。汝與吳俱亡。無益也。乃屬其子於齊鮑牧。而還報吳。吳太宰嚭既與子胥有隙。因讒曰。子胥為人剛暴。少恩。猜賊。與前剛戾忍詢照其怨望恐為深禍也。先逗前日一句王欲伐齊。子胥以為不可。王卒伐之。而有大功。子胥恥其計謀不用。乃反怨望。一層而今王又復伐齊。子胥專愎強諫。沮毀用事。徒幸吳之敗。以自勝其計謀耳。二層今王自行。悉國中武力以伐齊。而子胥諫不用。因輟謝詳病不行。王不可不備。此起禍不難。三層起禍五字寫得玲瓏飛舞指目之處將平日猜疑浸潤一齊照出且嚭使人微伺之。其使於齊也。乃屬其子於齊之鮑氏。四層夫為人臣。內不得意。上三層外倚諸侯。下一層自以為先王之謀臣。今不見用。常鞅鞅怨望。挽上怨望願王早圖之。吳王曰。微子之言。吾亦疑之。寫吳王先疑妙蓋自古邪臣害正未有不從其君之疑忌而入者乃使使賜伍子胥屬鏤之劍。曰。子以此死。伍子胥仰天嘆曰。嗟乎。讒臣嚭爲亂矣王乃反誅我我令若父霸自若未立時諸公子爭立我以死爭之於先王幾不得立若既得立欲分吳國與我我顧不敢望也然今若聽諛臣言以殺長者（一段公子爭立夫差得立分吳國事從子胥口中敘出）乃告其舍人曰必樹吾墓上以梓令可以爲器而抉吾眼縣吳東門之上以觀越寇之入滅吳也（數語一氣磊落）乃自剄死吳王聞之大怒乃取子胥尸盛以鴟夷革浮之江中（爲其樹梓抉眼故也）吳人憐之爲立祠於江上因命曰胥山（只就山上閒著一筆）（以見吳人之憐以明伍員之冤）吳王既誅伍子胥遂伐齊齊鮑氏殺其君悼公而立陽生吳王欲討其賊不勝而去其後二年吳王召魯衛之君會之橐皐其明年因北大會諸侯於黃池以令周室越王句踐襲殺吳太子破吳兵吳王聞之乃歸使使厚幣與越平後九年越王句踐遂滅吳殺王夫差而誅太宰嚭以不忠於其君而外受重賂與己比周也（誅子胥後復敘三節以完宰嚭之案以完子胥觀越入吳之案）伍子胥初所與俱亡故楚太子建之子勝者（遙接勝事）在於吳吳王夫差之時楚惠王欲召勝歸楚葉公諫曰勝好勇而陰求死士殆有私乎惠王不聽遂召勝使居楚之邊邑鄢號爲白公白公歸楚三年而吳誅子胥（照映本傳）白公勝既歸楚怨鄭之殺其父乃陰養死士求報鄭歸楚五年請伐鄭楚令尹

子西許之兵未發而晉伐鄭鄭請救於楚楚使子西往救與盟而還白公勝怒曰非鄭之仇乃子西也句法峭而雋勝自礪劍人問曰何以爲勝曰欲以殺子西子西聞之笑曰勝如卵耳何能爲也此段刪左傳而更雋永有別味其後四歲白公勝與石乞襲殺楚令尹子西司馬子綦於朝石乞曰不殺王不可乃刦之王如高府石乞從者屈固負楚惠王亡走昭夫人之宮葉公聞白公爲亂率其國人攻白公白公之徒敗亡走山中自殺完白公事而鹵石乞而問白公尸處不言將亨石乞曰事成爲卿不成而亨固其職也終不告其尸處遂亨石乞又附石乞一段作餘波而求惠王復立之

太史公曰怨毒之於人甚矣哉王者尚不能行之於臣下況同列乎先作慨嘆語起向令伍子胥從奢俱死何異螻蟻棄小義雪大恥名垂於後世悲夫一折方子胥窘於江上道乞食志豈嘗須臾忘郢耶二折故隱忍就功名非烈丈夫孰能致此哉白公如不自立爲君者其功謀亦不可勝道者哉全以感慨語折宕而出若不用意而意已足

子胥事於左傳國策國語及越絕書吳越春秋中看熟覺姿致少減然一篇大傳兼總條貫不得不刪繁就雅故以體裁勝不以韻致勝讀此傳過再看吹簫吳市投金瀨女諸事便近小說矣不可不知也○此篇只以緊湊一貫穿見妙故子胥諫詞亦只約畧寫莊子云指馬之一體而名之馬不見也立一馬而見馬之

百體具矣極似此文〇篇中凡插吳楚齊魯晉鄭等事及太子建白公勝伯嚭申包胥夫概而頭緒不亂勝理不疏序事之文不可不熟此等體格

仲尼弟子列傳

孔子曰受業身通者七十有七人皆異能之士也 一篇大文字只此二語作總領 德行顏淵閔子騫冉伯牛仲弓政事冉有季路言語宰我子貢文學子游子夏師也僻參也魯柴也愚由也喭回也屢空賜不受命而貨殖焉億則屢中 排比論語恰如一章 孔子之所嚴事於周則老子於衞蘧伯玉於齊晏平仲於楚老萊子於鄭子產於魯孟公綽數稱臧文仲柳下惠銅鞮伯華介山子然孔子皆後之不並世 平空先添出許多人以爲映襯〇以老子伯玉等引入弟子列傳是極尊孔子處蓋時代參差耳不然皆在淵騫之列也正以破師老聃之謬 顏回者魯人也字子淵少孔子三十歲

顏淵問仁孔子曰克己復禮天下歸仁焉 孔子曰賢哉回也一簞食一瓢飲在陋巷人不堪其憂回也不改其樂 回也如愚退而省其私亦足以發回也不愚用之則行舍之則藏唯我與爾有是夫 回年二十九髮盡白蚤死孔子哭之慟曰自吾有回門人益親 魯哀公問弟子孰爲好學孔子對曰有顏回者好學不遷怒不貳過不幸短命死矣今也則亡 閔損字子騫少孔子十五歲 孔子曰孝哉閔子騫

中華書局印行

人不問于其父母昆弟之言。不仕大夫。不食汙君之祿。如有復我者。必在汶上矣。一冉耕字伯牛。孔子以爲有德行。●伯牛有惡疾。孔子往問之。自牖執其手。曰命也夫。斯人也而有斯疾。命也夫。一冉雍字仲弓。仲弓問政。孔子曰。出門如見大賓。使民如承大祭。在邦無怨。在家無怨。●孔子以仲弓爲有德行。曰雍也可使南面。●仲弓父賤人。孔子曰。犂牛之子。騂且角。雖欲勿用。山川其舍諸。一冉求字子有。少孔子二十九歲。●爲季氏宰。季康子問孔子曰。冉求仁乎。曰千室之邑。百乘之家。求也可使治其賦。仁則吾不知也。復問子路仁乎。孔子對曰。如求。●求問曰。聞斯行諸。子曰。行之。子路問。聞斯行諸。子曰。有父兄在。如之何其聞斯行之。子華怪之。敢問問同而答異。孔子曰。求也退。故進之。由也兼人。故退之。一仲由字子路。卞人也。少孔子九歲。●子路性鄙。好勇力。志伉直。冠雄雞。佩猳豚。陵暴孔子。孔子設禮稍誘子路。子路後儒服委質。因門人請爲弟子。●只如此好序得文雅之極長劍石盤可笑後人之孟浪子路問政。孔子曰。先之勞之。請益。曰無倦。●子路問。君子尙勇乎。孔子曰。義之爲上。君子好勇而無義則亂。小人好勇而無義則盜。●子路有聞。未之能行。唯恐有聞。●孔子曰。片言可以折獄者。其由也與由也好勇過我無所取材若由也不得其死然・衣敝縕袍與衣狐貉者立而不恥者其由也與由也升堂矣未入於室也・季康子問仲由仁乎孔子曰千乘之國可使治其賦不知其仁・子路喜從游遇長沮桀溺荷蓧丈人・子路爲季氏宰季孫問曰子路可謂大臣與孔子曰可謂具臣矣・子路爲蒲大夫辭孔子孔子曰蒲多壯士又難治然吾語汝恭以敬可以執勇寬以正可以比衆恭正以靜可以報上・初衞靈公有寵姬曰南子靈公太子蕢聵得過南子懼誅出奔及靈公卒而夫人欲立公子郢郢不肯曰亡人太子之子輒在於是衞立輒爲君是爲出公出公立十二年其父蕢聵居外不得入子路爲衞大夫孔悝之邑宰蕢聵乃與孔悝作亂謀入孔悝家遂與其徒襲攻出公出公奔魯而蕢聵入立是爲莊公（縮得簡淨子路傳中只好如此寫不然則强賓壓主矣）方孔悝作亂子路在外聞之而馳往遇子羔出衞城門謂子路曰出公去矣而門已閉子可還矣毋空受其禍子路曰食其食者不避其難子羔卒去有使者入城城門開子路隨而入造蕢聵蕢聵與孔悝登臺子路曰君焉用孔悝請得而殺之蕢聵勿聽於是子路欲燔臺蕢聵懼乃下石乞壺黶攻子路擊斷子路之纓子

路曰。君子死而冠不免。遂結纓而死。孔子聞衛亂。曰。嗟乎由死矣。已而果死。故孔子曰。自吾得由。惡言不聞於耳。・是時、、子貢爲魯使於齊。一宰予字子我。利口辯辭。・既受業。問三年之喪不已久乎。君子三年不爲禮。禮必壞。三年不爲樂。樂必崩。舊穀既沒。新穀既升。鑽燧改火。期可已矣。子曰。於汝安乎。曰。安。汝安則爲之。君子居喪。食旨不甘。聞樂不樂。故弗爲也。宰我出。子曰。予之不仁也。子生三年。然後免於父母之懷。夫三年之喪。天下之通義也。宰我晝寢。子曰。朽木不可雕也。糞土之牆不可汚也。・宰我問五帝之德。子曰。予非其人也。・宰我爲臨菑大夫。與田常作亂。以夷其族。孔子恥之。一（子我非宰我前人辨之詳矣）端木賜。衛人。字子貢。少孔子三十一歲。・子貢利口巧辭。孔子常黜其辯。問曰。汝與回也孰愈。對曰。賜也何敢望回。回也聞一以知十。賜也聞一以知二。・子貢既已受業。問曰。賜何人也。孔子曰。汝器也。曰。何器也。曰。瑚璉也。・陳子禽問子貢曰。仲尼焉學。子貢曰。文武之道。未墜於地。在人。賢者識其大者。不賢者識其小者。莫不有文武之道。夫子焉不學。而亦何常師之有。・又問曰。孔子適是國。必聞其政。求之與。抑與之與。子貢曰。夫子溫良恭儉讓以得之。夫子之求之也其諸異乎人之求之也。子貢問曰富而無驕貧而無諂何如孔子曰可也不如貧而樂道富而好禮。田常欲作亂於齊憚高國鮑晏故移其兵欲以伐魯孔子聞之謂門弟子曰夫魯墳墓所處父母之國國危如此二三子何爲莫出子路請出孔子止之子張子石請行孔子弗許止之弗許用字輕重恰好止之其勇過也弗許其才之不及也子貢請行孔子許之遂行至齊說田常曰君之伐魯過矣夫魯難伐之國其城薄以卑其地狹以泄其君愚而不仁大臣僞而無用其士民又惡甲兵之事此不可與戰君不如伐吳夫吳城高以厚地廣以深甲堅以新士選以飽重器精兵盡在其中又使明大夫守之此易伐也一反一覆故作奇論○難伐易伐魯以裝頭吳以住脚文法變換田常忿然作色曰子之所難人之所易子之所易人之所難而以教常何也子貢曰臣聞之憂在內者攻彊憂在外者攻弱只二語破的今君憂在內吾聞君三封而三不成者大臣有不聽者也今君破魯以廣齊戰勝以驕主破國以尊臣而君之功不與焉則交日疏於主是君上驕主心下恣羣臣求以成大事難矣夫上驕則恣臣驕則爭是君上與主有卻下與大臣交爭也如此則君之立於齊危矣難矣危矣先作兩對後乃一滚直下故曰不如伐吳伐吳不勝民人外死大臣內空

是君上無彊臣之敵。下無民人之過。孤主制齊者。唯君也。田常曰。善。雖然。吾兵業已
加魯矣。去而之吳。大臣疑我。柰何。子貢曰。君按兵無伐。臣請往使吳王。令之救魯而
伐齊。君因以兵迎之。田常許之。使子貢南見吳王。說曰。臣聞之。王者不絕世。霸者無
彊敵。千鈞之重。加銖兩而移。子書佳語今以萬乘之齊。而私千乘之魯。與吳爭彊。竊爲王
危之。且夫救魯。顯名也。伐齊。大利也。以撫泗上諸侯。誅暴齊以服彊晉。利莫大焉。名
存亡魯。實困彊齊。智者不疑也。吳王曰。善。雖然。吾嘗與越戰。棲之會稽。越王苦身養
士。有報我心。子待我伐越而聽子。子貢曰。越之勁不過魯。吳之彊不過齊。王置齊而
伐越。則齊已平魯矣。且王方以存亡繼絕爲名。夫伐小越而畏彊齊。非勇也。夫勇者
不避難。仁者不窮約。智者不失時。王者不絕世。以立其義。今存越。示諸侯以仁。救魯
伐齊。威加晉國。因魯及齊因齊及吳因吳及越耳乃輕輕脫出一晉字已伏下脈文妙之法諸侯必相率而朝吳。霸業成
矣。且王必惡越。臣請東見越王。令出兵以從。此實空越。名從諸侯以伐也。逐段脫卸而入吳
王大說。乃使子貢之越。越王除道郊迎。身御至舍而問曰。此蠻夷之國。大夫何以儼
然辱而臨之。子貢曰。今者吾說吳王以救魯伐齊。其志欲之而畏越。曰。待吾伐越乃

可如此破越必矣且夫無報人之志而令人疑之拙也有報人之意使人知之殆也事未發而先聞危也（子書佳語）三者舉事之大患句踐頓首再拜曰孤嘗不料力乃與吳戰困于會稽痛入于骨髓日夜焦脣乾舌徒欲與吳王接踵而死孤之願也遂問子貢子貢曰吳王爲人猛暴羣臣不堪國家敝于數戰士卒弗忍百姓怨上大臣內變子胥以諫死太宰嚭用事順君之過以安其私是殘國之治也今王誠發士卒佐之以徼其志重寶以說其心卑辭以尊其禮其伐齊必也彼戰不勝王之福矣戰勝必以兵臨晉臣請北見晉君令共攻之弱吳必矣其銳兵盡於齊重甲困於晉而王制其敝此滅吳必矣（三矣字作三頓一節緊一節）越王大說許諾送子貢金百鎰劍一良矛二子貢不受遂行報吳王曰臣敬以大王之言告越王越王大恐曰孤不幸少失先人內不自量抵罪於吳軍敗身辱棲于會稽國爲虛莽賴大王之賜使得奉俎豆而修祭祀死不敢忘何謀之敢慮（先是子貢致詞）後五日越使大夫種頓首言於吳王曰（後是大夫種致詞百忙中又插此閒筆縱恣自如）東海役臣孤句踐使者臣種敢修下吏問于左右今竊聞大王將興大義誅彊救弱困暴齊而撫周室請悉起境內士卒三千人孤請自披堅執銳以先受

矢。石。因越賤臣種奉先人藏器甲二十領。鈇屈盧之矛。步光之劍。以賀軍吏。吳王大說。以告子貢曰。越王欲身從寡人伐齊可乎。子貢曰不可。空人之國。悉人之衆。又從其君。不義。君受其幣。許其師而辭其君。吳王許諾。乃謝越王。於是吳王乃遂發九郡兵伐齊。子貢因去之晉。謂晉君曰。臣聞之。慮不先定。不可以應卒。兵不先辦。不可以勝敵。子書佳語 今夫齊與吳將戰。彼戰而不勝。越亂之必矣。與齊戰而勝。必以其兵臨晉。晉君大恐曰。爲之柰何。子貢曰。修兵休卒以待之。晉君許諾。子貢去而之魯。仍歸至魯結 吳王果與齊人戰於艾陵。大破齊師。獲七將軍之兵而不歸。果以兵臨晉。與晉人相遇黃池之上。吳晉爭彊。晉人擊之。大敗吳師。越王聞之。涉江襲吳。去城七里而軍。吳王聞之。去晉而歸。與越戰於五湖。三戰不勝。城門不守。越遂圍王宮。殺夫差而戮其相。破吳三年。東向而霸。就便完齊吳晉越之事 故子貢一出。存魯。亂齊。破吳。彊晉而霸越。子貢一使。使勢相破。十年之中。五國各有變。將五國總收一句收盡無餘 子貢好廢舉。與時轉貨貲。貨殖 非子貢美事故只點一句 喜揚人之美。不能匿人之過。常相魯衛。家累千金。卒終於齊。言偃吳人。字子游。少孔子四十五歲。子游既以受業。爲武城宰。孔子過。聞絃歌之聲。孔子莞爾而笑曰。割雞焉用牛刀。子游曰。昔者偃聞諸夫子曰。君子學道則愛人。小人學道則易使。孔子曰。二三子。偃之言是也。前言戲之耳。一孔子以爲子游習於文學。一卜商字子夏。少孔子四十四歲。子夏問巧笑倩兮。美目盼兮。素以爲絢兮。何謂也。子曰。繪事後素。曰。禮後乎。孔子曰。商始可與言詩已矣。一子貢問師與商孰賢。子曰。師也過。商也不及。一然則師愈與。曰。過猶不及。一子謂子夏曰。女爲君子儒。無爲小人儒。一孔子旣沒。子夏居西河教授。爲魏文侯師。其子死。哭之失明。一顓孫師。陳人。字子張。少孔子四十八歲。一子張問干祿。孔子曰。多聞闕疑。愼言其餘。則寡尤。多見闕殆。愼行其餘。則寡悔。言寡尤。行寡悔。祿在其中矣。一他日從在陳蔡間。因問行。孔子曰。言忠信。行篤敬。雖蠻貊之國行也。言不忠信。行不篤敬。雖州里行乎哉。立則見其參於前也。在輿則見其倚於衡。夫然後行。子張書諸紳。一子張問士何如斯可謂之達矣。孔子曰。何哉爾所謂達者。子張對曰。在國必聞。在家必聞。孔子曰。是聞也。非達也。夫達也者。質直而好義。察言而觀色。慮以下人。在國及家必達。夫聞也者。色取仁而行違。居之不疑。在國及家必聞。一曾參。南武城人。字子輿。少孔子四十六歲。孔子以

爲能通孝道。故受之業。作孝經。死於魯。一澹臺滅明。武城人。字子羽。少孔子三十九
歲。狀貌甚惡。欲事孔子。孔子以爲材薄。既已受業。退而修行。行不由徑。非公事不見
卿大夫。一南游至江。從弟子三百人。設取予去就。名施乎諸侯。孔子聞之。曰吾以言
取人。失之宰予。以貌取人。失之子羽。一宓不齊。字子賤。少孔子四十九歲。孔子謂子
賤。君子哉。魯無君子。斯焉取斯。一子賤爲單父宰。反命於孔子。曰此國有賢不齊者
五人。教不齊所以治者。孔子曰。惜哉不齊所治者小。所治者大則庶幾矣。一所治者小所治
者大是兩對句却一句連上一句連下頓分兩樣鍾伯敬評鮑照庭梅詩以霜中作花露中作實分叶上下爲奇而不知史公先有之矣原憲。字子思。子
思問恥。孔子曰。國有道穀。國無道穀。恥也。子思曰。克伐怨欲不行焉。可以爲仁乎。孔
子曰。可以爲難矣。仁則吾弗知也。•孔子卒。原憲亡在草澤中。子貢相衛。而結駟連
騎。排藜藿。入窮閻。六字更寫得好眞有車馬來鳥獸驚之意過謝原憲。憲攝敝衣冠見子貢。子貢恥之。曰
夫子豈病乎。原憲曰。吾聞之。無財者謂之貧。學道而不能行者謂之病。若憲貧也。非
病也。子貢慚。不懌而去。終身恥其言之過也。一公冶長。齊人。字子長。孔子曰。長可妻
也。雖在累紲之中。非其罪也。以其子妻之。一南宮括。字子容。問孔子曰。羿善射。奡盪

舟。俱不得其死然。禹稷躬稼而有天下。孔子弗答。容出。孔子曰。君子哉若人。上德哉若人。國有道不廢。國無道免於刑戮。三復白珪之玷。以其兄之子妻之。一公晳哀字季次。孔子曰。天下無行。多爲家臣。仕於都。唯季次未嘗仕。一曾蒧字晳。侍孔子。孔子曰。言爾志。蒧曰。春服既成。冠者五六人。童子六七人。浴乎沂。風乎舞雩。詠而歸。孔子喟爾嘆曰。吾與蒧也。一顏無繇字路。路者顏回父。父子嘗各異時事孔子。顏回死。顏路貧。請孔子車以葬。孔子曰。材不材。亦各言其子也。鯉也死。有棺而無椁。吾不徒行以爲之椁。以吾從大夫之後。不可以徒行。一商瞿魯人。字子木。少孔子二十九歲。孔子傳易於瞿。瞿傳楚人馯臂子弘。弘傳江東人矯子庸疵。疵傳燕人周子家豎。豎傳淳于人光子乘羽。羽傳齊人田子莊何。何傳東武人王子中同。同傳菑川人楊何。何元朔中以治易爲漢中大夫。一序其傳述之弟子是另一法　高柴字子羔。少孔子三十歲。子羔長不盈五尺。受業孔子。孔子以爲愚。●子路使子羔爲費郈宰。孔子曰。賊夫人之子。子路曰。有民人焉。有社稷焉。何必讀書。然後爲學。孔子曰。是故惡夫佞者。●漆雕開字子開。孔子使開仕。對曰。吾斯之未能信。孔子說。●公伯寮字子周。周愬子路于季孫。

子服景伯以告孔子曰。夫子固有惑志寮也。吾力猶能肆諸市朝。孔子曰。道之將行。命也。道之將廢。命也。公伯寮其如命何。

司馬耕字子牛。牛多言而躁。問仁於孔子。孔子曰。仁者其言也訒。曰。其言也訒。斯可謂之仁乎。子曰。爲之難。言之得無訒乎。

問君子。子曰。君子不憂不懼。曰。不憂不懼。斯可謂之君子乎。子曰。內省不疚。夫何憂何懼。

樊須字子遲。少孔子三十六歲。樊遲請學稼。孔子曰。吾不如老農。請學圃。曰。吾不如老圃。樊遲出。孔子曰。小人哉樊須也。上好禮則民莫敢不敬。上好義則民莫敢不服。上好信則民莫敢不用情。夫如是則四方之民襁負其子而至矣。焉用稼。樊遲問仁。子曰。愛人。問智。曰。知人。

有若少孔子十三歲。有若曰。禮之用和爲貴。先王之道斯爲美。小大由之。有所不行。知和而和。不以禮節之。亦不可行也。信近于義。言可復也。恭近于禮。遠恥辱也。因不失其親。亦可宗也。

孔子既沒。弟子思慕。有若狀似孔子。弟子相與共立爲師。師之如夫子時也。他日弟子進問曰。昔夫子當行。使弟子持雨具。已而果雨。弟子問曰。夫子何以知之。夫子曰。詩不云乎。月離于畢。俾滂沱矣。昨暮月不宿畢乎。他日月宿畢。竟不雨。商瞿年長無子。其母爲取室。孔子使之齊瞿母請之。孔子曰。無憂。瞿年四十後。當有五丈夫子。已而果然。敢問夫子何以知此。有若默然無以應。弟子起曰。有子避之。此非子之座也。—（序有若獨序逸事另一法）公西赤字子華。少孔子四十二歲。子華使於齊。冉子爲其母請粟。孔子曰。與之釜。請益。曰。與之庾。冉子與之粟五秉。孔子曰。赤之適齊也。乘肥馬。衣輕裘。吾聞君子周急不繼富。—巫馬施字子旗。少孔子三十歲。陳司敗問孔子曰。魯昭公知禮乎。孔子曰。知禮。退而揖巫馬旗曰。吾聞君子不黨。君子亦黨乎。魯君娶吳女爲夫人。命之爲孟子。孟子姓姬。諱稱同姓。故謂之孟子。魯君而知禮。孰不知禮。施以告孔子。孔子曰。丘也幸。苟有過。人必知之。臣不可言君親之惡。爲諱者禮也。—梁鱣字叔魚。少孔子二十九歲。—顏幸字子柳。少孔子四十六歲。—冉孺字子魯。少孔子五十歲。—曹卹字子循。少孔子五十歲。—伯虔字子析。少孔子五十歲。—公孫龍字子石。少孔子五十三歲。—自子石已右三十五人。頗有年名及受業聞見於書傳。其四十有二人。無年及不見書傳者紀於左。—（總收作一束）冉季字子產。—公祖句茲字子之。—秦祖字子南。—漆彫哆字子斂。—顏高字子驕。—漆彫徒父。—壤駟赤字子徒。—商澤。—石作蜀字子明。—任不齊字選。━公良孺字子正。━后處字子里。━秦冉字開。━公夏首字乘。━奚容蒧字子晳。━公堅定字子中。━顏祖字襄。━鄡單字子家。━句井疆。━罕父黑字子索。━秦商字子丕。━申黨字周。顏之僕字叔。━榮旗字子其。━縣成字子祺。━左人郢字行。━燕伋字思。━鄭國字子徒。━秦非字子之。━施之常字子恒。━顏噲字子聲。━步叔乘字子車。━原亢籍。━樂欬字子聲。━廉潔字庸。━叔仲會字子期。━顏何字冉。━狄黑字晳。━邽巽字子歛。━孔忠。━公西輿如字子上。━公西蒧字子上。━

太史公曰、學者多稱七十子之徒。譽者或過其實。毀者或損其眞。鈞之未覩厥容貌。則論言弟子籍出孔氏古文近是。余以弟子名姓文字悉取論語弟子問。幷次爲篇。疑者闕焉。

弟子傳多取論語或間取他書連絡貫串如一章以見法而無他奇蓋聖門之人原無奇事可寫而筆墨矜貴金玉其姿矣○子貢一段獨用史公筆意將五國事搏挽脫卸獨露才情

商君列傳

商君者、衛之諸庶孽公子也。名鞅。姓公孫氏。其祖本姬姓也。━點得明 鞅少好刑、名、之事魏相公叔痤爲中庶子。公叔痤知其賢。未及進。會痤病。魏惠王親往問病。曰。公叔病有如不可諱。將柰社稷何。公叔曰。痤之中庶子公孫鞅。年雖少。有奇才。願王舉國而聽之。王嘿然。王且去。痤屏人言曰。王卽不聽用鞅。必殺之。先一正後一無令出境。用秦正伏于此王許諾而去。公叔痤召鞅謝曰。今者王問可以爲相者。我言若王色不許我。我方先君後臣。因謂王卽弗用鞅。當殺之。王許我。汝可疾去矣。且見禽。前反正一對此又與前對作章法鞅曰。彼王不能用君之言任臣。又安能用君之言殺臣乎。卒不去。又激轉作勢另尋一出路佳文法之妙惠王既去。而謂左右曰。公叔病甚。悲乎。欲令寡人以國聽公孫鞅也。豈不悖哉。又借惠王一歎回映鞅言步步顧盼公叔既死。公孫鞅聞秦孝公下令國中求賢者。將修繆公之業。東復侵地。迺遂西入秦。因孝公寵臣景監以求見孝公。孝公既見衛鞅。語事良久。孝公時時睡。弗聽。先寫一筆罷。句而孝公怒景監曰。子之客妄人耳。安足用邪。景監以讓衛鞅。衛鞅曰。吾說公以帝道。其志不開悟矣。先作一縱後五日。復求見鞅。鞅復見孝公。益愈。然而未中旨。少進罷。句而孝公復讓景監。景監亦讓鞅。鞅曰。吾說公以王道而未入也。又作一縱請復見鞅。鞅復見孝公。孝公善之而未用也。罷而去。

孝公謂景監曰。汝客善可與語矣。更進 鞅曰。省景監一問好 吾說公以霸道。其意欲用之矣。誠
復見我。我知之矣。又作一縱欲合未合妙 衛鞅復見孝公。公與語。不自知厀之前於席也。語數
日不厭。景監曰。子何以中吾君。吾君之驩甚也。鞅曰。吾說君以帝王之道比三代。而
君曰。揣孝公意中之言 久遠。吾不能待。且賢君者。各及其身。顯名天下。安能邑邑待數十百
年。以成帝王乎。故吾以彊國之術說君。君大說之耳。凡作四層逐層飛颺而入帝王亦借作波致耳商君豈帝王之
佐哉蘇子由曰極言其上以要之此言是也 然亦難以比德於殷周矣。即因帝王字一借作掉尾 孝公既用衛鞅。緊接
鞅欲變法。恐天下議己。衛鞅曰。疑行無名。疑事無功。且夫有高人之行者。固見非於
世。有獨知之慮者。必見敖於民。愚者闇於成事。知者見於未萌。民不可與慮始。而可
與樂成。論至德者。不和於俗。成大功者。不謀於衆。是以聖人苟可以彊國。不法其故。
苟可以利民。不循其禮。一意作六對連珠而下文法佳勝 孝公曰。善。甘龍曰。不然。聖人不易民而敎。
知者不變法而治。因民而敎。不勞而成功。緣法而治者。吏習而民安之。亦作兩對一樣 衛鞅
曰。龍之所言。世俗之言也。常人安於故俗。學者溺於所聞。以此兩者居官守法可也。
非所與論於法之外也。三代不同禮而王。五伯不同法而霸。智者作法。愚者制焉。賢

者更禮。不肖者拘焉。又四對 杜摯曰。利不百。不變法。功不十。不易器。法古無過。循禮無邪。兩對句法峭勁 衞鞅曰。治世不一道。便國不法古。故湯武不循古而王。夏殷不易禮而亡。反古者不可非。而循禮者不足多。三對通篇以對語終另一筆致 孝公曰。善。以衞鞅爲左庶長。卒定變法之令。令民爲什五。而相收司連坐。不告姦者腰斬。告姦者。與斬敵首同賞。匿姦者。與降敵同罰。民有二男以上。不分異者。倍其賦。有軍功者。各以率受上爵。爲私鬭者。各以輕重被刑。大小僇力。本業耕織。致粟帛多者。復其身。事末利。及怠而貧者。舉以爲收孥。宗室非有軍功論。不得爲屬籍。明尊卑。爵秩。等級。各以差次。名田宅臣妾衣服以家次。有功者顯榮。無功者。雖富。無所芬華。前以多少排對此用多少者字一句項一句連翩而下眼界一新 令既具。未布。恐民之不信。又作一頓 已乃立三丈之木。於國都市南門。募民有能徙置北門者。予十金。民怪之。莫敢徙。又一頓 復曰。能徙者。予五十金。有一人徙之。輒予五十金。以明不欺。徙木事亦作兩層寫 卒下令。令行於民。期年。秦民之國都。言初令之不便者。以千數。於是太子犯法。於是接得好太子尚犯法則不便者多矣 衞鞅曰。法之不行。自上犯之。將法太子。太子。君嗣也。不可施刑。刑其傅公子虔。黥其師公孫賈。明日。秦人皆趨令。行之十年。秦民大

說。道不拾遺。山無盜賊。家給人足。民勇於公戰。怯於私鬬。鄉邑大治。秦民初言令不
便者。有來言令便者。衛鞅曰此皆亂化之民也。盡遷之於邊城。其後民莫敢議令。一
完出令事於是、於鞅爲大良造。將兵圍魏安邑。降之。一居三年、作爲築冀闕宮庭於咸陽。
秦自雍徙都之。而令民父子兄弟同室內息者爲禁。而集小都鄉邑聚爲縣。置令丞。
凡三十一縣。爲田開阡陌封疆。而賦稅平。平斗桶權衡丈尺。前一段是禁姦敎本此一段是立法制度分作
兩段寫相與照映行之四年。公子虔復犯約。劓之。每出一令則威刑一行公子虔作兩次寫居五年、秦人富彊。天
子致胙於孝公。諸侯畢賀。寫此是爲衛鞅彊秦之功其明年、齊敗魏兵於馬陵。虜其太子申。殺
將軍龐涓。其明年、衛鞅說孝公曰。秦之與魏。譬若人之有腹心疾。非魏幷秦。秦卽幷
魏。何者。魏居領阨之西。都安邑。與秦界河而獨擅山東之利。利則西侵秦。病則東收
地。今以君之賢聖。國賴以盛。而魏往年大破於齊。諸侯畔之。可因此時伐魏。魏不支
秦。必東徙。東徙。秦據河山之固。東鄉以制諸侯。此帝王之業也。說得明透孝公以爲然。使
衛鞅將而伐魏。魏使公子卬將而擊之。軍既相距。衛鞅遺魏將公子卬書曰。吾始與
公子驩。補在魏時事今俱爲兩國將。不忍相攻。可與公子面相見。句盟。句樂飲而罷兵以

安秦魏。魏公子卬以爲然。會盟。已飲。而衞鞅伏甲士而襲虜魏公子卬。因攻其軍。盡破之。以歸秦。魏惠王兵數破於齊秦。（雙收幷應還馬陵事周密）國內空。日以削。（句）恐。（句）乃使使割河西之地獻於秦以和。而魏遂去安邑。徙都大梁。梁惠王曰。寡人恨不用公叔痤之言也。一（應還公叔痤事）衞鞅既破魏還。秦封之於商十五邑。號爲商君。一商君相秦十年。宗室貴戚多怨望者。趙良見商君。商君曰。鞅之得見也。從孟蘭皐。（補出孟蘭皐突）今鞅請得交可乎。趙良曰。僕弗敢願也。孔丘有言曰。推賢而戴者進。聚不肖而王者退。僕不肖。故不敢受命。僕聞之曰。非其位而居之曰貪位。非其名而有之曰貪名。僕聽君之義。則恐僕貪位貪名也。故不敢聞命。（兩受命聞命作調）商君曰。子不說吾治秦與。趙良曰。反聽之謂聰。內視之謂明。自勝之謂彊。（連三句）虞舜有言曰。自卑也尙矣。君不若道虞舜之道。無爲問僕矣。（二颺虞舜與前帝道照）商君曰。始秦戎翟之敎。父子無別。同室而居。今我更制其敎。而爲其男女之別。大築冀闕。營如魯衞矣。子觀我治秦也。孰與五羖大夫賢。趙良曰。千羊之皮。不如一狐之掖。千人之諾諾。不如一士之諤諤。武王諤諤以昌。殷紂墨墨以亡。（數語亦一氣運下）君若不非武王乎。則僕請終日正言而無誅。（又一頓武王與前王道映）可乎。商君曰。語有之矣。貌言華也。至言實也。苦言藥也。甘言疾也。（又連四句前段以對比此以連句又出一勝）夫子果肯終日正言。鞅之藥也。鞅將事子。子又何辭焉。趙良曰。夫五羖大夫。荊之鄙人也。聞秦繆公之賢而願望見。行而無資。自粥於秦客。被褐食牛。期年。繆公知之。舉之牛口之下。而加之百姓之上。秦國莫敢望焉。（不因嬖人）相秦六七年。而東伐鄭。三置晉國之君。一救荊國之禍。發教封內。而巴人致貢。施德諸侯。而八戎來服。由余聞之。款關請見。（服遠以德）五羖大夫之相秦也。勞不坐乘。暑不張蓋。行于國中。不從車乘。不操干戈。（不用防衛）功名藏于府庫。德行施于後世。五羖大夫死。秦國男女流涕。童子不歌謠。舂者不相杵。此五羖大夫之德也。・今君之見秦王也。因嬖人景監以爲主。非所以爲名也。（進因嬖人）相秦不以百姓爲事。而大築冀闕。非所以爲功也。刑黥太子之師傅。殘傷民以駿刑。是積怨蓄禍也。（威民以刑）教之化民也。深於命臣之効上也。捷於令。今君又左建外易。（四字不明索解未免牽强）非所以爲教也。君又南面而稱寡人。日繩秦之貴公子。詩曰。相鼠有體。人而無禮。人而無禮。何不遄死。以詩觀之。非所以爲壽也。公子虔杜門不出已八年矣。君又殺祝懽而黥公孫賈。詩曰。得人者興。失人者崩。此數事者。非所以得人也。凡作五段段段變化君之出也。後車十數。從車載甲。多力而駢脅者爲驂乘。持矛而操闟戟者。旁車而趨。此一物不具。君固不出。盛設防衛寫商君事事與五段相反書曰。恃德者昌。恃力者亡。君之危若朝露。尚將欲延年益壽乎。一路氣勢雜引詩書磊落振動此、又緊一段更加激切文情之妙則何不歸十五都。灌園於鄙。勸秦王顯巖穴之士。養老存孤。敬父兄。序有功。尊有德。可以少安。君尚將貪商於之富。寵秦國之教。畜百姓之怨。秦王一旦捐賓客而不立朝。秦國之所以收君者。豈其微哉。亡可翹足而待。始以正說完商君弗從。後五月而秦孝公卒。太子立。公子虔之徒。告商君欲反。發吏捕商君。商君亡至關下。欲舍客舍。客人不知其是商君也。曰。商君之法。舍人無驗者坐之。商君喟然嘆曰。嗟乎。爲法之敝。一至此哉。抽出一閒事以見商君之法刻薄操切如此通篇用法之敝借此一語結盡去之魏。魏人怨其欺公子卬而破魏師。弗受。商君欲之他國。魏人曰。商君。秦之賊。秦彊而賊入魏。弗歸。不可。遂內秦。商君既復入秦。走商邑。與其徒屬發邑兵北出擊鄭。秦發兵攻商君。殺之於鄭黽池。秦惠王車裂商君以狥曰。莫如商鞅反者。遂滅商君之家。結得乾淨

太史公曰。商君其天資刻薄人也。定案跡其欲干孝公以帝王術。挾持浮說。非其質矣。

勸破且所因由嬖臣及得用刑公子虔欺魏將卬不師趙良之言亦足發明商君之少恩矣余嘗讀商君開塞耕戰書與其人行事相類卒受惡名於秦有以也夫（收完）

（商君用秦純于任法先提刑名之學一句作主後下乃以法字串故欲變法定變法太子犯法民議令公子犯約終之以爲法之敝一語以見法不足恃徒法足以殺其軀而已所以古人願爲鸞鳳也○篇中變法一段俱用排句趙良一段俱用連句相對作章法○商君罪案借趙良口中序出而史公即以天資刻薄一句結之闕合甚妙）

蘇秦列傳

蘇秦者東周雒陽人也東事師於齊而習之於鬼谷先生出游數歲大困而歸兄弟嫂妹妻妾竊皆笑之（欲寫蘇秦之通顯先寫其困頓天道之倚伏如此文勢之抑揚亦如此）曰周人之俗治產業力工商逐什二以爲務今子釋本而事口舌困（句）不亦宜乎（句）（一颺）蘇秦聞之而慚自傷乃閉室不出出其書徧觀之曰夫士業已屈首受書而不能以取尊榮雖多亦奚以爲（找一句見以前讀書已多不待此時始發憤也）於是得周書陰符伏而讀之期年以出揣摩曰此可以說當世之君矣一（游說六國事此一句根吸起通篇）求說周顯王顯王左右素習知蘇秦皆少之弗信一（接上可以說當世之君以爲一往得志偏作一颺）乃西至秦秦孝公卒說惠王曰秦四塞之國被山帶渭東

有關河西、有漢中南、有巴蜀北、有代馬。此天府也。說六國俱以東西南北序形勢先于此引起以秦士民之衆、兵法之教、可以吞天下、稱帝而治。國策語尚繁以下說六國事多先以此作引子故不得不簡也秦王曰、毛羽未成、不可以高飛。文理未明、不可以幷兼。方誅商鞅、疾辯士、弗用。一偏又作一颺乃東之趙。趙肅侯令其弟成爲相、號奉陽君。奉陽君弗說之。臨時又作一颺凡三颺而後入文勢頓折去游燕。歲餘而後得見。說燕文侯曰、燕東有朝鮮遼東、北有林胡樓煩、西有雲中九原、南有嘑沱易水。東西南北二地方二千餘里、帶甲數十萬、車六百乘、騎六千匹、粟支數年。南有碣石鴈門之饒、北有棗栗之利。又單出南北變民雖不佃作、而足於棗栗矣。此所謂天府者也。一折夫安樂無事、不見覆軍殺將、無過燕者。大王知其所以然乎。二折夫燕之所以不犯寇被甲兵者、以趙之爲蔽其南也。秦趙五戰、秦再勝而趙三勝。秦趙相斃、而王以全燕制其後。此燕之所以不犯寇也。三折且夫秦之攻燕也、踰雲中九原、過代上谷、彌地數千里、雖得燕城、秦計固不能守也。秦之不能害燕亦明矣。四折今趙之攻燕也、發號出令、不至十日、而數十萬之軍軍於東垣矣。渡嘑沱、涉易水、不至四五日而距國都矣。故曰、秦之攻燕也、戰於千里之外。趙之攻燕也、戰於百里之内。五折〇數語明透文勢亦緊

夫不憂百里之患而重千里之外計無過於此者是故願大王與趙從親天下為一
則燕國必無患矣（說燕大約以燕近趙而遠秦秦不能害燕而趙能害燕立說）文侯曰子言則可（猶未盡信也起處正合如此）
然吾國小西迫彊趙南近齊齊趙彊國也子必欲合從以安燕寡人請以國從（六段俱用）
（一樣佳法大同小異）於是資蘇秦車馬金帛以至趙（說燕一事完）而奉陽君已死（點一句接上）卽因說趙
肅侯曰天下卿相人臣及布衣之士皆高賢君之行義皆願奉教陳忠於前之日久
矣雖然奉陽君妒君而不任事是以賓客游士莫敢自盡於前者（應前奉陽君弗悅）今奉陽
君捐館舍君乃今復與士民相親也臣故敢進其愚慮竊為君計者莫若安民無事
（一轉）且無庸有事於民也安民之本在於擇交擇交而得則民安擇交而不得則民終
身不安（二轉突出兩奇峯虛）請言外患齊秦為兩敵而民不得安倚秦攻齊而民不得安倚齊
攻秦而民不得安（又突出三奇峯實○三轉）故夫謀人之主伐人之國常苦出辭斷絕人之交也
願君慎勿出於口請別白黑所以異陰陽而已矣（四轉○以上論大勢）君誠能聽臣燕必致旃
裘狗馬之地齊必致魚鹽之海楚必致橘柚之園韓魏中山皆可使致湯沐之奉而
貴戚父兄皆可以受封侯（五轉）夫割地包利五伯之所以覆軍禽將而求也封侯貴戚

湯武之所以放弒而爭也。今君高拱而兩有之。此臣之所以爲君願也。六轉兩段趁勢一捲如風如雲○以上虛序以動趙王 今大王與秦則秦必弱韓魏。倚秦民不得安 與齊則齊必弱楚魏。倚齊民不得安 魏弱則割河外。韓弱則效宜陽。宜陽效則上郡絕。河外割則道不通。楚弱則無援。此三策者不可不孰計也。夫秦下軹道則南陽危。劫韓包周則趙氏自操兵。據衛取洪卷則齊必入朝秦。齊秦兩敵民不得安 秦欲已得乎山東。則必舉兵而嚮趙矣。秦甲渡河踰漳。據番吾。則兵必戰於邯鄲之下矣。此臣之所爲君患也。七轉一句頂一句逐句瀉下○以上論事勢 當今之時。山東之建國。莫彊於趙。趙地方二千餘里。帶甲數十萬。車千乘。騎萬匹。粟支數年。西有常山。南有河漳。東有清河。北有燕國。東西南北三獨點于後法變 燕固弱國。不足畏也。找一筆 秦之所害於天下者。莫如趙。頓住○八轉 然而秦不敢舉兵伐趙者何也。畏韓魏之議其後也。然則韓魏趙之南蔽也。頂燕弱國句○九轉 秦之攻韓魏也。無有名山大川之限。稍蠶食之。傅國都而止。韓魏不能支秦。必臣入於秦。秦無韓魏之規。則禍必中於趙矣。此臣之所爲君患也。十轉以上實說趙事 臣聞堯無三夫之分。舜無咫尺之地。以有天下。禹無百人之聚。以王諸侯。湯武之士不過三千。車不過三百乘。卒不過三萬。立爲天子。誠得其道也。是故明主外料其敵之彊弱。內度其士卒賢不肖。不待兩軍相當而勝敗存亡之機。固已形於胸中矣。豈掩於衆人之言而以冥冥決事哉。十一轉以上又泛說一段 臣竊以天下之地圖案之。諸侯之地五倍於秦。料度諸侯之卒十倍於秦。六國爲一。并力西向而攻秦。秦必破矣。今西面而事之。見臣於秦。十二轉 夫破人之與見破於人也。臣人之與見臣於人也。豈可同日而論哉。十三轉 夫衡人者。皆欲割諸侯之地以予秦。秦成則高臺榭。美宮室。聽竽瑟之音。前有樓闕軒轅。後有長姣美人。國被秦患而不與其憂。是故夫衡人日夜務以秦權恐愒諸侯以求割地。故願大王孰計之也。十四轉以上明敘利害破衡人之說 臣聞明主絕疑去讒。屏流言之迹。塞朋黨之門。故尊主廣地彊兵之計。臣得陳忠於前矣。十五轉又勾勒一段 故竊爲大王計。莫如一韓魏齊楚燕趙以從親。以畔秦。令天下之將相會於洹水之上。通質刳白馬而盟。要約曰。秦攻楚。齊魏各出銳師以佐之。韓絕其糧道。趙涉河漳。燕守常山之北。秦攻韓魏。則楚絕其後。齊出銳師而佐之。趙涉河漳。燕守雲中。秦攻齊。則楚絕其後。韓守城皋。魏塞其道。趙涉河漳博關。燕出銳師以佐之。秦攻燕。則趙守常山。楚軍武關。齊涉渤海。韓魏皆出銳師以佐之。秦攻趙。則韓軍宜陽。楚軍武關。魏軍河外。齊涉清河。燕出銳師以佐之。諸侯有不如約者。以五國之兵共伐之。（序法歷落法嚴而語淨）六國從親以賓秦。則秦甲必不敢出於函谷以害山東矣。如此則霸王之業成矣。（以上實序從約○說趙大約以韓魏蔽趙不可使其入臣于秦也從之利害從之約束俱于此段敘出蓋燕固弱國趙則大而近秦一得趙柄天下事便在掌握矣故見秦之後卽欲見趙肅王也說詞安得不詳）趙王曰。寡人年少。立國日淺。未嘗得聞社稷之長計也。今上客有意存天下。安諸侯。寡人敬以國從。乃飾車百乘。黃金千鎰。白璧百雙。錦繡千純。以約諸侯。（說趙一事完）是時周天子致文武之胙於秦惠王。惠王使犀首攻魏。禽將龍賈。取魏之雕陰。且欲東兵。蘇秦恐秦兵之至趙也。乃激怒張儀入之於秦。（平鋪六段文便平板故稍插一段以間隔之）於是說韓宣惠王曰。韓北有鞏洛成皋之固。西有宜陽商阪之塞。東有宛穰洧水。南有陘山。（東南西北四）地方九百餘里。帶甲數十萬。天下之彊弓勁弩。皆從韓出。谿子少府時力距來者。皆射六百步之外。韓卒超足而射。百發不暇止。遠者括蔽洞胸。近者鏑弇心。（先說弩用韓卒射弩者收）則卒之劍戟皆出於冥山棠谿墨陽合賻鄧師宛馮龍淵太阿。皆陸斷牛馬。水截鵠鴈。當敵則斬堅甲鐵幕革抉㕹芮。無不畢具。以韓卒之勇。被堅甲。蹠勁弩。帶利劍。一人當百。不足言也。（次說劍用韓卒帶劍）

者收又帶甲與弩陪○序韓止重其器械而文調如賦錦繡錯雜　夫以韓之勁。與大王之賢。乃西面事秦。交臂而服。
羞社稷而爲天下笑。無大於此者矣。是故願大王孰計之。說韓詞只用氣勢直入　大王事秦。秦
必求宜陽成皋。今茲効韓。明年又復求割地。與則無地以給之。不與則棄前功而受
後禍。且大王之地有盡。而秦之求無已。以有盡之地。而逆無已之求。此所謂市怨結
禍者也。不戰而地已削矣。利害明透令人心開　臣聞鄙諺曰。寧爲雞口。無爲牛後。今西面交臂
而臣事秦。何異於牛後乎。夫以大王之賢。挾彊韓之兵。而有牛後之名。臣竊爲大王
羞之。韓則事秦者也說韓只用直說破以聳動之　於是韓王勃然作色。攘臂瞋目。按劍仰天太息。聞蘇秦之言不
覺自愧將以前抑鬱一齊吊動故又插此數句以形容之以閒插取致　曰寡人雖不肖。必不能事秦。今主君詔以趙王
之教。敬奉社稷以從。一說韓事完　又說魏襄王曰。大王之地。、南有鴻溝陳汝南許郾昆陽
召陵舞陽新都新郪。、東有淮潁煮棗無胥。、西有長城之界。、北有河外卷衍酸棗。東南西北
五獨用長句　地方千里。地名雖小。然而田舍廬廡之數。曾無所芻牧。人民之衆。車馬之多。
日夜行不絕。輷輷殷殷。若有三軍之衆。臣竊量大王之國。不下楚。魏國止言人民句亦奇變　然衡
人怵王交彊虎狼之秦。以侵天下。卒有秦患。不顧其禍。夫挾彊秦之勢。以內刦其主。

罪無過此者。一頓又起魏。天下之彊國也。王。天下之賢王也。今乃有意西面而事秦。稱東藩。築帝宮。受冠帶。祠春秋。臣竊選大王恥之。二頓又起臣聞越王句踐戰敝卒三千人。禽夫差於干遂。武王卒三千人。革車三百乘。制紂於牧野。豈其士卒衆哉。誠能奮其威也。今竊聞大王之卒。武士二十萬。蒼頭二十萬。奮擊二十萬。廝徒十萬。車六百乘。騎五千匹。亦只說人民之衆此其過越王句踐武王遠矣。今乃聽於羣臣之說。而欲臣事秦。夫事秦必割地以効實。故兵未用而國已虧矣。三頓又起凡羣臣之言事秦者。皆姦人。非忠臣也。夫爲人臣。割其主之地以求外交。偷取一時之功而不顧其後。破公家而成私門。外挾彊秦之勢以內劫其主。以求割地。願大王孰察之。周書曰。緜緜不絕。蔓蔓奈何。毫釐不伐。將用斧柯。前慮不定。後有大患。將奈之何。用成語入法變大王誠能聽臣。六國從親。專心并力壹意。則必無彊秦之患。故敝邑趙王使臣効愚計。奉明約。在大王之詔詔之。韓魏近秦畏秦實甚故一則感愧其心一則含糊其說事勢如此魏王曰。寡人不肖。未嘗得聞明教。今主君以趙王之詔詔之。敬以國從。一說魏事完因東說齊宣王曰。齊南有泰山、東有琅邪、西有清河、北有渤海。東西南北六此所謂四塞之國也。齊地方二千餘里。帶甲數十萬。粟如丘山。三軍之良。五家之兵。進如鋒矢。戰如雷霆。解如風雨。卽有軍役。未嘗倍泰山。絕淸河。涉渤海也。臨菑之中七萬戶。臣竊度之。不下戶三男子。三七二十一萬。不待發於遠縣。而臨菑之卒。固已二十一萬矣。臨菑甚富而實。其民無不吹竽鼓瑟。彈琴擊筑。鬬雞走狗。六博蹹鞠者。臨菑之塗。車轂擊。人肩摩。連衽成帷。舉袂成幕。揮汗成雨。家殷人足。志高氣揚。齊亦止說其民衆語亦用賦調而氣勢更好夫以大王之賢。與齊之彊。天下莫能當。今乃西面而事秦。臣竊爲大王羞之。一側卽下且夫韓魏之所以重畏秦者。爲與秦接境壤界也。兵出而相當。不出十日。而戰勝存亡之機決矣。韓魏戰而勝秦。則兵半折。四境不守。戰而不勝。則國已危亡隨其後。是故韓魏之所以重與秦戰、而輕爲之臣也、一又側今秦之攻齊則不然。倍韓魏之地。過衛晉陽之道。徑乎亢父之險。車不得方軌。騎不得比行。百人守險。千人不敢過也。秦雖欲深入。則狼顧。恐韓魏之議其後也。是故恫疑虛喝。驕矜而不敢進。則秦之不能害齊。亦明矣。夫不深料秦之無奈齊何。而欲西面而事之。是羣臣之計過也。今無臣事秦之名。而有彊國之實。臣是故願大王少留意計之。說齊只說齊之遠秦秦不能害文亦明甚齊王曰。寡人不敏。僻遠守海。窮道東境之國也。未嘗得聞餘教。今足下以趙王詔詔之。敬以國從。一說齊事完乃西南說楚威王曰。楚天下之彊國也。王天下之賢王也。西、有黔中巫郡、東有夏州海陽、南有洞庭蒼梧、北有陘塞郇陽。東西南北七地方五千餘里。帶甲百萬。車千乘。騎萬匹。粟支十年。此霸王之資也。說楚之富彊獨簡。蓋楚之富彊不待言也〇緊接一夫以楚之彊。與王之賢。天下莫能當也。今乃欲西面而事秦。則諸侯莫不西面而朝於章臺之下矣。二緊接秦之所害莫如楚。楚彊則秦弱。秦彊則楚弱。其勢不兩立。兩句明透故爲大王計。莫如從親以孤秦。大王不從。秦必起兩軍。一軍出武關。一軍下黔中。則鄢郢動矣。臣聞治之其未亂也。爲之其未有也。患至而後憂之。則無及矣。故願大王早孰計之。三緊接大王誠能聽臣。臣請令山東之國。奉四時之獻。以承大王之明詔。委社稷。奉宗廟。練士厲兵。在大王之所用之。四緊接大王誠能用臣之愚計。又要勒一段更緊則韓魏齊燕趙衛之妙音美人。必充後宮。燕代槖駝良馬。必實外廐。故從合則楚王。衡成則秦帝。今釋霸王之業。而有事人之名。臣竊爲大王不取也。五緊接夫秦。虎狼之國也。有吞天下之心。秦。天下之仇讎也。衡人皆欲割諸侯之地以事秦。此所謂養仇而奉讎者也。夫爲人臣。割其主之地。以外交彊虎狼之秦。以侵

天下卒有秦患不顧其禍夫外挾彊秦之威以內刦其主以求割地大逆不忠無過
此者（緊接五）故從親則諸侯割地以事楚衡合則楚割地以事秦（兩句更明透）此兩策者相
去遠矣二者大王何居焉故敝邑趙王使臣効愚計奉明約在大王詔之（秦楚敵國也故說楚）
（止明其不兩立之勢句句緊入不放一鬆故自能動人）楚王曰寡人之國西與秦接境（一段）秦有舉巴蜀并漢中
之心（二段）秦虎狼之國不可親也（三段）而韓魏迫於秦患不可與深謀與深謀恐反人以
入于秦故謀未發而國已危矣（四段）寡人自料以楚當秦不見勝也內與羣臣謀不足
恃也寡人臥不安席食不甘味心搖搖然如懸旌而無所終薄（五段羣臣不足恃正答其割地外交云云
也）今主君欲一天下收諸侯存危國寡人謹奉社稷以從—（說楚事完楚是結末之一國故多一段以收束之）
於是六國從合而并力焉—（一句收上六段）蘇秦為從約長并相六國北報趙王乃行過雒
陽車騎輜重諸侯各發使送之甚衆擬於王者周顯王聞之恐懼除道使人郊勞（為周
顯王弗用吐氣）蘇秦之昆弟妻嫂側目不敢仰視俯伏侍取食蘇秦笑謂其嫂曰何前倨而
後恭也嫂委蛇蒲服以面掩地而謝曰見季子位高金多也（為昆弟妻嫂竊笑吐氣）蘇秦喟然
嘆曰此一人之身富貴則親戚畏懼之貧賤則輕易之況衆人乎且使我有雒陽

郭田二頃。吾豈能佩六國相印乎。[兩乎字作兩歎文致跌蕩情事躍然]於是散千金以賜宗族朋友。初蘇秦之燕。貸百錢爲資。及得富貴。以百金償之。徧報諸所嘗見德者。其從者有一人獨未得報。乃前自言。蘇秦曰。我非忘子。子之與我至燕。再三欲去我易水之上。方是時。我困。故望子深。是以後子。子今亦得矣。[此段應前人因知之乃于空處又補出二事以陪之若不專爲應前者虛實相參之妙]蘇秦既約六國從親。歸趙。[間接]趙肅侯封爲武安君。乃投從約書于秦。秦兵不敢闚函谷關十五年。[其實從約未幾即解故虛寫一筆以爲蘇秦之功緊接犀首一句以紀其實也]其後秦使犀首欺齊魏。與共伐趙。欲敗從約。[爲敗從約只畧說爲蘇秦諱也]齊魏伐趙。趙王讓蘇秦。[伐趙讓秦事虛寫一路實寫至此用處也]蘇秦恐。請使燕。必報齊。蘇秦去趙而從約皆解。[蘇秦說六國一篇數千言而從約之解一句即了如氷消瓦解蓋親昆弟尚有爭財妒忌者欲六國一心原爲難事也]秦惠王以其女爲燕太子婦。[此亦敗從約之一端故附入然已爲後少增一句伏脈]是歲。文侯卒。太子立。是爲燕易王。易王初立。齊宣王因燕喪伐燕。取十城。易王謂蘇秦曰。往日先生至燕。而先王資先生見趙。遂約六國從。今齊先伐趙。次至燕。以先生之故。爲天下笑。[心機用盡功業中隳兜頭一提使人浩歎]先生能爲燕得侵地乎。蘇秦大慙曰。請爲王取之。[蘇秦末路抑鬱甚矣再爲一揚]蘇秦見齊王。再拜。俯而慶。仰而弔。[倣作好看固是策士家風]齊王曰。是何慶弔相隨之速也。蘇秦曰。臣聞饑人所以饑而不食烏喙者。爲其愈充腹而與餓死同患也。
今燕雖弱小。卽秦王之少壻也。應前女爲太子婦 大王利其十城。而長與彊秦爲仇。今使弱
燕爲鴈行而彊秦敝其後。以招天下之精兵。是食烏喙之類也。初欲六國困秦後卽借秦以恐喝六國極
寫蘇秦反覆處然當時事勢不得不然也 齊王愀然變色曰。然則奈何。蘇秦曰。臣聞古之善制事者。轉禍
爲福。因敗爲功。大王誠能聽臣計。卽歸燕之十城。主意欲得十城他所不顧矣 燕無故而得十城。
必喜。秦王知以己之故而歸燕之十城。亦必喜。此所謂棄仇讎而得石交者也。一轉流利
夫燕秦俱事齊。則大王號令天下。莫敢不聽。是王以虛辭附秦。以十城取天下。此霸
王之業也。一氣而下筆如轉圜 王曰。善。於是乃歸燕之十城。一人有毀蘇秦者曰。左右賣國反
覆之臣也。將作亂。頂上節反覆實作亂虛 蘇秦恐得罪。句歸。句 而燕王不復官也。蘇秦見燕王
曰。臣東周之鄙人也。無有分寸之功。而王親拜之於廟。而禮之於庭。今臣爲王卻齊
之兵。而攻得十城。宜以益親。今來而王不官臣者。人必有以不信傷臣於王者。一轉 臣
之不信。王之福也。二轉 臣聞忠信者。所以自爲也。進取者。所以爲人也。三轉 且臣之說齊
王。曾非欺之也。四轉 臣棄老母於東周。固去自爲而行進取也。五轉 今有孝如曾參。廉如

伯夷信於尾生得此三人者以事大王何若。 句句轉句句圓詞意俱妙 王曰。足矣。蘇秦曰。孝如曾參義不離其親一宿於外王又安能使之步行千里而事弱燕之危王哉。 一段 廉如伯夷義不爲孤竹君之嗣不肯爲武王臣。不受封侯而餓死首陽山下。有廉如此王又安能使之步行千里而行進取於齊哉。 二段 信如尾生與女子期於梁下。女子不來水至不去抱柱而死。有信如此。王又安能使之步行千里。卻齊之彊兵哉。 三段信是主孝與廉是陪 臣所謂以忠信得罪於上者也。 上列三段一句即收文法矯健 燕王曰。若不忠信耳豈有以忠信而得罪者乎。 又作一泛不即住更好 蘇秦曰。不然。臣聞客有遠爲吏而其妻私於人者。 又作一喻未明喻 波瀾疊出娓娓不窮 其夫將來。其私者憂之。妻曰。勿憂吾已作藥酒待之矣。居三日其夫果至。妻使妾舉藥酒進之。妾欲言酒之有藥則恐其逐主母也。欲勿言乎則恐其殺主父也。於是乎詳僵而棄酒。主父大怒笞之五十。 閨房瑣事以折宕之筆出之寫來如親見 故妾一僵而覆酒。上存主父。下存主母。然而不免於笞。惡在乎忠信之無罪也。 後喻亦只一句收與前一樣 夫臣之過不幸而類是乎。燕王曰。先生復就故官。益厚遇之。一易王母文侯夫人也。與蘇秦私通。燕王知之。而事之加厚。蘇秦恐誅。乃說燕王曰。臣居燕不能使燕重。而在齊則燕必重。燕王曰。唯先生之所爲。於是蘇秦詳爲得罪於燕。而亡走齊。齊宣王以爲客卿。齊宣王卒。湣王卽位。說湣王厚葬以明孝。高宮室。大苑囿。以明得意。欲破敝齊而爲燕。一首用蘇秦者燕也爲蘇秦之所感首伐趙而敗從約者齊也爲蘇秦之所恨故前之由趙入燕今之由燕入齊所以報齊者甚深爲燕者甚切燕易王卒。燕噲立爲王。其後齊大夫多與蘇秦爭寵者。而使人刺蘇秦。不死。殊而走。齊王使人求賊。不得。蘇秦且死。乃謂齊王曰。臣卽死。車裂臣以徇於市。曰。蘇秦爲燕作亂於齊。如此。則臣之賊必得矣。於是如其言。而殺蘇秦者果自出。齊王因而誅之。至死而行詐極寫蘇秦之反覆可畏燕聞之曰。甚矣。齊之爲蘇生報仇也。插燕人一句不說明妙情事逼透蘇秦既死。其事大泄。齊後聞之。乃恨怒燕。燕甚恐。一蘇秦一傳撫其死後事作不了語結蘇秦之弟曰代。蘇代附傳代弟蘇厲。蘇厲虛序見兄遂。亦皆學。及蘇秦死。接上代乃求見燕王。欲襲故事。曰。臣東周之鄙人也。竊聞大王義甚高。鄙人不敏。釋鉏耨而干大王。本意欲至燕也至於邯鄲。所見者絀於所聞。至趙而所見不及所聞於東周。臣竊負其志。至東周而未遂其志及至燕廷。間兩國然後至燕也觀王之羣臣下吏。王。天下之明王也。頓住燕王曰。子所謂明王者何如也。起一峯對曰。臣聞明王務聞其過。不欲聞其善。臣請謁王之過。前一頓此借勢直入夫齊趙者。燕之仇讎也。楚魏者。燕之援國也。

今王奉仇讎以伐援國。非所以利燕也。語亦明快　王自慮之。此則計過。無以聞者。非忠臣也。又找兩句蓋曰出于王意則過矣而羣臣之不言者非忠也調好　王曰。夫齊者固寡人之讎。所欲伐也。直患國敝力不足也。子能以燕伐齊。則寡人舉國委子。對曰。凡天下戰國七。燕處弱焉。獨戰則不能。有所附則無不重。南附楚。楚重。西附秦。秦重。中附韓魏。韓魏重。且苟所附之國重。此必使王重矣。連六重字歷落可聽　今夫齊長主而自用也。南攻楚五年。畜聚竭。西困秦三年。士卒罷敝。北與燕人戰。覆三軍。得二將。然而以其餘兵南面舉五千乘之大宋。而包十二諸侯。此其君欲得。其民力竭。惡足取乎。且臣聞之。數戰則民勞。久師則兵敝矣。又頓住　燕王曰。吾聞齊有清濟濁河。可以爲固。長城鉅防。足以爲塞。誠有之乎。又起一峯　對曰。天時不與。雖有清濟濁河。惡足以爲固。民力罷敝。雖有長城鉅防。惡足以爲塞。且異日濟西不師。所以備趙也。河北不師。所以備燕也。今濟西河北盡已役矣。封內敝矣。應民力竭　夫驕君必好利。而亡國之臣必貪於財。應君欲得　王誠能無羞寵子母弟以爲質。寶珠玉帛以事左右。彼將有德燕而輕亡宋。則齊可亡矣。燕王曰。吾終以子受命於天矣。句法俊　燕乃使一子質於齊。而蘇厲因燕質子而求見齊王。前言蘇代此言蘇厲蓋代厲同往也

蘇厲附序　齊王怨蘇秦。欲因蘇厲。燕質子爲謝。已遂委質爲齊臣。一燕相子之與蘇代婚。而欲得燕權。乃使蘇代侍質子於齊。于質子前插出一事前忙不及敘此四報燕事提起接入齊使代報燕。燕王噲問曰。齊王其霸乎。曰不能。曰何也。曰不信其臣。只一句煩簡相參　於是燕王專任子之。已而讓位。燕大亂。齊伐燕。殺王噲子之。燕立昭王。而蘇代蘇厲遂不敢入燕。皆終歸齊。齊善待之。一燕噲係傳外事故只畧序蘇代過魏。魏爲燕執代。齊使人謂魏王曰。齊請以宋地封涇陽君。秦必不受。一轉秦非不利有齊而得宋地也。不信齊王與蘇子也。二轉今齊魏不和如此其甚。則齊不欺秦。三轉秦信齊。齊秦合。涇陽君有宋地。非魏之利也。四轉故王不如東蘇子。秦必疑齊而不信蘇子矣。五轉齊秦不合。天下無變。伐齊之形成矣。數行中多少轉

折句法亦陗　於是出蘇代。一代之宋。宋善待之。齊伐宋。宋急。蘇代乃遺燕昭王書曰。夫列在萬乘。而寄質於齊。名卑。而權輕。奉萬乘助齊伐宋。民勞。而實費。夫破宋殘楚淮北。肥大齊。讎彊。而國害。先列三句作主其實只兩句仇彊卽說助齊伐宋事也　此三者皆國之大敗也。然且王行之者。將以取信於齊也。齊加不信于王。而忌燕愈甚。是王之計過矣。一轉夫以宋加之淮北。彊萬乘之國也。而齊并之。是益一齊也。北夷方七百里。加之以魯衛。彊萬乘之

國也。而齊幷之。是益二齊也。一齊二齊文法奇俊 夫一齊之彊。燕猶狼顧而不能支。今以三齊臨燕。其禍必大矣。二轉 雖然。知者舉事。因禍爲福。轉敗爲功。齊紫敗素也。而賈十倍。蓋齊紫乃敗素之所染而價倍也調陏 越王句踐棲於會稽。復殘彊吳而霸天下。兩譬一虛一實一物一人奇甚 此皆因禍爲福。轉敗爲功者也。三轉 今王若欲因禍爲福。轉敗爲功。則莫若挑霸齊而尊之。使使盟于周室。焚秦符。曰。曰字乃設爲使盟周室之詞也從人餘術 其大上計破秦。其次必長賓之。秦挾賓以待破。秦王必患之。秦五世伐諸侯。今爲齊下。秦王之志。苟得窮齊。不憚以國爲功。苟得破齊不憚以國狥之也。句陏〇四轉 然則王何不使辯士以此言說秦王曰。又設一段奇 燕趙破宋肥齊。尊之爲之下者。燕趙非利之也。燕趙不利而勢爲之者。以不信秦王也。五轉下以然則二字緊接 然則王何不使可信者接收燕趙。令涇陽君高陵君先於燕趙。秦有變。因以爲質。則燕趙信秦。秦爲西帝。燕爲北帝。趙爲中帝。立三帝以令於天下。韓魏不聽則秦伐之。齊不聽。則燕趙伐之。天下孰敢不聽。六轉 天下服聽。因驅韓魏以伐齊。曰。又設詞一段奇 必反宋地。歸楚淮北。反宋地。歸楚淮北。燕趙之所利也。並立三帝。燕趙之所願也。夫實得所利。尊得所願。燕趙棄齊如脫躧矣。七轉 今不收燕趙。齊霸必成。諸侯贊齊而王不從

是國伐也諸侯贊齊而王從之是名卑也八轉 今收燕趙國安而名尊不收燕趙國危
而名卑夫去尊安而取危卑智者不爲也九轉 秦王聞若說必若刺心然則王何不使
辯士以此苦言說秦秦必取齊必伐矣多少轉折一轉緊于一轉 夫取秦厚交也伐齊正利也尊
厚交務正利聖主之事也此用正收 燕昭王善其書曰先人嘗有德蘇氏子之之亂而蘇
氏去燕燕欲報仇於齊非蘇氏莫可乃召蘇代復善待之與謀伐齊竟破齊湣王出
走敘一筆以爲代功與蘇秦傳一樣 久之秦召燕王燕王欲往蘇代約燕王曰楚得枳而國亡齊
得宋而國亡齊楚不得以有枳宋而事秦者何也陡然而起一折便入 則有功者秦之深讐也
秦取天下非行義也暴也秦之行暴正告天下以行暴出告天下奇先提一句下列告楚告韓告魏委齊委楚五詞不刪
一筆文以煩爲妙者此類是也 告楚曰蜀地之甲乘船浮於汶乘夏水而下江五日而至郢漢中之
甲乘船出於巴乘夏水而下漢四日而至五渚寡人積甲宛東下隨一軍下江一軍下漢王親將而
下隨也文法雄肆 智者不及謀勇士不及怒寡人如射隼矣射隼字奇 王乃欲待天下之攻函谷
不亦遠乎楚王爲是故十七年事秦秦正告韓曰我起乎少曲一日而斷大行我起
乎宜陽而觸平陽二日而莫不盡繇我離兩周而觸鄭五日而國舉前用五日四日此用一日二日

五日以取勢下乃變韓氏以爲然故事秦秦正告魏曰我舉安邑塞女戟韓氏太原卷我下軹道南陽封冀包兩周陸兵乘夏水浮輕舟彊弩在前錟戈在後舟上之兵器也決滎口魏無大梁決白馬之口魏無外黃濟陽決宿胥之口魏無虛頓丘水兵陸攻則擊河內項舉安邑下軹水攻則滅大梁項決滎口決白馬決宿胥魏氏以爲然故事秦秦欲攻安邑恐齊救之則以宋委於齊曰宋王無道爲木人以寫寡人射其面寡人地絕兵遠不能攻也王苟能破宋有之寡人如自得之已得安邑塞女戟秦乃乘勢而得安邑塞女戟也因以破宋爲齊罪因以爲齊罪罪深文變詐秦欲攻韓恐天下救之則以齊委於天下曰齊王四與寡人約四欺寡人必率天下以攻寡人者三有齊無秦有秦無齊必伐之必亡之已得宜陽少曲致藺石同上因以破齊爲天下罪秦欲攻魏重楚則以南陽委於楚曰寡人固與韓且絕矣殘均陵塞鄳阨苟利於楚寡人如自有之魏棄與國而合於秦因以塞鄳阨爲楚罪兵困於林中加一句變重燕趙以膠東委於燕以濟西委於趙趙得講於魏燕趙事又虛序閒插之妙至公子延因犀首屬行而攻趙兵傷於譙石遇敗於陽馬而重魏則以葉蔡委於魏已得講於趙則劫魏不爲割前數段虛事實序今劫魏實事虛序文法變化困則使太后弟穰侯爲和嬴則兼欺舅

與母。適燕者曰以膠東。適趙者曰以濟西。適魏者曰以葉蔡。適楚者曰以塞鄳阨。適齊者曰以宋。前告楚曰、告韓曰多少曰字長段此多少曰字促節相映成致此必令言如循環。用兵如刺蜚。母不能制。舅不能約。龍賈之戰、岸門之戰、封陵之戰、高商之戰、趙莊之戰。連五戰字奇峭秦之所殺三晉之民數百萬。今其生者皆死秦之孤也。一句更峭而透西河之外上雒之地三川晉國之禍。三晉之半。秦禍如此其大也。而燕趙之秦者。皆以爭事秦說其主。此臣之所大患也。燕昭王不行。蘇代復重於燕。燕使約諸侯從親如蘇秦時。或從或不。而天下由此宗蘇氏之從約。只虛序作餘波代厲皆以壽死。名顯諸侯。

太史公曰、蘇秦兄弟三人。皆游說諸侯以顯名。其術長於權變。而蘇秦被反閒以死。天下共笑之。諱學其術。然世言蘇秦多異。異時事有類之者。皆附之蘇秦。夫蘇秦起閭閻。連六國從親。此其智有過人者。吾故列其行事。次其時序。毋令獨蒙惡聲焉。

諸老師先生皆以說秦一段不全載國策不知山川綿渺必有空天文繡爛施必有素地故頭重者脚必輕腹大者首必小行文之法也若一味排比成何節奏此史公刪簡之意乎不特此也即中間說燕一畧而趙一詳說齊濃而韓淡正相糸相配之妙豈賣菜乎而不求益哉○說六國處一段是一樣文法必不雷同細心讀之當自見耳○蘇秦說六國是一篇掀天揭地文章宜乎窮矣末後又出蘇代一篇另出一奇如觀洛邑者不知更有鎬京望終南者不知其又連少室

也奇哉

張儀列傳

張儀者、魏人也。始嘗與蘇秦俱事鬼谷先生學術。蘇秦自以不及張儀。一儀秦兩人千古並稱故先提出秦自以不及張儀爲激之入秦先伏一筆張儀已學。頂上而游說諸侯。游說諸侯先虛伏嘗從楚相飲。已而楚相亡璧。門下意張儀。曰。儀貧無行。必此盜相君之璧。共執張儀。掠笞數百。不服。醳之。醳作釋字解是其妻曰。嘻。子毋讀書游說。安得此辱乎。張儀謂其妻曰。視吾舌。尙在不。奇語蓋以一身已笞壞舌固無恙也其妻笑曰。舌在也。儀曰。足矣。只此不說明妙蘇秦已說趙王而得相約從親。間接、然恐秦之攻諸侯。敗約後負。念莫可使用於秦者。乃使人微感張儀曰。子始與蘇秦善。今秦已當路。子何不往游。以求通子之願。張儀於是之趙。上謁求見蘇秦。蘇秦乃誡門下人不爲通。又使不得去者數日。已而見之。坐之堂下。賜僕妾之食。因而數讓之曰。以子之材能。乃自令困辱至此。吾寧不能言而富貴子。子不足收也。謝去之。於辱張儀處極力摹寫張儀之來也。自以爲故人。求益。反見辱。句怒。句念諸侯莫可事。獨秦能苦趙。乃遂入秦。又於張儀寫一段兩邊照耀蘇秦已而告其舍人曰。張儀天下賢士。吾殆弗如也。應自

以不及。今吾幸先用。而能用秦柄者。獨張儀可耳。然貧。無因以進。吾恐其樂小利而不
遂。故召辱之。以激其意。子為我陰奉之。至此拼說明 乃言趙王。發金幣車馬。使人微隨張
儀。與同宿舍。稍稍近就之。奉以車馬金錢。所欲用。為取給而弗告。頓住妙入情事 張儀遂得
以見秦惠王。惠王以為客卿。與謀伐諸侯。蘇秦之舍人乃辭去。張儀曰。賴子得顯。方
且報德。何故去也。舍人曰。臣非知君。知君乃蘇君。一路疑團至此剔破使人爽然 蘇君憂秦伐趙敗
從約。以為非君莫能得秦柄。故感怒君。使臣陰奉給君資。盡蘇君之計謀。今君已用。
請歸報。張儀曰。嗟乎。此吾在術中而不悟。吾不及蘇君明矣。一轉與前對照 吾又新用。安能
謀趙乎。二轉 為吾謝蘇君。蘇君之時。儀何敢言。三轉 且蘇君在。儀寧渠能乎。—以三轉跌落而出極
寫儀心服○寧渠能蓋曰亦何能為也 張儀既相秦。為文檄告楚相曰。始吾從若飲。我不盜而璧。若笞
我。若善守汝國。我顧且盜而城。—先提蘇秦頓住插入楚相事正接楚相事又頓住插入蘇秦事蘇秦事完又接楚相事繳完穿插之
妙○作不了語結 苴蜀相攻擊。各來告急於秦。秦惠王欲發兵以伐蜀。以為道險狹難至。而
韓又來侵秦。先提一案 秦惠王欲先伐韓。後伐蜀。恐不利。欲先伐蜀。恐韓襲秦之弊。猶豫
未能決。又設一疑下乃挑剔而出 司馬錯與張儀爭論於惠王之前。司馬錯欲伐蜀。欲伐蜀且虛說後乃實序

虛實相參之妙張儀曰。不如伐韓。王曰。請聞其說。儀曰。親魏善楚。下兵三川。塞斜谷之口。當屯留之道。魏絕南陽。楚臨南鄭。親魏善楚借爲犄角也秦攻新城宜陽。以臨二周之郊。誅周王之罪。侵楚魏之地。周自知不能救。九鼎寶器必出。據九鼎。按圖籍。挾天子以令于天下。天下莫敢不聽。此王業也。一段伐韓之利今夫蜀。西僻之國。而戎翟之倫也。敝兵勞衆不足以成名。得其地不足以爲利。一段伐蜀之不利臣聞爭名者于朝。爭利者于市。今三川周室。天下之朝市也。而王不爭焉。顧爭于戎翟。去王業遠矣。又以韓蜀雙結司馬錯曰。不然。臣聞之。欲富國者。務廣其地。欲彊兵者。務富其民。欲王者。務博其德。三資者備。而王隨之矣。今王地小民貧。故臣願先從事于易。伐蜀先立一冒三段平說其實止重富彊王字陪說故後竟不提起夫蜀西僻之國也。而戎翟之長也。有桀紂之亂。以秦攻之。辟如使豺狼逐羣羊。得其地。足以廣國。頂彊取其財。足以富民。頂富繕兵不傷衆。而彼已服焉。拔一國。而天下不以爲暴。利盡西海。而天下不以爲貪。是我一舉而名實附也。而又有禁暴止亂之名。一段伐蜀之利今攻韓。劫天子。惡名也。而未必利也。又有不義之名。而攻天下所不欲。危矣。伐韓亦先立一冒臣請論其故。周。天下之宗室也。齊韓之與國也。齊韓不應斷蓋曰周爲齊韓等之與國也連上句故下接齊趙楚魏等語

（讀作兩句非是）周自知失九鼎。韓自知亡三川。將二國并力合謀。以因乎齊趙。而求解乎楚魏。以鼎與楚。以地與魏。王弗能止也。此臣之所謂危也。（一段伐韓之不利）不如伐蜀完。（又勾勒一句意足）惠王曰。善。寡人請聽子。（儀傳也欲爲儀發揮而劈頭先寫張儀一詘文法變換）卒起兵伐蜀。十月取之。遂定蜀。貶蜀王更號爲侯。而使陳莊相蜀。蜀既屬秦。秦益以彊。富厚輕諸侯。（結完富彊本旨）

秦惠王十年、使公子華與張儀圍蒲陽。降之。儀因言秦復與魏。而使公子繇質于魏。儀因說魏王曰。秦王之遇魏甚厚。魏不可以無禮。（後有游說諸國一段大文故此處只作一點欲繁先簡文章家數）魏因入上郡少梁謝秦惠王。惠王乃以張儀爲相、更名少梁曰夏陽、儀相秦四歲、立惠王爲王、居一歲、爲秦將取陝築上郡塞、其後二年。（序歲數句法佳）使與齊楚之相會齧桑。東還而免相。相魏以爲秦。欲令魏先事秦而諸侯效之。魏王不肯聽儀。（欲寫秦王用儀先寫伐蜀之不聽欲寫六國從儀先寫魏王之不聽欲揚先抑欲合故離文家之妙）秦王怒。伐取魏之曲沃平周。復陰厚張儀益甚。張儀慙無以歸報。留魏四歲而魏襄王卒。哀王立。張儀復說哀王。哀王不聽。（復寫哀王不聽又一逼）於是張儀陰令秦伐魏。魏與秦戰敗。明年齊又來敗魏於觀津。秦復欲攻魏。先敗韓申差軍。斬首八萬。諸侯震恐。（先伏一句爲游說六國之根）而張儀復說魏王曰。（至此方入）

魏地方不至千里卒不過三十萬地四平諸侯四通輻輳無名山大川之限從鄭至梁二百餘里車馳人走不待力而至（句法峭）梁南與楚境西與韓境北與趙境東與齊境（四境字句法奇）卒戍四方守亭鄣者不下十萬梁之地勢固戰場也梁南與楚而不與齊則齊攻其東東與齊而不與趙則趙攻其北不合於韓則韓攻其西不親於楚則楚攻其南此所謂四分五裂之道也（東西南北與前意同而詳略異作兩層結○一段言魏之形勢）且夫諸侯之爲從者將以安社稷尊主彊兵顯名也今從者一天下約爲昆弟刑白馬以盟洹水之上以相堅也而親昆弟同父母尚有爭錢財而欲恃詐僞反覆蘇秦之餘謀其不可成亦明矣（一段破從之難成）大王不事秦秦下兵攻河外據卷衍酸棗劫衞取陽晉則趙不南趙不南而梁不北梁不北則從道絕從道絕則大王之國欲毋危不可得也秦折韓而攻梁韓怯於秦秦韓爲一梁之亡可立而須也此臣之所爲大王患也（一段不事秦之害）爲大王計莫如事秦事秦則楚韓必不敢動無楚韓之患則大王高枕而臥國必無憂矣且夫秦之所欲弱者莫如楚而能弱楚者莫如梁楚雖有富大之名而實空虛其卒雖多然而輕走易北不能堅戰悉梁之兵南面而伐楚勝之必矣割楚而益梁

虧楚而適秦。嫁禍安國。此善事也。一段事秦之利大王不聽臣。秦下甲士而東伐。雖欲事秦。不可得矣。又申言不事秦之害以要之且夫從人多奮辭而少可信。說一諸侯而成封侯。是故天下之游談士。莫不日夜搤腕瞋目切齒以言從之便。以說人主。人主賢其辯而牽其說。豈得無眩哉。又申言從人之反覆以明之臣聞之。積羽沉舟。羣輕折軸。衆口鑠金。積毀銷骨。故願大王審定計議。又以譬喻結多少反覆且賜骸骨辟魏。哀王於是乃倍從約而因議請成於秦。一張儀歸復相秦。三歲而魏復背秦爲從。秦攻魏。取曲沃。明年魏復事秦。一作數反覆

乃定衡約諸侯事秦不得已也秦欲伐齊。齊楚從親。於是張儀往相楚。楚懷王聞張儀來。虛上舍而自館之。曰。此僻陋之國。子何以敎之。儀說楚王曰。大王誠能聽臣。閉關絕約于齊。臣請獻商於之地六百里。使秦女得爲大王箕箒之妾。秦楚娶婦嫁女。長爲兄弟之國。此北弱齊而西益秦也。計無便此者。比楚世家簡淨楚王大說而許之。羣臣皆賀。陳軫獨弔。之。一賀一弔借作姿致楚王怒曰。寡人不興師發兵。得六百里地。羣臣皆賀。子獨弔。何也。陳軫對曰。不然。以臣觀之。商於之地不可得。而齊秦合。齊秦合則患必至矣。楚王曰。有說乎。陳軫對曰。夫秦之所以重楚者。以其有齊也。今閉關絕約於齊。則楚孤。秦奚貪夫

孤國而與之商於之地六百里。句法緊陗張儀至秦必負王是北絕齊交西生患于秦也而兩國之兵必俱至。明淨而矯健善爲王計者不若陰合而陽絕於齊使人隨張儀茍與吾地絕齊未晚也不與吾地陰合謀計也楚王曰願陳子閉口毋復言以待寡人得地。一縱乃以相印授張儀厚賂之於是遂閉關絕約於齊使一將軍隨張儀張儀至秦詳失綏墮車不朝三月楚王聞之曰儀以寡人絕齊未甚邪乃使勇士至宋借宋之符北罵齊王。又作一頓齊王大怒折節而下秦秦齊之交合張儀乃朝謂楚使者曰臣有奉邑六里願以獻大王左右楚使者曰臣受令于王以商於之地六百里不聞六里還報楚王楚王大怒發兵而攻秦陳軫曰臣可發口言乎閉口發口借作姿致攻之不如割地反以賂秦與之幷兵而攻齊是我出地於秦取償于齊也王國尚可存楚王不聽卒發兵而使將軍屈匄擊秦秦齊共攻楚斬首八萬殺屈匄遂取丹陽漢中之地楚又復益發兵而襲秦至藍田大戰楚大敗於是楚割兩城以與秦平一秦要楚欲得黔中地欲以武關外易之楚王曰不願易地願得張儀而獻黔中地。又作一縱秦王欲遣之口弗忍言。故作一頓張儀乃請行。此乃直入惠王曰彼楚王怒子之負以商於之地是且甘心於子張儀曰秦彊楚弱（是請行主意）臣善靳尙尙得事楚夫人鄭袖袖所言皆從（一轉）且臣奉王之節使楚楚何敢加誅（二轉）假令誅臣而爲秦得黔中之地臣之上願（數語轉折盡致）遂使楚楚懷王至則囚張儀將殺之靳尙謂鄭袖曰子亦知子之賤于王乎（突入靳尙應上）鄭袖曰何也靳尙曰秦王甚愛張儀而不欲出之今將以上庸之地六縣賂楚以美人聘楚以宮中善歌謳者爲媵（三字以疊作致）楚王重地尊秦秦女必貴而夫人斥矣不若爲言而出之於是鄭袖日夜言懷王曰人臣各爲其主用（只一句爲張儀出脫下俱以秦恐嚇楚王應張儀秦彊楚弱主意）今地未入秦秦使張儀來至重王王未有禮而殺張儀秦必大怒攻楚妾請子母俱遷江南毋爲秦所魚肉也懷王後悔赦張儀厚禮之如故張儀既出未去聞蘇秦死（結完蘇秦應同學應激入秦終以蘇秦作一篇縮合○從人約六國一齊伐秦故一時游說總作一篇衡人不妨逐國先後事秦故說魏後又插欺楚一段）乃說楚王曰秦地半天下兵敵四國被險帶河四塞以爲固虎賁之士百餘萬車千乘騎萬匹積粟如丘山法令既明士卒安難樂死主明以嚴將智以武雖無出甲席卷常山之險必折天下之脊天下有後服者先亡（中作一轉）且夫爲從者無以異于驅羣羊而攻猛虎虎之與羊不格明矣今王不與猛虎而與羣羊臣竊以爲大王之計過

也。一段稱秦之彊 凡天下彊國。非秦而楚。非楚而秦。兩國交爭。其勢不兩立。大王不與秦。秦下甲據宜陽。韓之上地不通。下河東。取成皐。韓必入臣。梁則從風而動。秦攻楚之西。韓梁攻其北。社稷安得毋危。中作一轉與上同 且、夫、從者。聚羣弱而攻至彊。不料敵而輕戰。國貧而數舉兵。危亡之術也。臣聞之。兵不如者勿與挑戰。粟不如者勿與持久。夫、從人飾辯虛辭。高主之節。言其利不言其害。卒有秦禍。無及爲已。是故願大王之熟計之。一段言楚之不敵 秦西有巴蜀。大船積粟。起于汶山。浮江以下。至楚三千餘里。舫船載卒。一舫載五十人。與三月之食。下水而浮。一日行三百餘里。里數雖多。然而不費牛馬之力。不至十日而距扞關。扞關驚。則從境以東。盡城守矣。黔中巫郡。非王之有。秦舉甲出武關。南面而伐。則北地絕。秦兵之攻楚也。危難在三月之內。而楚待諸侯之救在半歲之外。此其勢不相及也。語語明透 夫待弱國之救。忘彊秦之禍。此臣所以爲大王患也。一段言秦破楚之易 大王嘗與吳人戰。五戰而三勝。陣卒盡矣。偏守新城。存民苦矣。臣聞功大者易危。而民敝者怨上。夫守易危之功。而逆彊秦之心。臣竊爲大王危之。中作一折 且、夫秦之所以不出兵函谷十五年以攻齊趙者。陰謀有合天下之心。楚嘗與秦搆難戰于漢中楚人不勝列侯執珪死者七十餘人遂亡漢中楚王大怒興兵襲秦戰于藍田此所謂兩虎相搏者也夫秦楚相敝而韓魏以全制其後計無危於此者矣願大王熟計之一段言楚破秦之難秦下甲攻衛陽晉必大關天下之匈大王悉起兵以攻宋不至數月而宋可舉舉宋而東指則泗上十二諸侯盡王之有也中作一折凡天下而以信約從親相堅者蘇秦封武安君相燕卽陰與燕王謀伐破齊而分其地乃詳有罪出走入齊齊王因受而相之居二年而覺齊王大怒車裂蘇秦於市夫以一詐僞之蘇秦而欲經營天下混一諸侯其不可成亦明矣一段事秦之利凡作數段將從人之難信插入夾說另是一格住句所以爲大王患爲大王危之願大王熟計之語語變換今秦與楚接境壤界固形親之國也大王誠能聽臣臣請使秦太子入質於楚楚太子入質於秦請以秦女爲大王箕帚之妾効萬室之都以爲湯沐之邑長爲昆弟之國終身無相攻伐臣以爲計無便於此者正說一段收於是楚王已得張儀而重出黔中地與秦點還應上欲許之屈原曰前大王見欺于張儀張儀至臣以爲大王烹之今縱勿忍殺之又聽其邪說不可懷王曰許儀而得黔中美利也後而倍之不可故卒許張儀與秦親完楚一事張儀去楚因遂之韓說韓王曰韓地

險惡山居五穀所生非菽而麥民之食大抵飯菽藿羹（飯羹二字顚倒成文）一歲不收民不饜糟糠地不過九百里無二歲之食料大王之卒悉之不過三十萬而厮徒負養在其中矣除守徼亭鄣塞見卒不過二十萬而已矣秦帶甲百餘萬車千乘騎萬匹虎賁之士跿跔科頭貫頤奮戟者（句法奇）至不可勝計秦馬之良戎兵之衆探前趹後蹄間三尋騰者（句法奇）不可勝數山東之士被甲蒙胄以會戰秦人捐甲徒裼以趨敵左挈人頭右挾生虜夫秦卒與山東之卒猶孟賁之與怯夫以重力相壓猶烏獲之與嬰兒（句法奇）夫戰孟賁烏獲之士以攻不服之弱國無異垂千鈞之重於鳥卵之上必無幸矣（一段不事秦之害說韓秦不敵處字句奇俊濃郁）夫羣臣諸侯不料地之寡而聽從人之甘言好辭比周以相飾也皆奮曰聽吾計可以彊霸天下夫不顧社稷之長利而聽須臾之說詿誤人主無過此者大王不事秦秦下甲據宜陽斷韓之上地東取成皋滎陽則鴻臺之宮桑林之苑非王之有也夫塞成皋絕上地則王之國分矣先事秦則安不事秦則危夫造禍而求其福報計淺而怨深逆秦而順楚雖欲毋亡不可得也故爲大王計莫如爲秦秦之所欲莫如弱楚而能弱楚者莫如韓非以韓能彊于楚也其地勢

然也。今王西面而事秦。以攻楚。秦王必喜。夫攻楚以利其地。轉禍而說秦。計無便于此者。一段事秦之利韓王聽儀計。張儀歸報。秦惠王封儀五邑。號曰武信君。一完說韓事使張儀東說齊湣王曰。天下彊國。莫過齊者。大臣父兄殷衆富樂。然而爲大王計者。皆爲一時之說。不顧百世之利。從人說大王者。必曰。齊西有彊趙。南有韓與梁。齊負海之國也。地廣民衆。兵彊士勇。雖有百秦。將無奈齊何。反起又一法大王賢其說而不計其實。夫從人朋黨比周。莫不以從爲可。臣聞之。齊與魯三戰而魯三勝。國以危亡隨其後。雖有戰勝之名。而有亡國之實。是何也。齊大而魯小也。今秦之與齊也。猶齊之與魯也。頓住秦趙戰於河漳之上。再戰而趙再勝秦。戰于番吾之下。再戰又勝秦。四戰之後。趙之亡卒數十萬。邯鄲僅存。雖有戰勝之名。而國已破矣。是何也。秦彊而趙弱。中忽作兩節引喻法變兩是何也對轉而省秦與齊句文法脫化不然拘板極矣何以爲文今秦楚嫁女娶婦。爲昆弟之國。韓獻宜陽。梁効河外。趙入朝澠池。割河間以事秦。大王不事秦。秦驅韓梁攻齊之南地。悉趙兵渡清河。指博關。臨菑卽墨。非王之有也。國一日見攻。雖欲事秦。不可得也。是故願大王孰計之也。此段只說不事秦之害而事秦之利止反掉一語卽收又是一法齊王曰。齊僻陋。隱居東海之上。未嘗聞社稷之長利也。乃許張儀。一完說齊事張儀去。西說趙王曰。敝邑秦王。使使臣効愚計於大王。大王收率天下以賓秦。秦兵不敢出函谷關十五年。大王之威行於山東。敝邑恐懼懾伏。繕甲厲兵。飾車騎。習馳射。力田積粟。守四封之內。愁居懾處。不敢動搖。唯大王有意督過之也。○忽作詞命體數段之後詞忌一律故又翻出一新也趙爲從約之主故先贊揚之後即以恐喝之也今以大王之力。舉巴蜀。幷漢中。包兩周。遷九鼎。守白馬之津。秦雖僻遠。然而心忿含怒之日久矣。今秦有敝甲凋兵。軍於澠池。願渡河。踰漳。據番吾。會邯鄲之下。願以甲子合戰。以正殷紂之事。敬使使臣先聞左右。竟是一篇戰書令天下之從者在趙散天下之從者亦在趙故於此加意焉凡大王之所信爲從者。恃蘇秦。蘇秦熒惑諸侯。以是爲非。以非爲是。欲反齊國。而自令車裂于市。夫天下之不可一亦明矣。蘇秦從趙起故于趙王處提明今楚與秦爲昆弟之國。而韓梁稱爲東藩之臣。齊獻魚鹽之地。此斷趙之右臂也。夫斷右臂而與人鬭。失其黨而孤居。求欲毋危。豈可得乎。今秦發三將軍。其一軍塞午道。告齊使興師渡清河。軍於邯鄲之東。一軍軍成皋。驅韓梁軍於河外。一軍軍於澠池。約四國爲一。以攻趙。趙服。必四分其地。○張儀說六國大約即借所下之國以恐愒之至此四國已約一齊斂來更覺氣勢是故不敢匿意隱情。先以聞於左右臣竊爲大王計。莫如與秦王遇於澠池。面相見而口相結。請案兵無攻。願大王之定計。

（一段亦俱是不事秦之害全用要挾語局法又別）趙王曰。先王之時。奉陽君專權擅勢。蔽欺先王。獨擅綰事。寡人居屬師傅。不與國謀計。先王棄羣臣。寡人年幼。奉祀之日新。心固竊疑焉。以爲一從不事秦。非國之長利也。乃且願變心易慮。割地謝前過以事秦。方將約車趨行。適聞使者之明詔。趙王許張儀。一（完說趙事）

張儀乃去。北之燕。說燕昭王曰。大王之所親莫如趙。（燕趙爲接壤之與國故附從趙說起）昔趙襄子嘗以其姊爲代王妻。欲并代。約與代王遇於句注之塞。乃令工人作爲金斗。長其尾。令可以擊人。與代王飲。陰告廚人曰。即酒酣樂。進熱啜。反斗以擊之。於是酒酣樂。進熱啜。廚人進斟。因反斗以擊代王。殺之。王腦塗地。其姊聞之。因摩笄以自刺。故至今有摩笄之山。代王之亡。天下莫不聞。（燕代亦接壤故引代事明之放主請客文法之變）夫趙王之狼戾無親。大王之所明見。且以趙王爲可親乎。趙興兵攻燕。再圍燕都而劫大王。大王割十城以謝。（又即燕事以明之）今趙王已入朝澠池。効河間以事秦。今大王不事秦。秦下甲雲中九原。驅趙而攻燕。則易水長城。非大王之有也。且今時趙之於秦。猶郡縣也。不敢妄舉師以攻伐。今王事秦。秦王必喜。趙不敢妄動。是西有彊秦之援而南無齊趙之患是故願大王孰計之（說燕處全以趙刦之法變）燕王曰寡人蠻夷僻處雖大男子裁如嬰兒言不足以采正計今上客幸教之請西面而事秦獻恒山之尾五城燕王聽儀一（完說燕事）儀歸報未至咸陽而秦惠王卒武王立武王自爲太子時不說張儀及即位羣臣多讒張儀曰無信左右賣國以取容（口舌之功到頭與蘇秦一樣可爲一嘆）秦必復用之恐爲天下笑諸侯聞張儀有郤武王皆畔衡復合從一（說完六國儀歸不知如何尊重乃積如丘山消如氷雪又可爲一嘆）秦武王元年羣臣日夜惡張儀未已而齊讓又至（又接一筆爲張儀一嘆亦爲古今人一嘆也）張儀懼誅乃因謂秦武王曰儀有愚計願効之王曰柰何對曰爲秦社稷計者東方有大變然後王可以多割得地也今聞齊王甚憎儀儀之所在必興師伐之故儀願乞其不肖之身之梁齊必興師而伐梁梁齊之兵連於城下而不能相去王以其間伐韓入三川出兵函谷而毋伐以臨周祭器必出挾天子按圖籍此王業也（無可奈何生出此計與蘇秦一樣兩傳對看）秦王以爲然乃具革車三十乘入儀之梁齊果興師伐之梁哀王恐張儀曰王勿患也請令罷齊兵乃使其舍人馮喜之楚借使之齊謂齊王曰王甚憎張儀雖然亦厚矣王之託儀于秦也（劈起一峯戰國長技長句調好）齊王曰寡人憎儀儀

之所在必興師伐之何以託儀對曰是乃王之託儀也夫儀之出也固與秦王約曰爲王計者東方有大變然後王可以多割得地今齊王甚憎儀儀之所在必興師伐之故儀願乞其不肖之身之梁齊必興師伐之齊梁之兵連于城下而不能相去王以其間伐韓入三川出兵函谷而毋伐以臨周祭器必出挾天子按圖籍此王業也秦王以爲然故具革車三十乘而入之梁也（重說一遍以秘計而明出之又是一樣色澤故不嫌其複）今儀入梁王果伐之是王內罷國而外伐與國廣鄰敵以內自臨而信儀於秦王也此臣之所謂託儀也（應上收）齊王曰善乃使解兵張儀相魏一歲卒於魏也

陳軫者游說之士與張儀俱事秦惠王（所以爲張儀之附傳）皆貴重爭寵張儀惡陳軫於秦王曰軫重幣輕使秦楚之間將爲國交也（一轉）今楚不加善於秦而善軫者軫自爲厚而爲王薄也（二轉）且軫欲去秦而之楚王胡不聽乎王謂陳軫曰吾聞子欲去秦之楚有之乎軫曰然（一跌）王曰儀之言果信矣軫曰非獨儀知之也行道之士盡知之矣（又一跌）昔子胥忠於其君而天下爭以爲臣曾參孝於其親而天下願以爲子（兩喻）故賣僕妾不出閭巷而售者良僕妾也出婦嫁於鄉曲者良婦也（又作兩喻）今軫不忠其君楚亦何以軫爲忠乎（一轉）忠

且見棄軫不之楚何歸乎。（即收甚捷）王以其言爲然遂善待之。一居秦期年秦惠王終相張儀而陳軫奔楚。（接上）楚未之重也而使陳軫使於秦過梁。（使秦是主中插梁事）欲見犀首犀首謝弗見。軫曰吾爲事來公不見軫軫將行不得待異日。（矯健）犀首見之陳軫曰公何好飲也。犀首曰無事也。曰吾請令公厭事可乎。（奇）曰奈何。曰田需約諸侯從親楚王疑之未信也。（一節）公謂於王曰臣與燕趙之王有故數使人來曰無事何不相見願謁行于王。（二節）王雖許公公請毋多車以車三十乘可陳之於庭明言之燕趙。（三節竟不說明妙甚）燕趙客聞之馳車告其王使人迎犀首楚王聞之大怒曰田需與寡人約而犀首之燕趙是欺我也怒而不聽其事齊聞犀首之北使人以事委焉犀首遂行三國相事皆斷於犀首。（繳完厭事）軫遂至秦。（接上）韓魏相攻期年不解秦惠王欲救之問於左右左右或曰救之便或曰勿救便。（先設兩疑案）惠王未能爲之決陳軫適至。（陳軫適至正欲謀救韓魏事也偏頓住下入閒語。正是忙處閒寫文情之妙）秦惠王曰子去寡人之楚亦思寡人不。陳軫對曰王聞夫越人莊舄乎。（又寫一莊舄文情更閒）王曰不聞。曰越人莊舄仕楚執珪有頃而病楚王曰舄故越之鄙細人也今仕楚執珪貴富矣亦思越不。中謝對曰凡人之思故在其病也彼思越則越

聲不思越則楚聲使人往聽之猶尚越聲也今臣雖棄逐之楚豈能無秦聲哉（文情在若
隱若顯之間詰語閒後）惠王曰善今韓魏相攻期年不解或謂寡人救之便或曰勿救便寡人
不能決（間接入正事）願子爲子主計之餘爲寡人計之（添兩語不便放過之楚事）陳軫對曰亦嘗有以
夫卞莊子刺虎聞於王者乎（先出一莊爲以譬喩起又出一卞莊子以譬喩結隱隱相對文章之妙）莊子欲刺虎館豎
子止之曰兩虎方且食牛（一節）食甘必爭（二節）爭則必鬭（三節）鬭則大者傷小者死（四節）從傷
而刺之一舉必有雙虎之名（五節一句一節相疊而下妙）卞莊子以爲然立須之有頃兩虎果鬭
大者傷小者死莊子從傷者而刺之一舉果有雙虎之功（疊上不改妙）今韓魏相攻期年
不解是必大國傷小國亡從傷而伐之一舉必有兩實（亦不大改三遍一律正以不變爲奇）此猶莊子
刺虎之類也（結完卞莊子）臣主與王何異也（答還一句亦不放過之楚事針線綿密）惠王曰善卒勿救大國
果傷小國亡秦興兵而伐大尅之此陳軫之計也（只一句收完不著其後事法變）犀首者魏之陰
晉人也名衍姓公孫氏與張儀不善（所以爲張儀附傳也）張儀爲秦之魏魏王相張儀犀首弗
利（與陳軫一樣）故令人謂韓公叔曰張儀已合秦魏矣其言曰魏攻南陽秦攻三川魏王
所以貴張子者欲得韓地也（一轉）且韓之南陽已舉矣子何不少委焉以爲衍功則秦

魏之交可錯矣。二轉然則魏必圖秦而棄儀。收韓而相衍。三轉不說煞公叔以爲便。因委之犀首以爲功。果相魏。張儀去。一義渠君朝於魏。犀首聞張儀復相秦。害之。犀首始終弗利張相犀首乃謂義渠君曰。道遠不得復過。請謁事情。與陳軫說犀首不得待異日遙對曰。中國無事。秦得燒掇焚杅君之國。有事。秦將輕使重幣事君之國。兩君之國句勁謂燒掇焚杅不可解大抵義渠是畜牧遷徙之國焚燒其林艸之意。其後五國伐秦。會陳軫謂秦王曰。義渠君者。蠻夷之賢君也。不如賂之以撫其志。秦王曰善。乃以文繡千純婦女百人遺義渠君。義渠君致羣臣而謀曰。此公孫衍所謂邪。只一點逸甚乃起兵襲秦。大敗秦人李伯之下。張儀已卒之後。帶定張儀結完本傳犀首入相秦。嘗佩五國之相印。爲約長。

太史公曰、三晉多權變之士。夫言從衡彊秦者。大抵皆三晉之人也。夫張儀之行事。甚於蘇秦。然世惡蘇秦者。以其先死。而儀振暴其短以扶其說。成其衡道。要之。此兩人眞傾危之士哉。贊語以層疊勝

蘇張是一時人一流人俱游說六國便有六篇文章接連寫此兩傳豈不費力乃蘇傳滔滔滾滾數千言張傳滔滔滾滾又數千言各盡其致游說一縱一橫文法亦一縱一橫吾何以測之也哉〇張儀傳後即請出陳軫犀首俱不說張儀之人牽作一傳以爲映帶此附傳意也〇蘇傳有妻嫂一段張傳有蘇秦激張

之入秦一段極致盡妍以爲出色

樗里子甘茂列傳

樗里子者、名疾、（樗里子有官爵有封號有名俱不稱稱其俗名又直至篇末點明是另一種序法）秦惠王之弟也。與惠王異母。母韓女也。（伏後挾韓而議事）樗里子滑稽多智。秦人號曰智囊。（先立總綱）秦惠王八年。爵樗里子右更。使將而伐沃曲。盡出其人。取其城地入秦。— 秦惠王二十五年。使樗里子爲將伐趙。虜趙將軍莊豹。拔藺。— 明年。助魏章攻楚。敗楚將屈匄。取漢中地。秦封樗里子。號爲嚴君。—（平叙三節）秦惠王卒。太子武王立。逐張儀魏章。而以樗里子甘茂爲左右丞相。—（帶伏甘茂一筆兩人以俱爲丞相合傳）秦使甘茂攻韓。拔宜陽。使樗里子以車百乘入周。周以卒迎之。意甚敬。楚王怒。讓周。以其重秦客。游騰爲周說楚王曰。智伯之伐仇猶。遺之廣車。因隨之以兵。仇猶遂亡。何則。無備故也。（凡引兩喻一伐仇猶一襲蔡也兩段寫而無備一句插在中間文法變化之妙）齊桓公伐蔡。號曰誅楚。其實襲蔡。今秦虎狼之國。使樗里子以車百乘入周。周以仇猶蔡觀焉。（句法峭淨）故使長戟居前。彊弩在後。名曰衛疾。而實囚之。（說完正事下又作一掉以足之烟波無際）且夫周豈能無憂其社稷哉。恐一旦亡國。以憂大王。楚王乃悅。—（樗里傳中忽插周游騰說楚事）

如海外奇峯插天而起 秦武王卒昭王立樗里子又益尊重 虛點一句 昭王元年樗里子將伐蒲蒲守恐請胡衍胡衍爲蒲謂樗里子曰公之攻蒲爲秦乎爲魏乎爲魏則善矣爲秦則不爲賴矣 先立一說作四疊句風韻 夫衛之所以爲衛者以蒲也今伐蒲入於魏衛必折而從之 一段叔衛事 魏亡西河之外而無以取者兵弱也今并衛於魏魏必彊魏彊之日西河之外必危矣 一段魏事 且秦王將觀公之事害秦而利魏魏王必罪公 一段入樗里子層層曲入明晰幽秀 樗里子曰柰何胡衍曰公釋蒲勿攻臣試爲公入言之以德衛君樗里子曰善胡衍入蒲謂其守曰樗里子知蒲之病矣其言曰必拔蒲衍能令釋蒲勿攻 先冒 蒲守恐因再拜曰願以請因効金三百斤曰秦兵苟退請必言子於衛君使子爲南面故胡衍受金於蒲以自貴於衛 又點兩句正與智囊二字相應一笑夫遠能見泰山而近不能見眉睫智亦何足恃哉 於是遂解蒲而去還擊皮氏皮氏未降又去 攻蒲被詐擊皮氏又未降索性爲智囊掃興一番 昭王七年、樗里子卒葬於渭南章臺之東曰後百歲是當有天子之宮夾我墓 突出奇語又爲智囊增色此即史公顚倒英雄處 樗里子疾室在於昭王廟西渭南陰鄉樗里故俗謂之樗里子 樗里子之號直至此始明環應作章法 至漢興長樂宮在其東未央宮在其西武庫正直其墓 一序其居一序其墓雙結作章法閒處點序另自出奇 秦人諺曰力則任鄙智則樗里（忽引諺兩句作結奇甚史記中創格）甘茂者下蔡人也事下蔡史舉先生學百家之說因張儀樗里子而求見秦惠王（點樗里子）王見而說之使將而佐魏章略定漢中地惠王卒武王立張儀魏章去東之魏蜀侯煇相壯反秦使甘茂定蜀（定蜀事虛寫）還而以甘茂為左丞相以樗里子為右丞相（環應前傳雙峙作合傳體）秦武王三年謂甘茂曰寡人欲容車通三川（去之地兩字句益峭）以窺周室而寡人死不朽矣甘茂曰請之魏約以伐韓而令向壽輔行（先點向後有附傳也）甘茂至謂向壽曰子歸言之於王曰魏聽臣矣然願王勿伐事成盡以為子功（先劈空一作一颺使人一疑）向壽歸以告王王迎甘茂於息壤甘茂至王問其故對曰宜陽大縣也上黨南陽積之久矣（兩郡之積貯皆至於此）名曰縣其實郡也今王倍數險（函關及三崤五谷）行千里攻之難昔曾參之處費魯人有與曾參同姓名者殺人人告其母曰曾參殺人其母織自若也頃之一人又告之曰曾參殺人其母尙織自若也頃又一人告之曰曾參殺人（作三頓挫以不換為法）其母投杼下機踰墻而走夫以曾參之賢與其母之信也三人疑之其母懼焉今臣之賢不若曾參王之信臣又不如曾參之母信曾參也疑臣者非特三人臣恐大王之投杼也（即用投抒好〇數語如順水放舟流利活脫）始張

儀西幷巴蜀之地。北開西河之外。南取上庸。天下不以多張子。而以賢先王。魏文侯令樂羊將而攻中山。三年而拔之。樂羊返而論功。文侯示之謗書一篋。樂羊再拜稽首曰。此非臣之功也。主君之力也。兩事一虛一實一濃一淡總是歸功于主以爲映襯今臣羈旅之臣也。樗里子公孫奭二人者。挾韓而議之。王必聽之。又映前傳是王欺魏王。而臣受公仲侈之怨也。忽出公仲侈突然王曰。寡人不聽也。請與子盟。卒使丞相甘茂將兵伐宜陽。五月而不拔。樗里子公孫奭果爭之。武王召甘茂。欲罷兵。甘茂曰。息壤在彼。只一句峭極王曰。有之。只兩字更妙因大悉起兵。使甘茂擊之。斬首六萬。遂拔宜陽。韓襄王使公仲侈入謝。方出公仲侈與秦平。武王竟至周。而卒於周。應前窺周一室死不恨其弟立。爲昭王。王母宣太后。楚女也。楚懷王怨前秦敗楚於丹陽。而韓不救。乃以兵圍韓雍氏。韓使公仲侈告急於秦。秦昭王新立。太后楚人。不肯救。公仲因甘茂。茂爲韓言於秦昭王曰。公仲方有得秦救。故敢扞楚也。今雍氏圍。秦師不下殽。公仲且仰首而不朝。公叔且以國南合於楚。楚韓爲一。魏氏不敢不聽。然則伐秦之形成矣。不識坐而待伐。孰與伐人之利。末作兩語振起通節妙甚秦王曰。善。乃下師於殽以救韓。楚兵去。秦使向壽平宜陽。而使樗里子甘茂伐魏皮氏。一向壽者。宣太后外族也。（向壽附傳）而與昭王少相長。故任用。向壽如楚。楚聞秦之貴向壽。而厚事向壽。向壽爲秦守宜陽。將以伐韓。韓公仲使蘇代謂向壽曰。禽困覆車。（四字佳。俊郎。窮鼠嚙貍之說）公破韓辱公仲。公仲收國復事秦。自以爲必可以封。今公與楚解日地。封小令尹以杜陽。秦楚合。復攻韓。韓必亡。韓亡。公仲且躬率其私徒以鬭於秦。願公孰慮之也。（序致楚楚）向壽曰。吾合秦楚。非以當韓也。子爲壽謁之。公仲曰。秦韓之交可合也。蘇代對曰。願有謁於公。人曰。貴其所以貴者貴。王之愛習公也。不如公孫奭。其智能公也。不如甘茂。（語俱以俊健勝）今二人者。皆不得親於秦事。而公獨與王主斷於國者何。彼有以失之也。公孫奭黨於韓。而甘茂黨於魏。故王不信也。今秦楚爭彊。而公黨於楚。是與公孫奭甘茂同道也。公何以異之。（兩崖束泉。一瀉萬丈。文勢如之）人皆言楚之善變也。而公必亡之。是自爲責也。（又一曲。巨石承流。一折萬變）公不如與王謀其變也。善韓以備楚。如此則無患矣。韓氏必先以國從公孫奭。而後委國於甘茂。韓。公之讐也。今公言善韓以備楚。是外舉不避讐也。（又一曲妙）向壽曰。然。吾甚欲韓合。對曰。甘茂許公仲以武遂。反宜陽之民。今公徒收之。甚難。向壽曰。然則奈何。武遂終不可得也。對曰。公奚不以秦爲韓求潁川於楚。此韓之寄地也。公求而得之。是令行於楚。而以其地德韓也。公求而不得。是韓楚之怨不解。而交走秦也。用亦兩鎖法應前調 秦楚爭彊。而公徐過楚以收韓。此利於秦。向壽曰。奈何。對曰。此善事也。甘茂欲以魏取齊。公孫奭欲以韓取齊。今公取宜陽以爲功。收楚韓以安之。而誅齊魏之罪。是以公孫奭甘茂無事也。論明晰曲折 甘茂竟言秦昭王以武遂復歸之韓。向壽公孫奭爭之不能得。向壽公孫奭由此怨讒甘茂。茂懼。輟伐魏蒲阪。亡去。樗里子與魏講。罷兵。一由向壽交到甘茂以下入甘茂本傳○又回樗里子一筆 甘茂之亡秦奔齊。逢蘇代。代爲齊使於秦。甘茂曰。臣得罪於秦。懼而遯逃。無所容跡。臣聞貧人女與富人女會績。貧人女曰。我無以買燭。而子之燭光幸有餘。子可分我餘光。無損子明而得一斯便焉。今臣困而君方使秦而當路矣。茂之妻子在焉。甘茂主意在此一句 願君以餘光振之。前即用投杼二字此即用餘光字妙 蘇代許諾。遂致使於秦。已。因說秦王曰。甘茂。非常士也。其居於秦。累世重矣。自殽塞及至鬼谷。其地形險易皆明知之。彼以齊約韓魏。反以圖秦。非秦之利也。秦王曰。然則奈何。蘇代曰。王不若重其贄。厚其祿以迎之。使彼來。則置之鬼谷。終身勿出。句句若不爲甘茂者蓋甘茂所托者妻子而甘茂意不在秦故不妨過激也 秦王曰善。即賜之

上卿以相印迎之於齊（只要迎妙）一甘茂不往蘇代謂齊湣王曰夫甘茂賢人也今秦賜
之上卿以相印迎之甘茂德王之賜好爲王臣（佳句）故辭而不往今王何以禮之（爲甘茂者
齊實秦虛）齊王曰善即位之上卿而處之秦因復甘茂之家以市於齊一（蘇代爲甘茂說秦王意亦只在
此句）一齊使甘茂於楚楚懷王新與秦合婚而驩而秦聞甘茂在楚使人謂楚王曰願
送甘茂於秦楚王問於范蜎曰寡人欲置相於秦孰可對曰臣不足以識之楚王曰
寡人欲相甘茂可乎對曰不可夫史舉下蔡之監門也大不爲事君小不爲家室以
苟賤不廉聞於世（國策作苛廉是）甘茂事之順焉（前事史舉先生虛點一筆此亦虛應一筆）故惠王之明武王之
察張儀之辯而甘茂事之取十官而無罪（亦用兩逼法）茂誠賢者也（總承贊一句）然不可相於
秦（急折轉一句）夫秦之有賢相非楚國之利也（又緊接一句下又轉入別事文法之妙）且王前嘗用召滑於
越而內行章義之難越國亂故楚南塞厲門而郡江東計王之功所以能如此者越
國亂而楚治也今王知用諸越而忘用諸秦臣以王爲鉅過矣（颺入別事一段仍兜轉本文）然則
王若欲置相於秦則莫若向壽者可夫向壽之於秦王親也少與之同衣長與之同
車以聽事王必相向壽於秦則楚國之利也（正與賢相非楚利對不賢隱然言外）於是使使請秦相向

壽於秦。秦卒相向壽。而甘茂竟不得復入秦。卒於魏。一（竟以甘茂向壽本傳附傳一齊收結）甘茂有孫曰甘羅。（甘羅附傳）甘羅者。甘茂孫也。茂既死後。（緊接甘茂卒魏句）甘羅年十二。事秦相文信侯呂不韋。秦始皇帝使剛成君蔡澤於燕。三年而燕王喜使太子丹入質於秦。秦使張唐往相燕。欲與燕共伐趙以廣河間之地。張唐謂文信侯曰。臣嘗爲秦昭王伐趙。趙怨臣曰。得唐者予百里之地。今之燕必經趙。臣不可以行。文信侯不快。未有以彊也。一（先作一頓欲合故離正爲甘羅出色）甘羅曰。君侯何不快之甚也。（緊接不快）文信侯曰。吾令剛成君蔡澤事燕三年。燕太子丹已入質矣。吾自請張卿相燕。而不肯行。甘羅曰。臣請行之。文信侯叱曰。去。我身自請之。而不肯。汝焉能行之。（又作一颺）甘羅曰。夫項槖生七歲爲孔子師。今臣生十二歲於茲矣。（回應十二歲一句）君其試臣。何遽叱乎。一於是甘羅見張卿曰。卿之功孰與武安君。卿曰。武安君南挫彊楚。北威燕趙。戰勝攻取。破城墮邑。不知其數。臣之功不如也。甘羅曰。應侯之用於秦也。孰與文信侯專。張卿曰。應侯不如文信侯專。（亦用兩逼法通篇照映）甘羅曰。卿明知其不如文信侯專與。（又宕一語妙甚如聽面談）曰。知之。甘羅曰。應侯欲攻趙。武安君難之。去咸陽七里而立死於杜郵。今文信侯自請卿相燕。而不肯行。臣

不知卿所死處矣。兩逼一宕即緊接入語氣如此文氣如此張唐曰。請因孺子行。令裝治行。行有日。又一頓

甘羅謂文信侯曰。借臣車五乘。請爲張唐先報趙。又一颺別出一峯文信侯乃入言之於始皇曰。昔甘茂之孫甘羅。年少耳。應年十二然名家之子孫。應甘茂諸侯皆聞之。今者張唐欲稱疾不肯行。甘羅說而行之。今願先報趙。請許遣之。始皇召見。使甘羅於趙。趙襄王郊迎甘羅。甘羅說趙王曰。王聞燕太子丹入質秦歟。曰聞之。曰聞張唐相燕歟。曰聞之。亦用兩逼法燕太子丹入秦者。燕不欺秦也。張唐相燕者。秦不欺燕也。燕秦不相欺者。伐趙危矣。點得明快燕秦不相欺無異故。又緊接一句欲攻趙而廣河間。直說妙王不如齎臣五城以廣河間。請歸燕太子。與彊趙攻弱燕。趙王立自割五城以廣河間。秦歸燕太子。趙攻燕。得上谷三十城。令秦有十一。甘羅還報秦。乃封甘羅以爲上卿。復以始甘茂田宅賜之。仍挽轉甘茂本傳

太史公曰。樗里子以骨肉重。固其理。而秦人稱其智。故頗采焉。甘茂起下蔡閭閻。顯名諸侯。重彊齊楚。甘羅年少。然出一奇計。聲稱後世。雖非篤行之君子。然亦戰國之策士也。方秦之彊時。天下尤趨謀詐哉。上排三段此以一句總收

穰侯列傳

樗里子與甘茂合傳以同爲丞相作關合而餘事則隨處照映以爲章法〇一篇詞調俱以俊逸娟楚轉折頓挫爲妙通篇總用一樣筆法是戰國文字〇樗里子甘茂合傳而中間附一向壽一甘羅處處穿插一照應而甘茂向壽兩人又打成一片孰謂史公數人合傳何嘗非一篇文字哉

穰侯魏冄者、秦昭王母宣太后弟也。其先楚人。姓芈氏。秦武王卒。無子。立其弟爲昭王。昭王母故號爲芈八子。武王之弟故非嫡出也 及昭王卽位。芈八子號爲宣太后。宣太后非武王母。武王母號曰惠文后。先武王死。又補武王母因昭王母一句故附序一段 宣太后二弟。其異父長弟曰穰侯。姓魏氏。名冄。同父弟曰芈戎。爲華陽君。異父同父處處徵詞 而昭王同母弟曰高陵君。涇陽君。因穰侯帶出華陽因華陽又帶出高陵涇陽提明三君作案 而魏冄最賢。仍歸穰侯 到自惠王武王時任職用事。武王卒。諸弟爭立。唯魏冄力爲能立昭王。爲宣太后故 昭王卽位。以冄爲將軍。衞咸陽。誅季君之亂。而逐武王后出之魏。昭王諸兄弟不善者皆滅之。威振秦國。昭王少。宣太后自治。任魏冄爲政。一前段事略序 昭王七年、樗里子死。而使涇陽君質於齊。一點涇陽君 趙人樓緩來相秦。趙不利。乃使仇液之秦。請以魏冄爲秦相。仇液將行。其客宋公謂液曰。秦不聽公。樓緩必怨公。公不若謂樓緩曰。請爲公毋急秦。秦王見趙請相魏冉之不急且不聽公公言而事不成以德樓子事成魏冉故德公矣亦是兩折法於是仇液從之而秦果免樓緩而魏冉相秦欲誅呂禮禮出奔齊一昭王十四年魏冉舉白起使代向壽將而攻韓魏敗之伊闕斬首二十四萬虜魏將公孫喜一明年又取楚之宛葉魏冉謝病免相以客卿壽燭為相一其明年燭免復相冉乃封魏冉於穰復益封陶號曰穰侯一穰侯封四歲為秦將攻魏魏獻河東方四百里拔魏之河內取城大小六十餘一昭王十九年秦稱西帝齊稱東帝月餘呂禮來而齊秦各復歸帝為王一魏冉復相秦六歲而免免二歲復相秦四歲而使白起拔楚之郢秦置南郡乃封白起為武安君白起者穰侯之所任舉也相善於是穰侯之富富於王室一以上八節只略序

昭王三十二年穰侯為相國將兵攻魏走芒卯入北宅遂圍大梁先寫得梁氣勢大夫須賈說穰侯曰臣聞魏之長吏謂魏王曰昔梁惠王伐趙戰勝三梁拔邯鄲趙氏不割而邯鄲復歸齊人攻衛拔故國殺子良衛人不割而故地復反先立兩案作兩對衛趙之所以國全兵勁而地不并於諸侯者以其能忍難而重出地也承上雙收此是不割地之利宋中山數伐割地而國隨以亡此割地之害與上一詳一略臣以為衛趙可法而宋中山可為戒

也。（兩句收上兩項）秦貪戾之國也而毋親（句法連上）蠶食魏氏又盡晉國戰勝暴子割八縣地未畢入兵復出矣（前事是一層）夫秦何厭之有哉今又走芒卯入北宅此非敢攻梁也且劫王以求多割地王必勿聽也（近事又一層）今王背楚趙而講秦楚趙怒而去王與王爭事秦秦必受之秦挾楚趙之兵以復攻梁則國求無亡不可得也（此亦事秦之害）願王之必無講也王若欲講少割而有質（此是主意）不然必見欺（此亦不事秦之利應前兩段）此臣之所聞於魏也願君王之以是慮事也（先設魏詞一段突起至此收合下又另起另是一種文法）周書曰惟命不于常此言幸之不可數也（別起一峯）夫戰勝暴子割八縣此非兵力之精也又非計之工也天幸爲多矣（應前事一段）今又走芒卯入北宅以攻大梁是以天幸自爲常也（應近事一段）智者不然（一句兜轉）（即住下又另起妙）臣聞魏氏悉其百縣勝甲以上戍大梁臣以爲不下三十萬以三十萬之衆守梁七仞之城臣以爲湯武復生不易攻也（一段爲魏計）夫輕背楚趙之兵陵七仞之城戰三十萬之衆而志必舉之臣以爲自天地始分以至于今未嘗有者也（一段爲秦計）攻而不拔秦兵必罷陶邑必亡則前功必棄矣（從上一氣注下）今魏氏方疑可以少割收也（應前）願君逮楚趙之兵未至于梁亟以少割收魏魏方疑而得以少割爲利必欲之則君得所欲矣。又說魏一段楚趙怒於魏之先己也。必爭事秦。從以此散。而君後擇焉。又逆計楚趙一段且君之得地豈必以兵哉。一句宕下折入割晉國。秦兵不攻。而魏必效絳安邑。又爲陶開兩道。幾盡故宋。衞必效單父。秦兵可全。而君制之。何索而不得。何爲而不成。願君熟慮之而無行危。又爲秦計一段凡作兩段上是述魏計下是就魏計申說層疊轉折利害極晰穰侯曰。善。乃罷梁圍。

明年。魏背秦與齊從親。秦使穰侯伐魏。斬首四萬。走魏將暴鳶。得魏三縣。穰侯益封。

明年。穰侯與白起客卿胡陽復攻趙韓魏。破芒卯於華陽下。斬首十萬。取魏之卷蔡陽長社。趙氏觀津。且與趙觀津。益趙以兵伐齊。齊襄王懼。使蘇代爲齊陰遺穰侯書曰。臣聞往來者言曰。秦將益趙甲四萬以伐齊。一正實臣竊必之敝邑之王曰。秦王明而熟於計。穰侯智而習於事。必不益趙甲四萬以伐齊。一反虛先以作勢是何也。夫三晉之相與也。秦之深讎也。百相背也。百相欺也。不爲不信。不爲無行。文語跳宕可喜今破齊以肥趙。趙。秦之深讎。不利於秦。此一也。秦之謀者。必曰破齊。弊晉楚。而後制晉楚之勝。夫齊罷國也。以天下攻齊。如以千鈞之弩決潰癰也。必死。安能弊晉楚。此二也。秦少出兵。則晉楚不信也。多出兵。則晉楚爲制於秦。齊恐。不走秦。必走晉楚。此三也。秦割齊以啖晉楚。晉楚案之以兵。秦反受敵此四也。是晉楚以秦謀齊以齊謀秦也何晉楚之智而秦齊之愚此五也。（五層一層緊一層一層深一層如入螺房轉轉入勝）故得安邑以善事之亦必無患矣。秦有安邑。韓氏必無上黨矣取天下之腸胃與出兵而懼其不反也孰利（數語又緊接緊收）臣故曰秦王明而熟於計穰侯智而習于事必不益趙甲四萬以伐齊矣（又應數語兜轉）（文筆矯健）於是穰侯不行引兵而歸。昭王三十六年。相國穰侯言客卿竈欲伐齊取剛壽以廣其陶邑。於是魏人范睢自謂張祿先生譏穰侯之伐齊乃越三晉以攻齊也。以此時奸說秦昭王。昭王於是用范睢。范睢言宣太后專制穰侯擅權於諸侯涇陽君高陵君之屬太侈。（收還三君應前）富於王室。於是秦昭王悟乃免相國令涇陽之屬皆出關。就封邑穰侯出關輜車千乘有餘穰侯卒於陶而因葬焉秦復收陶爲郡。（范睢之說已有范傳極佳故此只用畧序）

太史公曰、穰侯昭王親舅也。而秦所以東益地弱諸侯嘗稱帝於天下天下皆西鄉稽首者。穰侯之功也。及其貴極富溢一夫開說身折勢奪而以憂死況於羇旅之臣乎。（亦以咏歎作致）

穰侯事大都備于范雎傳中此只用點次法以須買說詞及蘇代書詞兩篇出色前後以簡畧相配以成章法○只文章只如說話須說得出說得盡便是好文章故孔子曰辭達而已矣然要說得出說得盡自有多少波瀾曲折原非易事不然萬語千言欲明反晦千頭萬緒何處說得起所以見作文之難也看須買一篇主爲魏客爲秦傍爲楚趙處處洗發出來層層折入進去利害是非無不詳盡自成一篇好文字矣

白起王翦列傳

白起者、郿人也。善用兵。贊白起只三字通篇亦只此三字 事秦昭王。白起之事始終一秦昭王故起處提明 昭王十三年。而白起爲左庶長將而擊韓之新城。一戰功 是歲。穰侯相秦。舉任鄙以爲漢中守。後叙應侯爲相蓋爲搆隙故耳此先揷一穰侯爲相以陪之瞞人耳目也任鄙則贊 其明年、白起爲左更。攻韓魏於伊闕。斬首二十四萬。又虜其將公孫喜。拔五城。二戰功 起遷爲國尉。涉河取韓安邑以東到乾河。一三戰功 明年、白起爲大良造。攻魏。拔之。取城小大六十一。四戰功 明年、起與客卿錯攻桓城。拔之。五戰功 後五年。白起攻趙。拔光狼城。六戰功 後七年。白起攻楚。拔鄢鄧五城。七戰功 其明年。攻楚。拔郢。燒夷陵。遂東至竟陵。楚王亡去郢。東走徙陳。秦以郢爲南郡。八戰功 白起遷爲武安君。武安君因取楚。定巫黔中郡。九戰功 昭王三十四年。白起攻魏。拔華陽。走芒卯。而虜三晉將。斬首十三萬。十戰功 與趙將賈偃戰。沈其卒二萬人於河中。一戰功十一昭王四十三年。白起攻韓陘城。拔五城。斬首五萬。戰功十二四十四年。白起攻南陽太行道。絕之。戰功十三四十五年。伐韓之野王。野王降秦。上黨道絕。其守馮亭與民謀曰。鄭道已絕。韓必不可得為民。句秦兵日進。韓不能應。不如以上黨歸趙。趙若受我。秦怒必攻趙。趙被兵。必親韓。韓趙為一。則可以當秦。序法簡盡正見不樂為秦民也因使人報趙。趙孝成王與平陽君平原君計之。平陽君曰。不如勿受。受之禍大於所得。一句詳盡好平原君曰。無故得一郡。受之便。趙受之。因封馮亭為華陽君。先序一段為長平事立案也

四十六年。秦攻韓緱氏藺。拔之。一長平事中間又間一節四十七年。秦使左庶長王齕攻韓。取上黨。上黨民走趙。前節乃馮亭歸趙之謀趙君臣受上黨之議虛序至此秦取上黨上黨之民始實走趙也趙軍長平。以按據上黨民。一按據按其數而據之也字新始點出長平四月。齕因攻趙。趙使廉頗將。趙軍士卒犯秦斥兵。秦斥兵斬趙裨將茄。長平一戰千古大觀先從小小引起斥兵斬裨將一六月。陷趙軍。取二鄣四尉。取二障四尉二七月。趙軍築壘壁而守之。秦又攻其壘。取二尉。敗其陣。奪西壘壁。取尉敗陣奪西壘三廉頗堅壁以待秦。秦數挑戰。趙兵不出。上三節引起此又一頓趙王數以為讓。而秦相應侯。點秦相應侯所云為下搆隙之地也又使人行千金於趙。為反間曰。秦之所惡。獨畏馬服子趙括將耳。廉頗易與。且降矣。

趙王既怒廉頗軍多失亡軍數敗又反堅壁不敢戰而又聞秦反間之言（承上三折意態俱妙）因使趙括代廉頗將以擊秦秦聞馬服子將乃陰使武安君白起爲上將軍而王齕爲尉裨將（趙易將秦亦易將一陰一陽相與對照）令軍中有敢泄武安君將者斬（又增一波更妙）趙括至則出兵擊秦軍秦軍詳敗而走（又前一頓此一颺）張二奇兵以刦之趙軍逐勝追造秦壁壁堅拒不得入而秦奇兵二萬五千人絕趙軍後又一軍五千騎絕趙壁間趙軍分而爲二糧道絕而秦出輕兵擊之趙戰不利因築壁堅守以待救至（數事一齊俱起正一刻忙時分五節張奇兵一壁堅拒二奇兵絕趙後三又間趙軍絕糧道四出輕軍擊五頭緒提清明如指掌）秦王聞趙食道絕（提一句頂上起下）王自之河內賜民爵各一級發年十五以上悉詣長平（欲寫坑軍先寫發卒又點出長平）遮絕趙救及糧食至九月趙卒不得食四十六日皆內陰相殺食來攻秦壘欲出爲四隊四五復之不能出（四五次不能出也）其將軍趙括（又特出將軍字爲趙括揶揄）出銳卒自搏戰秦軍射殺趙括括軍敗卒四十萬人降武安君武安君計曰前秦已拔上黨上黨民不樂爲秦而歸趙（坑趙是主上黨是根提明）趙卒反覆非盡殺之恐爲亂乃挾詐而盡坑殺之遺其小者二百四十人歸趙前後斬首虜四十五萬人趙人大震一（降者四十萬通前後斬擄者則四十五萬也）四十八年十月秦復定上

黨郡。一長平一事只爲上黨起釁于此收明白起戰功十四秦分軍爲二。王齕攻皮牢。拔之。司馬梗定太原。一長平餘波韓趙恐。使蘇代厚幣說秦相應侯曰。武安君擒馬服子乎。曰。然。又曰。卽圍邯鄲乎。曰。然。突作兩峯起下緊接趙亡。則秦王王矣。武安君爲三公。先斷定使應侯一驚說便易入妙武安君所爲秦戰勝攻取者七十餘城。南定鄢郢漢中。北擒趙括之軍。雖周邵呂望之功不益於此矣。今趙亡。秦王王。則武安君必爲三公。一轉君能爲之下乎。又一宕雖無欲爲之下。固不得已矣。秦嘗攻韓。圍邢丘。困上黨。上黨之民皆反爲趙。天下不樂爲秦民之日久矣。今亡趙。北地入燕。東地入齊。南地入韓魏。則君之所得民亡幾何人。又起一峯是客故不如因而割之。無以爲武安君功也。此則是主也繳上爲三公句於是應侯言於秦王曰。秦兵勞。請許韓趙之割地以和。且休士卒。王聽之。割韓垣雍趙六城以和。正月。皆罷兵。武安君聞之。由是與應侯有隙。一且頓住其九月。秦復發兵。使五大夫王陵攻趙邯鄲。是時武安君病。不任行。寫武安之病亦作數節寫眞病不任行一四十九年正月。陵攻邯鄲。少利。秦益發兵佐陵。陵兵亡五校。武安君病愈。病愈二秦王欲使武安君代陵將。武安君言曰。邯鄲實未易攻也。實字妙正應應侯之言、且諸侯救日至。彼諸侯怨秦之日久矣。今秦雖破長平軍。而秦卒死者過半。此句從白起口中補出以明功罪國內空遠絕山河而爭人國都趙應其內諸侯攻其外。破秦軍必矣不可秦王自命不行乃使應侯請之武安君終辭不肯行遂稱病。稱病三秦王使王齕代陵將八九月圍邯鄲不能拔楚使春申君及魏公子將兵數十萬攻秦軍。秦軍多失亡武安君言曰秦不聽臣計今如何矣秦王聞之怒彊起武安君武安君遂稱病篤。稱病篤四應侯請之不起於是免武安君爲士伍遷之陰密武安君病未能行。眞病不能行五遂層寫入妙居三月諸侯攻秦軍急秦軍數却使者日至秦王乃使人遣白起不得留咸陽中武安君既行出咸陽西門十里至杜郵秦昭王與應侯羣臣議曰白起之遷其意尙怏怏不服有餘言。應前秦王乃使使者賜之劍自裁武安君引劍將自刎曰我何罪于天而至此哉良久曰我固當死長平之戰趙卒降者數十萬人我詐而盡阬之是足以死。武安一傳長平事爲大敵只提長平事結遂自殺。武安君之死也以秦昭王五十年十一月。直應篇首秦昭王起結照應死而非其罪秦人憐之鄉邑皆祭祀焉。以間事作餘波王翦者頻陽東鄉人也少而好兵事秦始皇。白起事秦昭王王翦事秦始皇兩起處句法俱對始皇十一年翦將攻趙閼與破之拔九城。戰功一十八年翦將攻趙歲餘遂拔趙趙王降盡定趙地爲郡。（二戰功）明年。燕使荊軻爲賊于秦。秦王使王翦攻燕。燕王喜走遼東。翦遂定燕薊而還。（三戰功）秦使翦子王賁擊荊。荊兵敗。還擊魏。魏王降。遂定魏地。（四戰功）秦始皇既滅三晉。走燕王。而數破荊師。（承上四節作一總結并以起下）秦將李信者。年少壯勇。嘗以兵數千逐燕太子丹至于衍水中。卒破得丹。始皇以爲賢勇。（本傳爲王翦也乃先揚李信正爲襯出王翦也）於是始皇問李信。吾欲攻取荊。於將軍度用幾何人而足。李信曰。不過用二十萬人。始皇問王翦。王翦曰。非六十萬人不可。始皇曰。王將軍老矣。何怯也。李將軍果勢壯勇。其言是也。（又一揚李信一抑王翦所以取勢也）遂使李信及蒙恬將二十萬。南伐荊。王翦言不用。因謝病歸老於頻陽。（又再抑王翦）李信攻平輿。蒙恬攻寢。大破荊軍。信又攻鄢郢。破之。（又再揚李信似從此推倒王翦推出李信矣孰知正推倒李信推出王翦哉文章全用反襯）於是引兵而西。與蒙恬會城父。荊人因隨之。三日三夜不頓舍。大破李信軍。入兩壁。殺七都尉。秦軍走。始皇　之大怒。（此一路序來一筆掉轉）自馳如頻陽。見謝王翦曰。寡人以不用將軍計。李信果辱秦軍。今聞荊兵日進而西。將軍雖病。獨忍棄寡人乎。王翦謝曰。老臣罷病悖亂。惟大王更擇賢將。始皇謝曰。已矣。將軍勿復言。王翦曰。大王必不得已用臣。非六十萬人不可。（一路王翦阸塞已甚此提一句直應）

（前言後快之極）始皇曰。爲聽將軍計耳。於是王翦將兵六十萬人。（又重點六十萬人句極揚王翦）始皇自送至灞上。（自馳自送寫始皇心服）王翦行。請美田宅園池甚衆。始皇曰。將軍行矣。何憂貧乎。王翦曰。爲大王將。有功終不得封侯。故及大王之嚮臣。臣亦及時以請園池爲子孫業耳。始皇大笑。（寫始皇已入王翦術中）王翦既至關。使使還請善田者五輩。（請田事作兩段寫）或曰。將軍之乞貸亦已甚矣。王翦曰。不然。夫秦王怚而不信人。今空秦國甲士而專委於我。我不多請田宅爲子孫業以自堅。顧令秦王坐而疑我邪。（請田心事至此說明極揚王翦也）王翦果代李信擊荆。荆聞王翦益軍而來。乃悉國中兵以拒秦。王翦至。堅壁而守之。不肯戰。荆兵數出挑戰。終不出。（李信偏寫其屢勝王翦偏寫其不肯戰通篇全用反勒之法）王翦日休士洗沐。而善飲食撫循之。親與士卒同食。久之。王翦使人問軍中戲乎。對曰。方投石超距。於是王翦曰。士卒可用矣。（內計已定）荆數挑戰而秦不出。乃引而東。（外事復湊此引而東正與前李信引兵而西相應）翦因舉兵追之。令壯士擊。大破荆軍。至蘄南。殺其將軍項燕。荆兵遂敗走。秦因乘勝略定荆地城邑。歲餘。虜荆王負芻。竟平荆地爲郡縣。因南征百越之君。一（戰功五）而王翦子王賁與李信。破定燕齊地。一（終不放過李信并繳還一筆）秦始皇二十六年。盡幷天下。王氏蒙氏功爲多。

名施于後世。（王氏主蒙氏陪）秦二世之時。王翦及其子賁皆已死。而又滅蒙氏。陳勝之反秦。秦使王翦之孫王離擊趙。（前以蒙氏爲陪王氏耳孰知借滅蒙氏引出陳勝借陳勝以引出王離哉文章之妙不可方物）圍趙王及張耳鉅鹿城。或曰。王離。秦之名將也。今將彊秦之兵。攻新造之趙。舉之必矣。客曰。不然。夫爲將三世者必敗。必敗者何也。以其所殺伐多矣。其後受其不祥。今王離已。三世將矣。（王離事乃從空撰出一段收完王離并收王翦奇文○語不了有餘韻）居無何。項羽救趙。擊秦軍。果虜王離。王離軍遂降諸侯。

太史公曰。鄙語云。尺有所短。寸有所長。（先立兩句）白起料敵合變。出奇無窮。聲震天下。然不能救患於應侯。王翦爲秦將。夷六國。當是時。翦爲宿將。始皇師之。然不能輔秦建德。固其根本。偷合取容。以至圽身。（俱一反一正用兩然不能對轉）及孫王離爲項羽所虜。不亦宜乎。彼各有所短也。（只說所短單應一句而所長已見妙）

此兩傳俱用一樣筆法相對前邊戰功一頓點過白起只抽長平一事王翦只抽破楚一事委態色澤抑揚變化各臻其妙○白起傳以逐節寫來頓挫法勝王翦傳以兩兩抑揚反襯法勝又各有一妙○世皆知白起長平阬四十萬耳而伊闕斬二十四萬拔華陽斬十三萬沉趙卒二萬拔韓陘城斬五萬合長平斬虜四十五萬共八十九萬而擊韓新城拔韓五城取韓安邑拔魏六十一城拔垣城拔趙光狼城拔楚鄢郢五城拔郢燒夷陵定坐黔中郡攻南陽太行

道所殺者不與焉一人所殺如此其餘者復何如哉吾不能不歎戰國之天道也

孟子荀卿列傳

太史公曰、余讀孟子書。至梁惠王問何以利吾國。未嘗不廢書而歎也。一部孟子只提起頭一章之起頭一句而一部孟子俱在曰嗟乎。利誠亂之始也。夫子罕言利者。常防其原也。故曰放於利而行。多怨。自天子至於庶人。好利之弊。何以異哉。即提夫子相配孟軻、鄒人也。受業子思之門人。道既通。論孟子只此三字然可抵一篇孟子贊游事齊宣王。不曰游而曰游事有客卿在內宣王不能用。適梁。梁惠王不果所言。則見以為迂遠而濶於事情。游齊適梁實事只用虛寫作慨歎語當是之時。秦用商君。富國彊兵。楚魏用吳起。戰勝弱敵。齊威王宣王用孫子田忌之徒。後列淳于髡慎到環淵接子之徒故先列商君吳起孫子田忌之徒前後照應而諸侯東面朝齊。秦楚魏諸國獨重言齊以孟子游事宣王故也天下方務於合從連衡。以攻伐為賢。戰國時事只二句說盡而孟軻乃述唐虞三代之德。寫孟子自然是王佐一流是以所如者不合。退而與萬章之徒序詩書。述仲尼之意。作孟子七篇。孟子事只此蓋孟子功愈於禹止在著書故以著書終之。其後有騶子之屬。齊有三騶子。不接上商君吳起之徒不即寫下淳于髡慎到之徒而于中間幻出三騶子奇矣乃三騶子止出其二其一人至後乃出又一奇也其前騶忌。以鼓琴干威王。因及國政。封為成侯而受相印。先孟子。一

（跟定孟子以孟子附傳也）其次騶衍後孟子（亦跟定孟子一先序而後點一先點而後序變法）騶衍睹有國者益淫侈不能尙德若大雅整之於身施及黎庶矣乃深觀陰陽消息而作怪迂之變終始大聖之篇十餘萬言（有孟子七篇故又有此十餘萬言以爲襯貼）其語閎大不經必先驗小物推而大之至於無垠（先小而及大也）先序今以上至黃帝（此孟子斷自唐虞始自黃帝）學者所共術大並世盛衰因載其機祥度制推而遠之至天地未生窈冥不可考而原也（先今而及古也）先列中國名山大川通谷禽獸水土所殖物類所珍因而推之及海外人之所不能睹（先近而及遠也）稱引天地剖判以來五德轉移治各有宜而符應若茲（著書之旨已盡下則就海外不睹之語抽出一篇以概言之）以爲儒者所謂中國者於天下乃八十一分居其一分耳中國名曰赤縣神州赤縣神州內自有九州禹之序九州是也不得爲州數中國外如赤縣神州者九乃所謂九州也於是有裨海環之人民禽獸莫能相通者如一區中者乃爲一州如此者九乃有大瀛海環其外天地之際焉（極力夸張乃脫不出九州二字足見其眼猶小吾讀華嚴見香水海中一一蓮花各有一世界乃至有萬億世界萬億須彌山萬億日月乃爲浩汗耳）其術皆此類也然要其歸必止乎仁義節儉君臣上下六親之施（儼然所謂唐虞三代之德似是而非異端假借）始也濫耳（句陏）王公大人初見其術懼然顧化其後不能行之

是以騶子重於齊適梁惠王郊迎執賓主之禮適趙平原君側行撇席如燕昭王擁彗先驅請列弟子之座而受業築碣石宮身親往師之作主運—又虛出一篇其游諸侯見尊禮如此豈與仲尼菜色陳蔡孟軻困於齊梁同乎哉—又結到孟子兼以仲尼同之以見孟子與仲尼一流不特非三騶淳于可擬即商君吳起豈其倫哉史公極尊孟子處故武王以仁義伐紂而王伯夷餓不食周粟衞靈公問陳而孔子不答梁惠王謀欲攻趙孟軻稱太王去邠此豈有意阿世俗苟合而已哉持方枘欲內圜鑿其能入乎—忽以回環感歎語作兩層借騶子以激轉孟子正見箭韶不作瓦缶雷鳴眞可爲世道一歎〇又引武王伯夷孔子以比孟子所以尊之也或曰伊尹負鼎而勉湯以王百里奚飯牛車下而繆公用霸作先合然後引之大道騶衍其言雖不軌儻亦有牛鼎之意乎—又跌出一段以假借騶子幷見詭遇之道固孟子所不爲也自騶衍與齊之稷下先生如淳于髡愼到環淵接子田駢騶奭之徒由孟子說到騶衍又由騶衍落出稷下淳于諸人章法妙各著書言治亂之事脉從孟子七篇來以干世主豈可勝道哉—

淳于髡齊人也博聞彊記學無所主其諫說慕晏嬰之爲人也然而承意觀色爲務寫盡淳于髡客有見髡於梁惠王惠王屏左右獨坐而再見之終無言也故作一頓惠王怪之以讓客曰子之稱淳于先生管晏不及及見寡人寡人未有得也豈寡人不足爲言

邪何故哉客以謂髡髡曰固也吾前見王王志在驅逐後復見王王志在音聲吾是以默然（又起兩峯應承意觀色）客具以報王王大駭曰嗟乎淳于先生誠聖人也前淳于先生之來人有獻善馬者寡人未及視會先生至後先生之來人有獻謳者未及試亦會先生來寡人雖屏人然私心在彼有之後淳于髡見一語連三日三夜無倦（先引一段洋洋灑灑必有一篇大文章在後乃三日三夜之所陳竟無一字實而虛虛而實文章之妙如是如是）惠王欲以卿相位待之髡因謝去於是送以安車駕駟束帛加璧黃金百鎰終身不仕

愼到趙人田駢接子齊人環淵楚人（四人總序變法）皆學黃老道德之術因發明序其指意故愼到著十二論環淵著上下篇而田駢接子皆有所論焉（應著書言治亂）騶奭者齊諸騶子亦頗采騶衍之術以紀文（又遙頂騶衍）於是齊王嘉之自如淳于髡以下（又應淳于髡）皆命曰列大夫爲開第康莊之衢高門大屋尊寵之覽天下諸侯賓客言齊能致天下賢士也

（篇中重言齊者以孟子游事齊也）荀卿趙人年五十始來游學於齊騶衍之術（又頂騶衍）迂大而閎辯奭也文具難施（又應騶奭）淳于髡久與處（又應淳于髡）時有得善言故齊人頌曰談天衍雕龍奭炙轂過髡田駢之屬（又點田駢）皆已死齊襄王時而荀卿最爲老師齊尙修列大夫之缺（應前列大夫）而荀卿三爲

祭酒焉。齊人或讒荀卿。荀卿乃適楚。而春申君以爲蘭陵令。春申君死。而荀卿廢。因家蘭陵。李斯嘗爲弟子。已而相秦。荀卿嫉濁世之政。亡國亂君相屬。不遂大道而營於巫祝。信機祥。鄙儒小拘。如莊周等。又滑稽亂俗。於是推儒墨道德之行事興壞。序列著數萬言而卒。應著書言治亂因葬蘭陵。而趙亦有公孫龍爲堅白同異之辯。劇子之言。魏有李悝盡地力之教。楚有尸子長盧。阿之吁子焉。前列商君等虛寫中列三騶淳于等實寫後又列莊周公孫龍等虛寫前後相照虛實相叅章法神妙自如孟子至于吁子。世多有其書。以孟子吁子總收一頂一末一實一虛故不論其傳云。蓋墨翟宋之大夫。善守禦。爲節用。或曰並孔子時。或曰在其後。虛虛實實寫出多少人妙盡矣復收

乃於盡情盡致之後又出一墨翟已爲神化乃借墨翟一掉到仲尼文章神妙至此豈可一端倪○史公論贊倒裝在前矣東坡云水火難畫以其無定形也故江湖之間風與水遭波濤重疊而阿房三月起于石中之熒熒耳吾讀孟子一傳孟子事只畧寫虛寫反于中間出商君具起孫子田忌之徒亦偶然借爲威慨耳孰知借以引三騶子哉乃騶子之後又有淳于愼到環淵接子田駢之徒前後叅錯掩映文情之妙也忽于荀卿傳中挿入一莊周因莊周而又點出公孫龍劇子李悝尸子長盧吁子而以墨翟終焉其間有虛者實者詳者畧者如層波疊焰從空而來何處使人捉摸○此文純以一氣旋運借諸公組織于中非因事生文反若因文生事故並不見其多人也

孟嘗君、名文、姓田氏、文之父曰靖郭君田嬰。一 孟嘗君世系只一句即入田嬰附傳 田嬰者、齊威王少子。而齊宣王庶弟也。田嬰自威王時任職用事。與成侯鄒忌及田忌將而救韓伐魏。田嬰事一 成侯與田忌爭寵。成侯賣田忌。田忌懼。襲齊之邊邑。不勝。亡走。會威王卒。宣王立。知成侯賣田忌。乃復召田忌以爲將。因田文附序田嬰又因田嬰附序田忌層層轉觀 宣王二年、田忌與孫臏田嬰俱伐魏。敗之馬陵。虜魏太子申而殺魏將龐涓。田嬰事二 宣王七年、田嬰使於韓魏。韓魏服于齊。嬰與韓昭侯魏惠王會齊宣王東阿南。盟而去。田嬰事三 明年、復與梁惠王會甄。是歲梁惠王卒。田嬰事四 宣王九年、田嬰相齊。齊宣王與魏襄王會徐州而相王也。楚威王聞之。怒田嬰。明年、楚伐敗齊師於徐州。而使人逐田嬰。田嬰使張丑說楚威王。說威王事虛寫 威王乃止。田嬰事五 田嬰相齊十一年。宣王卒。湣王卽位。卽位三年。而封田嬰於薛。一 總收田嬰頓住下入田文事○田嬰事只略寫虛寫蓋下有孟嘗事恐頭重也附傳體如是 初田嬰有子四十餘人。餘子既多 其賤妾有子名文。其母又賤 文以五月五日生。生時又惡 嬰告其母曰。勿舉也。父又忌之寫得我生不辰 又後翻跌奇文出來 其母竊舉生之。及長。其母因兄弟而見其子文於田嬰。田嬰怒其母曰。吾令若去此子。而敢生之。何也。文頓首。因曰。君所以不舉五月子者何故。劈頭一逼 嬰曰。五月子者長與戶齊將不利其父母始序出不舉之故文曰人生受命於天乎將受命於戶邪又作兩逼嬰默然中作一頓文曰必受命於天君何憂焉必受命於戶則高其戶耳誰能至者上兩跌此兩翻明淨簡確令人一笑嬰曰子休矣寫田嬰無詞久之文承間問其父嬰曰子之子爲何曰爲孫孫之孫爲何曰爲元孫元孫之孫爲何曰不能知也即用前法亦以一逼起文曰君用事相齊至今三王矣齊不加廣而君私家富累萬金門下不見一賢者養客張本文聞將門必有將相門必有相今君後宮蹈綺縠而士不得短褐僕妾餘粱肉而士不厭糟糠今君又尚厚積餘藏欲以遺所不知何人即繳前語點得明快乃爾而忘公家之事日損文竊恠之於是嬰乃禮文使主家待賓客賓客日進一篇養客是主先從此起名聲聞于諸侯諸侯皆使人請薛公田嬰以文爲太子嬰許之嬰卒謚爲靖郭君完田嬰附傳上嬰文夾序而下乃獨序田文入正傳文果代立于薛是爲孟嘗君孟嘗君在薛招致諸侯賓客及亡人有罪者又點賓客皆歸孟嘗君孟嘗君舍業厚遇之以故傾天下之士食客數千人無貴賤一與文等是好客實事

孟嘗君待客坐語而屏風後常有侍史主記君所與客語問親戚居處客去孟嘗君已使使存問獻遺其親戚應舍業厚遇之孟嘗君曾待客夜食有一人蔽火光客怒

以飯不等。輟食辭去。孟嘗君起自持其飯比之。客慙自剄。應無貴賤一與文等士以此多歸孟嘗君。孟嘗君客無所擇。應亡人有罪皆善遇之。人人各自以爲孟嘗君親己。━寫好客處分作兩處孟嘗君將入秦。寫中插兩事而以虛語作前後關鎖妙秦昭王聞其賢。乃先使涇陽君爲質於齊。以求見孟嘗君。孟嘗君將入秦。入秦一事先作一引賓客莫欲其行。諫不聽。蘇代謂曰。今旦代從外來。見木偶人與土偶人相與語。奇語奇事忽從天來木偶人曰。天雨。子將敗矣。土偶人曰。我生於土。敗則歸土。今天雨。流子而行。未知所止息也。較國策緊綻今秦。虎狼之國也。而君欲往。如有不得還。君得無爲土偶人所笑乎。只一點不必明說而已明甚孟嘗君乃止。━齊湣王二十五年、復卒使孟嘗君入秦。入秦作兩節寫前虛寫作一頓此乃實序昭王即以孟嘗君爲秦相。人或說秦昭王曰。孟嘗君賢。而又齊族也。今相秦。必先齊而後秦。秦其危矣。於是秦昭王乃止。囚孟嘗君。謀欲殺之。不用之即殺之公叔痤之故智孟嘗君使人抵昭王幸姬求解。幸姬曰。妾願得君狐白裘。此、時孟嘗君有一狐白裘。直千金。天下無雙。入秦獻之昭王。更無他裘。孟嘗君患之。先提明是作一無可奈何之事作一逼偏問客。莫能對。又一逼最下坐有能爲狗盜者。曰。臣能得狐白裘。乃夜爲狗。竟爲狗妙盜之意致盜之情形俱于此想出以入秦宮臧中。取所獻狐白裘至。以獻秦王幸姬。幸姬爲言昭王。昭王釋孟嘗君。孟嘗君得出。即馳去。更封傳。變名姓。寫得急甚以出關。三字虛是孟嘗君意中事也夜半。至函谷關。照後雞未鳴關不出客秦昭王後悔出孟嘗君。求之已去。卽使人馳傳逐之。後有追者益寫其急甚孟嘗君至關。又寫至關一句前有嚴關後有追者正寫甚急關法。雞鳴而出客。孟嘗君恐追至。一邊急則急殺一邊緩則緩甚客之居下坐者。兩下坐妙正爲下坐出色彼代舍中客何在說有能爲雞鳴。而雞盡鳴。遂發傳出。昔如困鱗去如脫兎出。如食頃。寫得危甚秦追果至關。已後。孟嘗君出。乃還。始孟嘗君列此二人於賓客。賓客盡羞之。及孟嘗君有秦難。卒此二人拔之。自是之後。客皆服。又爲下坐者明白暢言之孟嘗君過趙。趙平原君客之。趙人聞孟嘗君賢。出觀之。皆笑曰。始以薛公爲魁然也。今視之。乃眇小丈夫耳。孟嘗君聞之。句怒。句客與俱者下斫擊殺數百人。遂滅一縣以去。此寫孟嘗一諸客之橫齊湣王不自得。以其遺孟嘗君。間接追序前事孟嘗君至。則以爲齊相。任政。孟嘗君怨秦。將以齊爲韓魏攻楚。因與韓魏攻秦。而借兵食於西周。攻楚客攻秦主借兵食客之客也乃反客爲主從此兜住蘇代爲西周謂曰。君以齊爲韓魏攻楚。九年。取宛葉以北以彊韓魏。今復攻秦以益之。攻楚實攻秦虛韓魏南無楚憂。西無秦患。雙承則齊危矣。韓魏必輕齊畏秦。臣爲君危之。兩危字疊君不如令弊邑深合於秦。而君無攻。又無借兵食。主意先說完下乃詳作兩層序君臨函谷而無攻。令獘邑以君之情。謂秦昭王曰。薛公必不破秦以彊韓魏。其攻秦也。一轉欲王之令楚王割東國以與齊。而秦出楚懷王以爲和。二轉突出楚懷王後乃補序君令獘邑以此惠秦。秦得無破而以東國自免也。秦必欲之。三轉楚王得出必德齊。四轉齊得東國益彊而薛世世無患矣。五轉秦不大弱而處三晉之西。三晉必重齊。畏秦之伐故重齊之交也○段段曲入文筆俊利薛公曰。善。因令韓魏賀秦。使三國無攻。而不借兵食於西周矣。應還蘇代主意是時楚懷王入秦。秦留之。故欲必出之。秦不果出楚懷王。應出楚懷王孟嘗君相齊。其舍人魏子爲孟嘗君收邑入。後有馮驩收責先有魏子收邑入遙遙作引三反而不致一入。孟嘗君問之。對曰。有賢者竊假與之。以故不致入。孟嘗君怒而退魏子。居數年。人或毀孟嘗君於齊湣王曰。孟嘗君將爲亂。及田甲劫湣王。突出田甲事只虛寫湣王意疑孟嘗君。孟嘗君乃奔。魏子所與粟賢者聞之。賢者無名乃上書言孟嘗君不作亂。請以身爲盟。以身爲盟字法好遂自剄宮門以明孟嘗君。湣王乃驚。而蹤跡驗問。孟嘗君果無反謀。乃復召孟嘗君。孟嘗君因謝病歸老於薛。湣王許之。其後秦亡將呂禮相齊。欲困蘇代。代乃謂孟嘗君曰。周最於齊至厚也。又突出周最親弗亦虛寫而齊王逐之。而聽親弗相呂禮者。欲取秦也。齊秦合則親弗與呂禮重矣。有用齊秦必輕君。秦有用于齊者則輕孟嘗君也 君不如急北兵趨趙。以和秦魏收周最以厚行。且反齊王之信。又禁天下之變。齊無秦則天下集齊親弗。必走。則齊王孰與爲其國也。逐句跌下一步緊一步妙 於是孟嘗君從其計。而呂禮嫉害于孟嘗君。孟嘗君懼乃遺秦相穰侯魏冉書曰吾聞秦欲以呂禮收齊齊天下之彊國也。子必輕矣。即用蘇代之說 齊秦相取以臨三晉。呂禮必并相矣。是子通齊以重呂禮也。又添一層 不但輕子而且重禮 若齊免於天下之兵。其讐子必深矣。又添一層不但重禮而且讐子逐層跌入 子不如勸秦王伐齊。齊破吾請以所得封子。又跌入一層 齊破秦畏晉之彊。秦必重子以取晉。二層 晉國獘於齊。而畏秦。晉必重子以取秦。三層 是子破齊以爲功。挾晉以爲重。是子破齊定封秦晉交重子。總收三跌 若齊不破。呂禮復用。子必大窮。反振一句結以要挾穰侯 於是穰侯言於秦昭王伐齊。而呂禮亡。後齊湣王滅宋。益驕。欲去孟嘗君。孟嘗君恐。乃如魏。魏昭王以爲相。西合於秦趙。與燕共伐破齊。齊湣王亡在莒。遂死焉。爲呂禮而使秦伐齊怨湣王而與燕伐齊爲私計殘宗國孟嘗殊非人類死而絕嗣天也 齊襄王立。而孟嘗君中立爲諸侯。無所屬。齊襄王新立畏孟嘗君。與連和。復親薛公。文卒。諡爲孟嘗君。諸子爭立。而齊魏共滅薛。孟嘗絕嗣。無後也一完孟嘗君事。初馮驩。後馮驩附傳 聞孟嘗君好客。躡屩而見之。孟嘗君曰。先生遠辱。何以教文也。馮驩曰。聞君好士。以貧身歸于君。貧身字妙 孟嘗君置傳舍十日。孟嘗君問傳舍長曰。客何所爲。答曰。馮先生甚貧。猶有一劍耳。以劍爲馮生出色 又蒯緱。以蒯緱爲劍出色皆于閒處點染蒯艸名 緱劍靶以草繩纏之耳 彈其劍而謌。彈劍之歌又就劍上出色 曰。長鋏歸來乎。食無魚。來音釐與魚字叶 孟嘗君遷之幸舍。食有魚矣。一頓 五日。又問傳舍長。答曰。客復彈劍而歌曰。長鋏歸來乎。出無輿。孟嘗君遷之代舍。出入乘輿車矣。二頓 五日。孟嘗君復問傳舍長。舍長答曰。先生又嘗彈劍而歌曰。長鋏歸來乎。無以爲家。家音孤與乎字叶 孟嘗君不悅。居朞年。馮驩無所言。一前兩頓俱以輕清之筆一樣寫至此忽作一颺小小結住 孟嘗君時相齊。封萬戶於薛。其食客三千人。邑入不足以奉客。使人出錢於薛。歲餘不入。貸錢者多不能與其息。客奉將不給。孟嘗君憂之。問左右。何人可使收債於薛者。傳舍長曰。代舍客馮公。形容狀貌甚辯。形容儀也狀貌表也四字連得好 長者。無他伎能。應期年無所言 宜可令收債。孟嘗君乃進馮驩而請之曰。賓客不知文不肖。幸臨文者三千餘人。邑入不足以奉賓客。故出息錢于薛。薛歲不入。民頗不與其息。今客食恐不給。願先生責之。馮驩曰。諾。毛遂自薦馮驩出自舍長臨時不露圭角當勝一倍 辭行。至薛。召

中華書局印行

取孟嘗君錢者皆會得息錢十萬（亦粗完收債事下乃出奇）乃多釀酒買肥牛（具牛酒一）召諸取錢者能與息者皆來不能與息者亦來皆持取錢之券書合之（召取錢者二）齊爲會日殺牛置酒（置酒三）酒酣乃持券如前合之（合券四）能與息者與爲期（爲期五）貧不能與息者取其券而燒之（燒券六燒券一事凡用多少裝點多少搖曳方始折入乃有姿致）曰孟嘗君所以貸錢者爲民之無者以爲本業也所以求息者爲無以奉客也（兩義雙起）今富給者以要期貧窮者燔券書以捐之（雙承）諸君彊飲食有居如此豈可負哉坐者皆起再拜（一時氣槩情事如在目前）孟嘗君聞馮驩燒券書（句）怒（句）而使使召驩驩至孟嘗君曰文食客三千人故貸錢於薛文奉邑少而民尚多不以時與其息客食恐不足故請先生收責之（重序一遍足見其怒若曰吾與汝云何而汝乃違之也）聞先生得錢即以多具牛酒而燒券書（句）何（句）馮驩曰然（只一字責之若極躁急應之者極從容）不多具牛酒即不能畢會無以知其有餘不足有餘者爲要期不足者雖守而責之十年息愈多（句）急（句）即以亡逃自捐之（自捐之妙逃亡則不得不捐矣下句若字轉當連下○未與論理先與論勢說得極明晰極有理令人無詞）若急終無以償上則爲君好利不愛士民下則有離上抵負之名非所以厲士民彰君聲也焚無用虛債之券捐不可得之虛計令薛民親君而彰君之善聲也君

有何疑焉。此一段方論理孟嘗君乃拊手而謝之。一○理勢俱至孟嘗君心服國策有市義一段佳齊王惑于秦楚之毀。以爲孟嘗君名高其主而擅齊國之權。遂廢孟嘗君。諸客見孟嘗君廢。皆去。孟嘗客極不肖馮驩曰。借臣車一乘。可以入秦者。必令君重於國而奉邑益廣。可乎。孟嘗君乃約車幣而遣之。馮驩乃西說秦王曰。天下之游士。憑軾結靷西入秦者。無不欲彊秦而弱齊。憑軾結靷東入齊者。無不欲彊齊而弱秦。字句不換作兩對佳妙此雄雌之國也。勢不兩立爲雄。雄者得天下矣。卽雌雄兩字接下作奇致秦王跽而問之曰。何以使秦無爲雌而可。不接雄字反接無爲雌妙馮驩曰。王亦知齊之廢孟嘗君乎。秦王曰。聞之。馮驩曰。使齊重于天下者。孟嘗君也。應名高其主今齊王以毀廢之。其心怨。必背齊。背齊入秦。則齊國之情。人事之誠。盡委之秦。齊地可得也。豈直爲雄也。君急使使載幣陰迎孟嘗君。不可失時也。如有齊覺悟。復用孟嘗君。則雌雄之所在未可知也。又接雌雄字作餘波秦王大說。乃遣車十乘。黃金百鎰。以迎孟嘗君。馮驩辭以先行。至齊。說齊王曰。天下之游士。憑軾結靷東入齊者。無不欲彊齊而弱秦者。憑軾結靷西入秦者。無不欲彊秦而弱齊者。夫秦齊雄雌之國。秦彊則齊弱矣。此勢不兩雄。又借前兩對不換再說一遍卽以對前兩扇之中各有兩扇文法之妙正陣間容陣隊間容隊之法也○不兩雄更妙今臣竊聞秦遣使車十乘。載黃金百鎰。以迎孟嘗君。孟嘗君不西則已。
西入相秦。則天下歸之。秦爲雄而齊爲雌。雌則臨淄卽墨危矣。還用雌雄字王何不先秦
使之未到。復孟嘗君而益與之邑以謝之。孟嘗君必喜而受之。秦雖彊國。豈可以請
人相而迎之哉。折秦之謀。而絕其霸彊之略。勢已盡忽以兩語斷意收似住不住妙齊王曰。善。乃使人
至境候秦使。秦使車適入齊境。使還馳告之。王召孟嘗君而復其相位。而與其故邑
之地。又益以千戶。秦之使者聞孟嘗君復相齊。還車而去矣。自齊王毀廢孟嘗君
諸客皆去。加兩句間接前事後召而復之。馮驩迎之。未到。孟嘗君太息嘆曰。文常好客。遇客
無所敢失。食客三千有餘人。先生所知也。客見文一日廢。皆背文而去。莫顧文者。今
賴先生得復其位。客亦有何面目復見文乎。如復見文者。必唾其面而大辱之。卽翟公著
門之說也馮驩結轡下拜。孟嘗君下車接之。先作態曰。先生爲客謝乎。馮驩曰。非爲客謝也。
爲君之言失。夫物有必至。事有固然。君知之乎。先立後解孟嘗君曰。愚不知所謂也。曰。生
者必有死。物之必至也。富貴多士。貧賤寡友。事之固然也。君獨不見夫朝趨市者乎。
明旦。側肩爭門而入。日暮之後。過市朝者掉臂而不顧。非好朝而惡暮。所期物忘其

中。今。君失位。賓客皆去。不足以怨士。而徒絕賓客之路。願君遇客如故。孟嘗君再拜曰。敬從命矣。聞先生之言。敢不奉教焉。忽然竟住妙另是一格

太史公曰。吾嘗過薛。其俗閭里率多暴桀子弟。與鄒魯殊。問其故。曰孟嘗君招致天下任俠姦人入薛中。蓋六萬餘家矣。世之傳孟嘗君好客自喜。名不虛矣。

一篇看去筆勢汪洋文機清利步步曲折引人入勝所云山陰道上秋冬之際更難爲懷○孟嘗君於中間序而田嬰馮驩兩傳則附在兩頭環作章法田嬰傳因在前恐其累墜故只用簡法而馮驩傳因在後欲其襯貼故另出精神淋漓盡致取債一段刪改國策各有佳處對看自見○四君傳俱以好客作主而信陵之客獨勝次則平原尚有一毛遂至孟嘗之客馮驩差彊人意餘則盜賊勢利之徒寫得極其不堪而千古之下獨傳孟嘗何也○毛遂是人英英少年一味使氣馮驩則寫來自有雍容長厚氣象大是不同

平原君虞卿列傳

平原君趙勝者、趙之諸公子也、諸子中。勝最賢。喜賓客。賓客蓋至者數千人。一篇以賓客作主

平原君相趙惠文王及孝成王。三去相。三復位。封于東武城。相業只一虛寫平原君家樓臨民家。先點樓後點樓上美人民家有躄者、槃散行汲。先寫得可笑平原君美人居樓上。臨見大笑之。明日。躄者至平原君門。請曰。臣聞君之喜士。士不遠千里而至者。以君能貴士

而賤妾也。（貴士賤妾亦借以爲說詞耳孰知已伏後脉）臣不幸有罷癃之病。而君之後宮臨而笑臣。臣願得笑臣者頭。（奇事故作奇語突出便住）平原君笑應曰諾。躄者去。平原君笑曰。觀此豎子。乃欲以一笑之故殺吾美人。不亦甚乎。（先作一颺）終不殺。居歲餘。賓客門下舍人稍稍引去者過半。平原君怪之曰。勝所以待諸君者。未嘗敢失禮。而去者何多也。門下一人前對曰。以君之不殺笑躄者。以君爲愛色而賤士。士卽去耳。（應前貴士賤妾）於是平原君乃斬笑躄者美人頭。自造門進躄者。因謝焉。其後門下乃復稍稍來。（吾不知四君之士成得多少事業而奉之若是）

是時。齊有孟嘗。魏有信陵。楚有春申。故爭相傾以待士。（閒閒插三公子照應）秦之圍邯鄲。趙使平原君求救合從于楚。約與食客門下有勇力文武備具者二十人偕。平原君曰。使文能取勝。則善矣。文不能取勝。則歃血于華屋之下。必得定從而還。（謂文辭不能復當以武勝已伏按劍劫楚王一著）士不外索。取于食客門下足矣。（高待門下客反襯後文一笑）得十九人。餘無可取者。無以滿二十人。（先颺一筆不知此十九人如何文武具備如何得力反襯後文一笑）門下有毛遂者。前自贊於平原君曰。遂聞君將合從於楚。約與食客門下二十人偕。不外索。今少一人。願君卽以遂備員而行矣。（說得平淡不露色相好）平原君曰。先生處勝之門下幾年於此矣。毛遂曰。三年於此矣。

平原君曰。夫賢士之處世也。譬若錐之處囊中。其末立見。奇語今先生處勝之門下三年於此矣。左右未有所稱誦。勝未有所聞。是先生無所有也。先生不能。先生留。連用三先生作調毛遂曰。臣乃今日請處囊中耳。使遂蚤得處囊中。乃穎脫而出。非特其末見而已。只就錐上解說不自說一句而其意已足固是妙文平原君竟與毛遂偕。十九人相與目笑之。一頓而未發也。兩頓先就平原君反覆一段又就十九人描寫一筆正于側面寫來襯出毛遂毛遂比至楚。與十九人論議。十九人皆服。先放倒十九人是省手處平原君與楚合從。言其利害。日出而言之。日中不決。所謂文不能取勝也十九人謂毛遂曰。先生上。正見十九人皆服毛遂按劍歷階而上。謂平原君曰。從之利害。兩言而決耳。先突出兩句奇峯劈天而出今日出而言。從日中不決。何也。楚王謂平原君曰。客何為者也。正寫毛遂出色一處又借楚一襯一賓一主互相激昂平原君曰。是勝之舍人也。楚王叱曰。胡不下。吾乃與而君言。汝何為者也。兩何為句鏗鏘歷落如聞其聲先言客此言汝正為舍人二字故益其怒也毛遂按劍而前曰。王之所以叱遂者。以楚國之眾也。今十步之內。王不得恃楚國之眾也。前兩何為者也此兩楚國之眾也俱作兩疊調寫怒時急語氣正勃勃其妙如此王之命懸于遂手。應按劍而前吾君在前。叱者何也。又問一句氣壓楚王且遂聞湯以七十里之地王天下。文王以百里之壤而臣諸侯。豈其士卒眾多哉。仍就楚國之眾立論誠能

據其勢而奮其威。今楚地方五千里。持戟百萬。此霸王之資也。以楚之彊。天下弗能
當。先揚之白起。小豎子耳。率數萬之衆。興師以與楚戰。一戰而舉鄢郢。再戰而燒夷陵。
三戰而辱王之先人。後抑之此百世之怨。而趙之所羞。而王弗知惡焉。說得楚王無辭合。從。者。
爲楚。非。爲。趙。也。所謂兩言而決也吾。君。在。前。叱。者。何。也。又點一句與前句亦作兩疊調是章法而氣岸至終不衰楚王曰。
唯唯。誠若先生之言。謹奉社稷而以從。寫楚王心折氣索毛遂曰。從。定。乎。楚王曰。定。矣。寫楚王心
折氣索更無他言毛遂謂楚王之左右曰。取雞狗馬之血來。毛遂奉銅盤而跪進之楚王曰。
王當歃血而定從。次者、吾君。次者、遂。遂定從於殿上。楚王平原君毛遂原在殿上毛遂左手持盤
血。而右手招十九人。又生一波如見其事曰。公。相。與。歃。此。血。於。堂。下。十九人原在堂下然不必呼上以公等錄錄也公。
等。錄。錄。所。謂。因。人。成。事。者。也。一段寫毛遂楚王相對處堂上有平原君楚王左右堂下有十九人必環視失色故于此點出收盡似一幅畫
圖〇挪揄十九人處爲目笑吐氣平原君已定從而歸。歸至於趙。曰。勝。不。敢。復。相。士。勝相士多者千
人。寡者百數。應賓客數千人自以爲不失天下之士。今乃於毛先生而失之也。毛先生一至
楚。而使趙重於九鼎大呂。毛先生以三寸之舌。彊於百萬之師。極贊揚中句句帶愧色摸擬入神兩先生
與上三先生照勝。不。敢。復。相。士。兩不敢相士俱用疊句亦以見平原決意心服遂以爲上客。一平原君既返趙。重提一句

楚使春申君將兵赴救趙。魏信陵君亦矯奪晉鄙軍往救趙。皆未至。（從定楚救破秦必矣。又于中間插出一事）秦急圍邯鄲。邯鄲急且降。平原君甚患之。邯鄲傳舍吏子李同。說平原君曰。君不憂趙亡邪。（忙時斗說閒話妙）平原君曰。趙亡則勝爲虜。何爲不憂乎。李同曰。邯鄲之民。炊骨易子而食。可謂急矣。而君之後宮以百數。婢妾被綺縠。餘粱肉。而民褐衣不完。糟糠不厭。民困兵盡。或剡木爲矛矢。而君器物鐘磬自若。（三比中用三而字三折且而君而民而君錯綜入妙）使秦破趙。君安得有此。使趙得全。君何患無有。（又接兩急語亦中作兩折）今君誠能令夫人以下。編於士卒之間。分功而作。家之所有盡散以饗士。士方其危苦之時。易德耳。（又深一層）於是平原君從之。得敢死之士三千人。李同遂與三千人赴秦軍。秦軍爲之卻三十里。亦會楚魏救至。秦兵遂罷。邯鄲復存。（先提明此又將三事揑作一處分功不得章法之妙）李同戰死。封其父爲李侯。虞卿欲以信陵君之存邯鄲爲平原君請封。（閒閒插入虞卿爲後傳作引）公孫龍聞之。夜駕見平原君曰。龍聞虞卿欲以信陵君之存邯鄲。爲君請封。有之乎。平原君曰。然。龍曰。此甚不可。且王舉君而相趙者。非以君之智能爲趙國無有也。割東武城而封君者。非以君爲有功也。而以國人無勳。（二比作兩調而末句也字放在中間略示變法以避板）乃以君爲親戚故也。君受相印。不辭無能。割地。不言無功者。亦、自、以、爲親戚故也。又作兩調一短一長亦作變法今信陵君存邯鄲而請封。是親戚受城。而國人計功也。又斷一句明劃之極此。甚。不。可。兩甚不可亦用疊句通篇用一樣句法以爲章法 且虞卿操其兩權。事成操右券以責。事不成以虛名德君。君必勿聽也。平原君遂不聽虞卿。欲取虞卿作合傳偏先抹倒虞卿先抑後揚後主先客另是一法 平原君以趙孝成王十五年卒。子孫代。後竟與趙俱亡。平原君厚待公孫龍。公孫龍善爲堅白之辯。及鄒衍過趙言至道。乃絀公孫龍。并抹倒公孫龍妙 虞卿者、游說之士也。躡蹻擔簦。正爲下金璧作襯 說趙孝成王。一、見、賜黃金百鎰。白璧一雙。再、見、爲趙上卿。一見再見妙 故號爲虞卿。秦趙戰於長平。趙不勝。亡一都尉。趙王召樓昌與虞卿曰。軍戰不勝。尉復死。寡人使束、甲、而、趨之。句法何如。樓昌曰。無益也。不如發重使爲媾。虞卿曰。昌言媾者。以爲不媾軍必破。也。一反而制媾者在秦。即正轉只一句明甚 且王之論秦也。欲破趙之軍乎不邪。一反一正後即跌三數句中多少曲折王曰。秦不遺餘力矣。必、且、欲破趙軍。兩句中加一矣字一宕 虞卿曰。王聽臣。發使出重寶以附楚魏。楚魏欲得王之重寶。必內吾使。趙使入楚魏。秦必疑天下之合從。且必恐。如此則媾乃可爲也。與其效之秦不若捐之楚且以疑秦數句亦作幾折趙王不聽。與平陽君爲媾。發鄭朱入秦秦內之趙王召虞卿曰寡人使平陽君爲媾於秦秦已內鄭朱矣卿以爲奚如虞卿對曰王不得媾軍必破矣（先斷一句）天下賀戰勝者皆在秦矣（一層）鄭朱貴人也入秦秦王與應侯必顯重以示天下（二層）楚魏以趙爲媾必不救王（三層）秦知天下不救王則媾不可得成也（四層層層遞出）應侯果顯鄭朱以示天下賀戰勝者終不肯媾長平大敗遂圍邯鄲爲天下笑・秦既解邯鄲圍而趙王入朝使趙郝約事於秦割六縣而媾虞卿謂趙王曰秦之攻王也倦而歸乎王以其力尚能進愛王而勿攻乎（先發一問逆起與前一樣）王曰秦之攻我也不遺餘力矣必以倦而歸也虞卿曰秦以其力攻其所不能取倦而歸王又以其力之所不能取以送之是助秦自攻也（兩折論事極明晰）來年秦復攻王王無救矣（又拖一句作未了）王以虞卿之言告趙郝趙郝曰虞卿誠能盡秦力之所至乎誠知秦力之所不能進（兩句中加一乎字一宕與前一樣）此彈丸之地弗與令秦來年復攻王王得無割其內而媾乎（正與前來無救對）王曰請聽子割矣子能必使來年秦之不復攻我乎（趨勢一反機鋒尖快）趙郝對曰此非臣之所敢任也他日三晉之交於秦相善也今秦善韓魏而攻王王之所以事秦必不如韓魏也今臣爲足下解負親之攻開關通幣齊交韓魏至來年

而王獨取攻於秦。此王之所以事秦。必在韓魏之後也。此非臣之所敢任也。亦用前後疊句法

王以告虞卿。虞卿對曰。郝言不媾。來年秦復攻王。王得無割其內而媾乎。今媾。郝又以不能必秦之不復攻也。即述郝言作兩折以破之快便 今雖割六城。何益。一層 來年復攻。又割其力之所不能取而媾。此自盡之術也。二層 不如無媾。秦雖善攻。不能取六縣。三層 趙雖不能守。終不失六城。四層 秦倦而歸。兵必罷。我以六城收天下以攻罷秦。是我失之於天下。而取償於秦也。吾國尚利。五層 層層折入詞鋒犀利 孰與坐而割地。自弱以彊秦哉。今郝曰。秦善韓魏而攻趙者。必以爲韓魏不救趙也。而王之軍必孤。有以王之事秦不如韓魏也。又述郝言以再破之段段翻駁奇快之甚 是使王歲以六城事秦也。即坐而城盡。一層 來年秦復求割地。王將與之乎。弗與。是棄前功而挑秦禍也。二層 與之。則無地而給之。三層 語曰。彊者善攻。弱者不能守。今坐而聽秦。秦兵不弊而多得地。是彊秦而弱趙也。四層 以益彊之秦而割愈弱之趙。其計故不止矣。五層 且王之地有盡。而秦之求無已。以有盡之地而給無已之求。其勢必無趙矣。又總結一結明如畫石一路俱周圓轉駮快之筆令人爽然

趙王計未定。虞卿趙郝反覆既多文字長長則勢緩故又借此一句閃出一樓緩以間隔之 樓緩從秦來。趙王與樓緩計之。曰。予秦地何如毋予。孰吉。緩

辭讓曰此非臣之所能知也王曰雖然試言公之私樓緩對曰王亦聞夫公甫文伯母乎一路秦趙事既多再說便厭借一樓緩又幻出一文伯母卸入閒文一新耳目無爲所瞞也公甫文伯仕於魯病死女子爲自殺於房中者二人其母聞之弗哭也其相室曰焉有子死而弗哭者乎其母曰孔子賢人也逐於魯而是人不隨也今死而婦人爲之自殺者二人若是者必其於長者薄而於婦人厚也故從母言之是爲賢母從妻言之是必不免爲妬妻故其言一也言者異則人心變矣文勢已急故閒序一段以緩之今臣新從秦來太緩則又忘却本文故急接入而言勿予則非計也言予之恐王以臣爲爲秦也故不敢對使臣得爲大王計不如予之上兩平一仄即下正深子書予之者也王曰諾虞卿聞之入見王曰此飾說也王昚勿予前以緩來此亦以緩受故又作一頓樓緩聞之往見王王又以虞卿之言告樓緩樓緩對曰不然虞卿得其一不得其二夫秦趙構難而天下皆說何也曰吾且因彊而乘弱矣此寫天下之心事今趙兵困於秦天下之賀戰勝者則必盡在於秦矣故不如亟割地爲和以疑天下而慰秦之心不然天下將因秦之彊怒乘趙之弊瓜分之趙且亡何秦之圖乎一掉即轉故曰虞卿得其一不得其二願王以此決之勿復計也虞卿聞之往見王曰危哉樓子之所以爲秦者點樓

緩心事故用險語 是愈疑天下而何慰秦之心哉獨不言其示天下弱乎 三句作兩折下即轉 且臣言勿予者非固勿予而已也 又進一步始出齊事 秦索六城於王而王以六城賂齊 二轉 齊秦之深讎也得王之六城并力西擊秦齊之聽王不待辭之畢也 三轉 則是王失之於齊而取償於秦也而齊趙之深讎可以報矣 四轉 而示天下有能為也 五轉 王以此發聲兵未窺於境臣見秦之重賂至趙而反媾於王也 六轉 從秦為媾韓魏聞之必盡重王重王必出重寶以先於王則是王一舉而結三國之親而與秦易道也 中作六轉實只一氣說下滾滾不窮與前半段映合 趙王曰善則使虞卿東見齊王與之謀秦虞卿未返秦使者已在趙矣樓緩聞之亡去趙于是封虞卿以一城

居頃之而魏請為從趙孝成王召虞卿謀過平原君平原君曰願卿之論從也 只一句不說盡○平原傳後點虞卿虞卿傳後點平原相應作合傳體 虞卿入見王王曰魏請為從對曰魏過王曰寡人固未之許對曰王過王曰魏請從卿曰魏過寡人未之許又曰寡人過然則從終不可乎對曰臣聞小國之與大國從事也有利則大國受其福有敗則小國受其禍今魏以小國請其禍而王以大國辭其福 辭請二字倩甚 臣故曰王過魏亦過 乃以兩對語收妙 竊以為從便王曰善乃合魏為從

虞卿既以魏齊之故

略得好不重萬戶侯卿相之印。與魏齊閒行。卒去趙。困於梁。魏齊已死。不得意。乃著書。上採春秋。下觀近世。曰節義稱號揣摩政謀。凡八篇。以刺譏國家得失。世傳之曰虞氏春秋。閒閒以著書作結別致

太史公曰、平原君。翩翩濁世之佳公子也。然未睹大體。鄙語曰。利令智昏。平原君貪馮亭邪說。使趙陷長平兵四十餘萬衆。邯鄲幾亡。傳中不載馮亭事却于贊中補出爲平原諱也虞卿料事揣情。爲趙畫策。何其工也。及不忍魏齊。卒困於大梁。庸夫且知其不可。況賢人乎。然虞卿非窮愁。亦不能著書以自見於後世云。虞卿只以著書作致

此傳史公剪取戰國之文故另是一種筆仗純以姿致風度爲妙絕無粗疎生嬌之態讀之覺和易近人○平原傳純用疊句氣厚而力完虞卿傳純用轉折故氣清而流利一篇之中各具一種姿致乃知飛燕太眞俱爲國色也○兩傳最佳者則毛遂定楚從處如華岳插天不堦寸土而奇峯怪石劈面相迎虞卿對郝緩處如山泉下垂逐層噴落而平流容與曲折駿駛各成其妙

信陵君列傳

魏公子無忌者、魏昭王少子。而魏安釐王異母弟也。昭王薨。安釐王卽位。封公子爲信陵君。是時范雎亡魏相秦。以怨魏齊故。秦兵圍大梁。破魏華陽下軍。走芒卯。魏王

及公子患之一公子爲人仁而下士士無賢不肖皆謙而禮交之不敢以其富貴驕士士以此方數千里爭往歸之致食客三千人當是時諸侯以公子賢多客（客是一篇主意）不敢加兵謀魏十餘年一（虛寫一筆爲公子出色爲好客出色）公子與魏王博而北境傳舉烽言趙寇至且入界魏王釋博欲召大臣謀（先將小事引起）公子止王曰趙王田獵耳非爲寇也復博如故王恐心不在博（釋博復博心不在博點注妙）居頃復從北方來傳言曰趙王獵耳非爲寇也（對上不換與公子言相照）魏王大驚曰公子何以知之公子曰臣之客有能探得趙王陰事者（通篇重客先以客引起）趙王所爲客輒以報臣臣以此知之是後魏王畏公子之賢能不敢任公子以國政一（一句伏通篇之脉不待秦間之來而其不聽公子救趙使公子留趙皆半以疑公子也）魏有隱士曰侯嬴年七十家貧爲大梁夷門監者（入侯嬴作附傳）公子聞之往請欲厚遺之不肯受曰臣修身潔行數十年終不以監門困故而受公子財（先虛寫作一頓）公子於是乃置酒大會賓客（滿堂將相也）坐定（待舉酒也）公子從車騎（竊罵侯生者也）虛左（自執轡也待侯生上坐也先鋪排一番後句句應來更爲生色）自迎夷門侯生（復著夷門二字隆情重禮下逮監門極寫侯生極寫公子）侯生攝敝衣冠直上載公子上坐不讓（車中之坐也應虛左）欲以觀公子公子執轡愈恭（一段）侯生又謂公子曰臣有客在市屠中願枉車騎過之公子引

車入市（應執轡）侯生下見其客朱亥（無意中先一點）俾倪故久立（下五字極模寫千載如見）與其客語微察公子公子顏色愈和（二段）當是時魏將相宗室賓客滿堂待公子舉酒（於坐客傍描一筆應大會）市人皆觀公子執轡（於市人傍描一筆應入市）從騎皆竊罵侯生（於從者傍描筆應從車騎）— 侯生視公子色終不變（三段愈恭愈和色終不變三番搖曳將相賓客市人從騎四面照耀遂令一時神采千古如生）乃謝客就車至家公子引侯生坐上坐（此乃家中之坐也）徧贊賓客賓客皆驚（四段又傍描一筆精神直貫至滿堂待公子自起迎侯生之時）酒酣公子起爲壽侯生前（滿堂將相皆如無物）侯生因謂公子曰今日嬴之爲公子亦足矣（突然一句反作極力爲公子者）（奇文）嬴乃夷門抱關者也而公子親枉車騎自迎嬴於衆人廣坐之中不宜有所過今公子故過之然嬴欲就公子之名故久立公子車騎市中過客以觀公子公子愈恭市人皆以嬴爲小人而以公子爲長者能下士也（於侯生口總序一遍凡十用公子字點綴錯落）於是罷酒侯生遂爲上客 — 侯生謂公子曰臣所過屠者朱亥此子賢者世莫能知故隱屠間耳公子往數請之朱亥故不復謝公子怪之 —（前序已詳故落一朱亥作兩次寫結上文伏下脈通體皆靈）魏安釐王二十年秦昭王已破趙長平軍又進兵圍邯鄲公子姊爲趙惠文王弟平原君夫人數遺魏王及公子書請救於魏魏王使將軍晉鄙將十萬衆救趙秦王使使者

告魏王曰。吾攻趙。旦暮且下。而諸侯敢救者。已拔趙。必移兵先擊之。魏王恐。使人止
晉鄙。留軍壁鄴。名爲救趙。實持兩端以觀望。平原君使者冠蓋相屬於魏。讓魏公子
曰。勝所以自附爲婚姻者。以公子之高義。爲能急人之困。今邯鄲旦暮降秦。而魏救
不至。安在公子能急人之困也。且公子縱輕勝。棄之降秦。獨不憐公子姊邪。公子患
之。數請魏王。及賓客辨士說王萬端。魏王畏秦。終不聽公子。趙事至急矣外從魏王寫一筆必不肯救公
子自度終不能得之於王。計不獨生。而令趙亡。內從公子心上寫一筆必不能救乃請賓客。約車騎
百餘乘。欲以客往赴秦軍。與趙俱死。上兩路雙逼無可奈何生出獨赴秦軍故作一颺行過夷門。見侯生。具
告所以欲死秦軍狀。辭決而行。侯生曰。公子勉之矣。老臣不能從。獨赴秦軍是極危之事公子何以至
此讀至過夷門見侯生曰賴有此耳乃侯生又作一颺使人加倍驚疑公子行數里。心不快。曰。吾所以待侯生者備矣。
天下莫不聞。今吾且死。而侯生曾無一言半辭送我。我豈有所失哉。作數折曲寫文情復引
車還問侯生。侯生笑曰。臣固知公子之還也。前一路颺開此一句收轉驚疑未定令人一快曰。公子喜士。名
聞天下。今有難。無他端。而欲赴秦軍。譬若以肉投餒虎。何功之有哉。尚安事客。先說公子
心事然公子遇臣厚。公子往而臣不送。以是知公子恨之復返也。方說自己心事公子再拜。因

問(文章無直瀉之法中間又作此一頓)侯生乃屛人間語曰嬴聞晉鄙之兵符常在王臥內而如姬最幸出入王臥內力能竊之(一快後尙未知何以破秦驚疑猶在忽有此奇計不覺爽然然何以得此於如姬哉重使人疑矣)嬴聞如姬父爲人所殺如姬資之三年自王以下欲求報其父讎莫能得(王之幸姬何待公子報仇補一筆圓讒)如姬爲公子泣公子使客斬其讎頭敬進如姬如姬之欲爲公子死無所辭顧未有路耳公子誠一開口請如姬如姬必許諾則得虎符奪晉鄙軍北救趙而西却秦此五霸之伐也(曲曲寫來則兵符必得鄙軍必奪秦必破趙必可救矣一路疑團至此始破朦元發滿浮一大白亦何可少)公子從其計請如姬如姬果盜晉鄙兵符與公子公子行(寫計定謀成志得意滿可以萬全矣)侯生曰將在外主令有所不受以便國家公子卽合符而晉鄙不授公子兵而復請之事必危矣(初以爲萬全乃復有此又斗然一驚)臣客屠者朱亥可與俱(遙接)此人力士晉鄙聽大善不聽可使擊之(又生出一奇爲之擊節)於是公子泣(讀至此驚疑盡釋心花頓開公子不知如何歡躍乃接一泣字何哉)侯生曰公子畏死邪何泣也公子曰晉鄙嚄唶宿將往恐不聽必當殺之是以泣耳豈畏死哉於是公子請朱亥朱亥笑曰臣乃市井鼓刀屠者而公子親數存之所以不報謝者以爲小禮無所用(又補明前段)今公子有急此乃臣效命之秋也遂與公子俱(撇脫之甚此帶寫朱亥)公子過謝侯生侯

生曰。臣宜從老。不能。請數公子行日。以至晉鄙軍之日。北鄉自剄。以送公子。（至此奇已盡矣）（又出侯生自剄送公子以爲餘波是亦一奇也）公子。公子遂行。（先寫公子行處寫此則一往無滯矣）至鄴。矯魏王令代晉鄙。晉鄙合符。疑之。舉手視公子曰。今吾擁十萬之衆。屯於境上。國之重任。今單車來代之。何如哉。（果不出侯生所料苟無朱亥何以處之回映文情極妙）欲無聽。朱亥袖四十斤鐵椎。（應力士）椎殺晉鄙。公子遂將晉鄙軍。勒兵。下令軍中曰。父子俱在軍中。父歸。兄弟俱在軍中。兄歸。獨子無兄弟。歸養。得選兵八萬人。進兵擊秦軍。秦軍解去。遂救邯鄲。存趙。（一段大文至此結穴）趙王及平原君。自迎公子於界。平原君負韊矢。爲公子先引。趙王再拜曰。自古賢人。未有及公子者也。當此之時。平原君不敢自比於人。公子與侯生決。至軍。侯生果北鄉自剄。（又回應一筆收完前段亦以終侯生附傳）魏王怒公子之盜其兵符。矯殺晉鄙。（間接）公子亦自知也。已卻秦存趙。使將將其軍歸魏。而公子獨與客留趙。（照與客一赴秦軍）趙孝成王德公子之矯奪晉鄙兵而存趙。（前頓住趙王間接魏王今又頓住魏王接入趙王章法之妙）乃與平原君計。以五城封公子。公子聞之。意驕矜。而有自功之色。客有說公子曰。（又出一客上爲侯生朱亥下爲毛公薛公作一過接）物有不可忘。有不可不忘。夫人有德於公子。公子不可忘也。公子有德於人。願公子忘之也。且矯魏王令。奪晉鄙兵。以救趙。於趙則有功矣。於魏則未爲忠臣也。公子乃自驕而功之。竊爲公子不取也。正承公子自知又得點染一番此案方明白於是公子立自責。似若無所容者。趙王掃除自迎。執主人之禮。引公子就西階。公子側行辭讓。從東階上。自言辠過。以負於魏。無功於趙。趙王侍酒至暮。口不忍獻五城。以公子退讓也。公子竟留趙。趙王以鄗爲公子湯沐邑。魏亦復以信陵奉公子。小小一結住公子留趙。公子聞趙有處士毛公藏於博徒。薛公藏於賣漿家。公子欲見兩人。兩人自匿不肯見公子。公子聞所在。乃間步往從此兩人游。甚歡。復點兩人與侯生朱亥照映作章法平原君聞之。謂其夫人曰。始吾聞夫人弟公子天下無雙。今吾聞之。乃妄從博徒賣漿者游。公子妄人耳。夫人以告公子。公子乃謝夫人去。曰。始吾聞平原君賢。故負魏王而救趙。以稱平原君。平原君之游。徒豪舉耳。不求士也。無忌自在大梁時。常聞此兩人賢。至趙。恐不得見。以無忌從之游。尙恐其不我欲也。今平原君乃以爲羞。其不足從游。乃裝爲去。夫人具以語平原君。平原君乃免冠謝。固留公子。非必抑平原借客形主之法也平原君門下聞之。半去平原君歸公子。天下士復往歸公子。公子傾平原君客。借平原客又補天下士極寫公子公子留趙十年不歸。秦聞公子在趙。

日夜出兵東伐魏。正應不敢加兵謀魏魏王患之。應魏王及公子患之使使往請公子。公子恐其怒之。應公子自知也乃誡門下。有敢爲魏王使通者死。賓客皆背魏之趙。又點賓客莫敢勸公子歸。毛公薛公兩人往見公子曰。公子所以重於趙。名聞諸侯者。徒以有魏也。今秦攻魏。魏急。而公子不恤。使秦破大梁。而夷先王之宗廟。公子當何面目立天下乎。簡淨刻入語正不須多未及卒。公子立變色。告車趣駕歸救魏。魏王見公子。相與泣。而以上將軍印授公子。公子遂將。魏安釐王三十年。又補年月正見十年留趙也公子使使遍告諸侯。諸侯聞公子將。各遣將將兵救魏。公子率五國之兵。破秦軍於河外。走蒙驁。遂乘勝。逐秦軍至函谷關。抑秦兵。秦兵不敢出。當是時。公子威振天下。一諸。侯。之。客。進兵法。公子皆名之。故世俗稱魏公子兵法。終不脫客秦王患之。乃行金萬斤於魏。求晉鄙客。令毀公子於魏王。有公子客即有諸侯之客又有晉鄙之客幻出數層以爲照耀曰。公子亡在外。十年矣。今爲魏將。諸侯將皆屬。諸侯徒聞魏公子。不聞魏王。公子亦欲因此時定南面而王。諸侯畏公子之威。方欲共立之。秦數使反間。僞賀公子。得立爲魏王未也。魏王日聞其毀。不能不信。篇終矣直應至篇首畏公子之能不敢任公子國政也篇如一節節如一句後果使人代公子將。公子自知再以毀廢。乃謝病不朝。與賓客。爲長夜飲。賓客餘波飲醇酒。多近婦女。日夜爲樂飲者四歲。竟病酒而卒。其歲魏安釐王亦薨。秦聞公子死。使蒙驁攻魏。應走蒙驁拔二十城。初置東郡。其後秦稍蠶食魏。十八歲而虜魏王。屠大梁。一高祖始微少時。數聞公子賢。及卽天子位。每過大梁。常祠公子。高祖十二年。從擊黥布還。爲公子置守冢五家。世世歲以四時奉祠公子。又以高祖作餘波

太史公曰。吾過大梁之墟。求問其所謂夷門。夷門者。城之東門也。只就夷門點綴徘徊憑弔如見其人令我慨然天下諸公子。亦有喜士者矣。然信陵君之接巖穴隱者。不恥下交。有以也。名冠諸侯。不虛耳。高祖每過之。而令民奉祠不絕也。

一篇好客是主救趙是大節而勝處在侯生送公子一段步步回合步步逼拶欲合故離欲擒故縱曲曲引人入勝○侯生朱亥毛公薛公是客中表表外如探趙陰事者萬端說魏王者與百乘赴秦軍者斬如姬仇頭者說公子忘德者背魏之趙者進兵法者與爲長夜飲者通篇用客串插以成文章○行文或重修詞或重序事此篇於迎侯生處過夷門處趙王封五城處從毛公薛公處極力模寫而於侯生謂公子處侯生論救秦處毛公薛公說公子處俱取簡淨達意而止○魏王畏公子能是心病而矯殺晉鄙是釁端秦間湊來遂爾合拍通篇以此照映○范蠡扁舟信陵醇酒是英雄末路猶帶風流而子房赤松尉遲雲母未免假借

春申君列傳

春申君者、楚人也、名歇、姓黃氏、游學博聞、事楚頃襄王。頃襄王以歇爲辯、使於秦。秦昭王使白起攻韓魏、敗之于華陽、禽魏將芒卯、韓魏服而事秦、（一層）秦昭王方令白起與韓魏共伐楚、未行、（二層）而楚使黃歇適至於秦、聞秦之計。（三層）當是之時、秦已前使白起攻楚、取巫黔中之郡、拔鄢郢、東至竟陵、楚頃襄王東徙治于陳縣。（四層）黃歇見楚懷王之爲秦所誘而入朝、遂見欺、留死於秦。（五層）頃襄王、其子也、秦輕之、恐壹舉兵而滅楚。（六層○當時情事東來西湊一時並集若俗手爲之便難枝梧看他偏層層序去一絲不亂是大手筆）歇乃上書說秦昭王曰、天下莫彊于秦楚、（天下大勢一句擒定）今聞大王欲伐楚、（一句竟入）此猶兩虎相與鬭、兩虎相與鬭、而駑犬受其弊、不如善楚。（將一時事勢開口一齊說完下邊再敷序）臣請言其說。臣聞物至則反、冬夏是也。致至則危、累棊是也。今大國之地、偏天下有其二垂、此從生民以來、萬乘之地未嘗有也。（先說國勢）先帝文王莊王之身、三世不忘接地於齊、以絕從親之要。（又說先王正爲下今王作勢○秦之去齊韓魏間之也滅韓魏則與齊接地而中絕天下矣）今王使盛橋守事于韓、盛橋以其地入秦、是王不用甲、不信威、而得百里之地、王可謂能矣。（先贊一）王又舉甲而攻魏、杜大梁之門、舉河內、拔燕酸棗虛桃入邢。魏之兵雲翔而不敢捄。王之功亦多矣。再一贊王休甲息衆二年而後復之。又并蒲衍首垣以臨仁平丘黃濟陽嬰城而魏氏服。王又割濮磿之北注齊秦之要。絕楚趙之脊。天下五合六聚而不敢捄。王之威亦單矣。後乃一跌作三比法前兩贊虛此一跌實○用字後甚王若能持功守威絀攻取之心而肥仁義之地使無後患。三王不足四。五伯不足六也。應前能與功多兩段王若負人徒之衆。仗兵革之彊。乘毀魏之威而欲以力臣天下之主。臣恐其有後患也。應後威單一段詩曰。靡不有初。鮮克有終。易曰。狐涉水濡其尾。此言始之易終之難也。引詩易應冬夏累棋兩語作一束是一段何以知其然也。又泛出一波昔智氏見伐趙之利。而不知榆次之禍。吳見伐齊之便。而不知干隧之敗。此二國者非無大功也。沒利於前而易患於後也。引智氏吳越兩事中作一宕下乃再說吳之信越也。從而伐齊。既勝齊人於艾陵。還爲越王禽三渚之浦。智氏之信韓魏也。從而伐趙。攻晉陽城。勝有日矣。韓魏畔之。殺智伯瑤於鑿臺之下。重說一遍似注似解而收束之語反在中間事奇語創今王妬楚之不毀也。而忘毀楚之彊韓魏也。兩意承吳越智伯接下不作別接妙臣爲王慮而不取也。詩曰。大武遠宅而不涉。從此觀之。楚國援也。鄰國敵也。詩云。趯趯毚兔。遇犬獲之。他人有心。余忖度之。兩引詩詞重疊作致今王中道而信韓魏之善王也。此正吳之信越也。●即借吳越作結是第二節　臣聞之。敵不可假。時不可失。臣恐韓魏卑辭除患而實欲欺大國也。另出一峯即就中道信韓魏一句閒閒帶下而使人不覺　何則。王無重世之德於韓魏。而有累世之怨焉。夫韓魏。父子兄弟接踵而死於秦者將十世矣。本國殘。社稷壞。宗廟毀。刳腹絕腸。折頸摺頤。首身分離。暴骸骨於草澤。頭顱僵仆。相望于境。一是死傷　父子老弱。係脰束手。爲羣虜者。相及于路。鬼神孤傷。無所血食。二是係虜　人民不聊生。族類離散。流亡爲僕妾者。盈滿海內矣。三是流亡說兵禍之慘形容傷怛應先帝今王三段　故韓魏之不亡。秦社稷之憂也。今王資之與攻楚。不亦過乎。●只兩句點明又即頓住是第三段　且王攻楚。將惡出兵。又起一峯　王將借路於仇讐之韓魏乎。一折仇讐應累世之怨　兵出之日。而王憂其不返也。二折　是王以兵資於仇讐之韓魏也。王若不借路於仇讐之韓魏。必攻隨水右壤。一折　隨水右壤。此皆廣川大水。山林谿谷。不食之地也。二折　王雖有之。不爲得地。三折　是王有毀楚之名。而無得地之實也。●兩對之中幾層曲折流水行雲輕清如此是第四段　且王攻楚之日。四國必悉起兵以應王。又起一峯方始正說此乃攻楚之害　秦楚之兵。搆而不離。魏氏將出而攻留方與銍湖陵碭蕭相。故宋必盡。齊人南面攻楚。泗上必舉。此皆平原四達膏腴之地。應隨水之險阻而使獨攻王破楚以肥韓魏於中國而勁齊韓魏之彊足以校於秦（韓魏既敵）齊南以泗水爲境東負海北倚河而無後患（齊復獨彊）天下之國莫彊於齊魏（雙承）齊魏得地葆利而詳事下吏一年之後爲帝未能其於禁王之爲帝有餘矣夫以王壤土之博人徒之衆兵革之彊壹舉事而樹怨于楚遲令韓魏歸帝重於齊是王失計也（是第五段一路序來氣勢迭勃）臣爲王慮莫若善楚（此正說善楚之利與前一正一反）秦楚合而爲一以臨韓韓必斂手王施以東山之險帶以曲河之利韓必爲關內之侯（先收韓）若是而王以十萬戍鄭梁氏寒心許鄢陵嬰城而上蔡召陵不往來也如此而魏亦關內侯矣（次收魏）王壹善楚而關內兩萬乘之主注地於齊齊右壤可拱手而取也（後收齊）王之地一經兩海要約天下（應接地于齊絕從親之要）是燕趙無齊楚齊楚無燕趙也（絕天下之腰則燕趙齊楚不相通矣）然後危動燕趙直搖齊楚（韓魏已入臣矣并舉四國而天下已定）此四國者不待痛而服矣（是第六段一篇書詞或用整或用轉折或用堆垛或用流利段段變法○言詞詳贍利害明晰是一篇好文字）昭王曰善於是乃止白起而謝韓魏發使賂楚約爲與國黃歇受約歸楚楚使歇與太子完入質於秦秦留之數年楚頃襄王病太子不得歸而楚太子與秦相應侯善（提得明）於是黃歇乃說應侯曰相國誠善楚太子乎（反問）

起
應侯曰然歇曰今楚王恐不起疾秦不如歸其太子太子得立其事秦必重而德相國無窮是親與國而得儲萬乘也一正若不歸則咸陽一布衣耳楚更立太子必不事秦一反夫失與國而絕萬乘之和非計也願相國孰慮之總承應侯以聞秦王秦王曰令楚太子之傅先往問楚王之疾句返句而後圖之黃歇爲楚太子計曰秦之留太子也欲以求利也一句即轉今太子力未能有以利秦也歇憂之甚頓住又起而陽文君子二人在中王若卒大命太子不在陽文君子必立爲後太子不得奉宗廟矣不如亡秦與使者俱出臣請止以死當之句亦勁秀楚太子因變衣服爲楚使者御以出關而黃歇守舍常爲謝病度太子已遠秦不能追歇乃自言秦昭王曰楚太子已歸出遠矣歇當死願賜死昭王大怒欲聽其自殺也應侯曰歇爲人臣出身以殉其主太子立必用歇故不如無罪而歸之以親楚應失與國二句秦因遣黃歇歇至楚三月楚頃襄王卒太子完立是爲考烈王一考烈王元年以黃歇爲相封爲春申君賜淮北地十二縣後十五歲追序黃歇言之楚王曰淮北地邊齊其事急請以爲郡便因并獻淮北十二縣請封于江東考烈王許之春申君因城故吳墟以自爲都邑城吳之盛于贊中點出完黃歇歸太子事春、

申君旣相楚是時齊有孟嘗君趙有平原君魏有信陵君方爭下士招致賓客以相傾奪輔國持權 又以四公子相照應 春申君爲楚相四年秦破趙之長平軍四十餘萬五年圍邯鄲邯鄲告急于楚楚使春申君將兵往救之秦兵亦去春申君歸 春申君相楚八年爲楚北伐滅魯以荀卿爲蘭陵令當是時楚復彊 趙平原君使人于春申君春申君舍之於上舍趙使欲夸楚爲瑇瑁簪刀劍室以珠玉飾之請命春申君客春申君客三千餘人其上客皆躡珠履以見趙使趙使大慙 春申君相十四年秦莊襄王立以呂不韋爲相封爲文信侯取東周 插入秦事先開閒點出呂不韋直照篇末 春申君相二十二年諸侯患秦攻伐無已時乃相與合從西伐秦而楚王爲從長春申君用事至函谷關秦出兵攻諸侯兵皆敗走楚考烈王以咎春申君春申君以此益疏 先上秦王書一段太長故點五短段以間之 客有觀津人朱英謂春申君曰人皆以楚爲彊而君用之弱其於英不然 反起跌轉 先君時善秦二十年而不攻楚何也秦踰黽隘之塞而攻楚不便假道于兩周背韓魏而攻楚不可 不便不可兩調卽黃歇借道仇讎之兩喻前詳此簡 今則不然 又一不然跌轉作勢 魏旦暮亡不能愛許鄢陵其許魏割以與秦秦兵去陳百六十里臣之所觀者見秦楚之日鬭

也。此為徙都之案乃竟不說明妙 楚於是去陳。徙壽春。而秦徙衛野王。作置東郡。春申君由此就封於吳。行相事。又歸到封吳事環應 楚考烈王無子。春申君患之。求婦人宜子者進之。甚衆。卒無子。趙人李園持其女弟欲進之楚王。聞其不宜子。恐久毋寵。曲寫情事 李園求事春申君為舍人。已而謁歸。故失期。還謁。春申君問之狀。對曰。齊王使使求臣之女弟。與其使者飲。故失期。先作聲價 春申君曰。娉入乎。對曰。未也。春申君曰。可得見乎。曰。可。於是李園乃進其女弟。即幸于春申君。知其有身。李園乃與其女弟謀。先虛寫一句下即其謀也 園女弟承間以說春申君曰。楚王之貴幸君。雖兄弟不如也。一層 今君相楚二十餘年。而王無子。即百歲後將更立兄弟。二層 則楚更立君後。亦各貴其故所親。君又安得長有寵乎。三層 非徒然也。君貴用事久。多失禮于王兄弟。兄弟誠立。禍且及身。何以保相印江東之封乎。四層寫得必至之勢令人凜然 今妾自知有身矣。而人莫知。妾幸君未久。誠以君之重而進妾於楚王。王必幸妾。妾賴天有子男。則是君之子為王也。楚國盡可得。孰與身臨不測之罪乎。前四層折此一反振意婉語急情事明盡 春申君大然之。乃出李園女弟。謹舍而言之楚王。楚王召入幸之。遂生子男。遂字承園妹來 立為太子。以李園女弟為王后。楚王貴李園。園用事李園既入其女弟立爲王后子爲太子恐春申君語泄而益驕陰養死士欲殺春申君以滅口而國人頗有知之者寫春申君之疏以接入朱英春申君相二十五年楚考烈王病朱英謂春申君曰世有毋望之福又有毋望之禍今君處無望之世事毋望之主安可以無毋望之人乎五毋望句一連注下創語妙法春申君曰何謂毋望之福曰君相楚二十餘年矣雖名相國實楚王也今楚王病旦暮且卒卒而君相少主因而代立當國如伊尹周公王長而反政不卽遂南面稱孤而有楚國此所謂毋望之福也應還一句春申君曰何謂毋望之禍曰李園不治國而君之仇也不爲兵而養死士之日久矣楚王卒李園必先入據權而殺君以滅口此所謂毋望之禍也應還二句春申君曰何謂毋望之人對曰君置臣郎中楚王卒李園必先入臣爲君殺李園此所謂毋望之人也應還三句五句只作三段應毋望之主毋望之世兩句已包括在內若定應五段便呆板矣春申君曰足下置之李園弱人也僕又善之且又何至此朱英知言不用恐禍及身乃亡去後十七日楚考烈王卒李園果先入果字承朱英來伏死士於棘門之內應養死士春申君入棘門園死士俠刺春申君斬其頭投之棘門外於是遂使吏盡滅春申君之家而李園女弟初幸春申君有身而入之王

所生子者遂立。二十二字作長句反簡勁恰好 是爲楚幽王。結完春申傳 是歲也秦始皇帝立九年矣。嫪毒亦爲亂于秦。覺夷其三族。而呂不韋廢。末點呂不韋事忽然而來其蹤莫尋忽然而去其意未盡妙甚

太史公曰、吾適楚觀春申君故城宮室盛矣哉。借宮室引起每于閒處作致 初春申君之說秦昭王及出身遣太子歸何其智之明也後制于李園旄矣語曰當斷不斷反受其亂春申君失朱英之謂邪。

一篇精神處全在上秦王一書段落曲折情事詳晰讀之令人心開目明文筆極一時之俊次之朱英一說一字字風稜而園姝數語言言宛媚各臻其勝〇四公子各以客勝而春申止得一朱英而不用也當時躡珠履者何在乎〇初讀春申傳時因想呂不韋盜秦黃歇盜楚是一時事何不以作合傳乃史公偏不變序却于傳後一點有意無意眉目得顧盼之神而筆墨在一蹊徑之外豈可易測乎

范雎蔡澤列傳

范雎者、魏人也、字叔、游說諸侯。欲事魏王。家貧無以自資。乃先事、魏中大夫須賈。須賈爲魏昭王使於齊。范雎從。留數月。未得報。齊襄王聞雎辯口。只二字已提明范雎之爲人 乃使人賜雎金十斤。及牛酒。雎辭謝。不敢受。須賈知之。大怒。以爲雎持魏國陰事告齊。故得此饋。令雎受其牛酒。還其金。既歸。心怒雎。以告魏相。魏相。魏之諸公子。曰魏齊。又註

（一筆作態）魏齊大怒。使舍人笞擊睢。折脅摺齒。睢佯死。卽卷以簀。置厠中。賓客飲者。醉更溺睢。故僇辱以懲後。令無妄言者。睢從簀中謂守者曰。公能出我。我必厚謝公。守者乃請出棄簀中死人。（就佯死上作波）魏齊醉曰。可矣。范睢得出。後魏齊悔。復召求之。（復掉一筆作兩斷寫爲更名張本耳）魏人鄭安平聞之。乃遂操范睢亡。伏匿。更名姓曰張祿。一（頓住。當此時。又起一峯）秦昭王使謁者王稽於魏。鄭安平詐爲卒。（操范睢詐爲卒極寫鄭安平）侍王稽。王稽問魏有賢人可與俱西游者乎。鄭安平曰。臣里中有張祿先生。欲見君言天下事。其人有仇。不敢晝見。王稽曰。夜與俱來。鄭安平夜與張祿見王稽。語未究。（此處序述一番下便拖沓只用語未究三字已足動人極寫范睢并寫王稽）王稽知范睢賢。謂曰。先生待我於三亭之南。（寫范睢動王稽只語未究三字寫王稽傾倒范睢只待我一句何等撇脫何等神情）與私約而去。一王稽辭魏去。過載范睢入秦。至湖關。望見車騎從西來。范睢曰。彼來者爲誰。王稽曰。秦相穰侯東行縣邑。（欲作逐穰侯一篇文字先借穰侯閒引起）范睢曰。吾聞穰侯專秦權。惡內諸侯客。此恐辱我。我寧且匿車中。（故作一頓此時不下車者已下車不及也）有頃。穰侯果至。勞王稽。因立車而語曰。關東有何變。曰無有。又謂王稽曰。謁君得無與諸侯客子俱來乎。無益。徒亂人國耳。王稽曰。不敢。卽別去。范睢曰。吾聞穰侯。智士也。其見事遲。鄉者疑車中有人。忘索之。於是范睢下車走。曰此必悔之。行十餘里。果使騎還索車中。無客。乃已。—索客事作兩段寫而文情始爲搖曳王稽遂與范睢入咸陽。—緊接一句已報使。因言曰。魏有張祿先生。天下辯士也。曰秦王之國危於累卵。得臣則安。然不可以書傳也。臣故載來。突然而來妙秦王弗信。使舍食草具。待命歲餘。—正好處偏作一頓令人意思缺然當是時。昭王已立三十六年。南拔楚之鄢郢。楚懷王幽死於秦。秦東破齊。湣王常稱帝。後去之。數困三晉。厭天下辨士。無所信。—一段言秦王之厭士穰侯華陽君。昭王母宣太后之弟也。而涇陽君高陵君。皆昭王同母弟也。穰侯相三人者。更將有封邑。以太后故。私家富重於王室。及穰侯爲秦將。且欲越韓魏而伐齊綱壽。欲以廣其陶封。—一段言穰侯輩決不能容士兩路雙逼逼出范睢范睢乃上書曰。臣聞明主立政。有功者不得不賞。有能者不得不官。勞大者其祿厚。功多者其爵尊。能治衆者其官大。故無能者不敢當職焉。有能者亦不得蔽隱。兩句雖爲自己作引無能當職已隱指穰侯使以臣之言爲可。願行而益利其道。以臣之言爲不可。久留臣無爲也。一篇大意已盡後乃反覆推明語曰。庸主賞所愛。隱指穰侯而罰所惡。乃自謂也明主則不然。賞必加於有功。而刑必斷於有罪。此二句反用以起下文今臣之胷不足以當椹質。而要不足以待斧鉞。豈敢以疑事嘗試於王哉。（先作一反振刑必斷于有罪故不敢以疑事嘗也）雖以臣爲賤人而輕辱。獨不重任臣者之無反復於王邪。（一句已直透入穰侯正要緊時又頓住下復推開文情妙甚）且臣聞周有砥砨。宋有結綠。梁有縣藜。楚有和璞。此四寶者。土之所生。良工之所失也。而爲天下名器。然則聖王之所棄者。獨不足以厚國家乎。（此段照賤臣之不可辱）臣聞善厚家者。取之於國。善厚國者。取之於諸侯。天下有明主。則諸侯不得擅厚者。何也。爲其割榮也。（此段映重臣之反覆擅厚割榮俱指穰侯也）良醫知病人之死生。而聖主明於成敗之事。利則行之。（應可則利其道）害則舍之。（應不可則無久留）疑則少嘗之。（可不可二義已盡又添中間一層正是范睢本意）雖舜禹復生。弗能改已語之至者。臣不敢載之於書。（應所云不可以書傳也）其淺者又不足聽也。意者臣愚而不概於王心邪。亡其言臣者賤而不可用乎。（故作兩閃以爲姿致）自非然者。臣願得少賜游觀之間。望見顏色。（所云疑則少嘗之）一語無効。請伏斧質。（應椹質斧鉞）於是秦昭王大說。乃謝王稽。使以傳車召范睢。於是范睢乃得見於離宮。詳爲不知永巷而入其中。王來而宦者怒。逐之曰。王至。范睢繆爲曰。秦安得王。秦獨有太后穰侯耳。（大主意已宣明矣亦作突然而來先入秦王耳中故不得不就耳）欲以感怒昭王。昭王至。聞其與宦者爭言。（入其術中）遂延迎謝曰。寡人宜以身受命久矣。

會義渠之事急寡人日暮自請太后足見制于太后今義渠之事已寡人乃得受命竊閔然不敏敬執賓主之禮范雎辭讓前厭士矣弗信矣今何以得此于秦王哉正有穰侯一語在其耳中也是日觀范雎之見者羣臣莫不洒然變色易容者又就旁人形容一筆非寫范雎之得君正寫秦王以前之厭士也秦王屏左右宮中虛無人秦王跽而請曰先生何以幸教寡人范雎曰唯唯有間秦王復跽而請曰先生何以幸教寡人范雎曰唯唯若是者三秦王跽曰先生卒不幸教寡人耶昔一言而已明今三唯而終止有昔之快以釣其耳故復作今之緩以固其心局勢悠揚似緩實急妙何言喻范雎曰非敢然也臣聞昔者呂尚之遇文王也身爲漁父而釣於渭濱耳若是者交疏也已說而立爲太師載與俱歸者其言深也交疏言深反正兩對故文王遂收功於呂尚而卒王天下一轉鄉使文王疏呂尚而不與深言是周無天子之德而文武無與成其王業也二轉今臣羇旅之臣也交疏於王而所願陳者皆匡君之事處人骨肉之間願效愚忠而未知王之心也此所以王三問而不敢對者也前已突入今又反覆要結必欲吾之說千穩萬穩秦王之心千肯萬肯而後一說便入吾畏其人〇三轉臣非有畏而不敢言也臣知今日言之於前而明日伏誅於後然臣不敢避也四轉大王信行臣之言死不足以爲臣患亡不足以爲臣憂漆身爲厲被髮爲狂不足以爲臣

恥。五轉且以五帝之聖焉而死。三王之仁焉而死。五霸之賢焉而死。烏獲任鄙之力焉而死。成荆孟賁王慶忌夏育之勇焉而死。死者人之所必不免也。處必然之勢。可以少有補於秦。此臣之所大願也。臣又何患哉。索性以槌質斧鉞之意暢言之所以要劫秦王者至矣文勢一氣而下浩汗不窮然又一振即轉伍子胥橐載而出昭關。夜行晝伏。至於陵水。無以餬其口。膝行蒲伏。稽首肉袒。鼓腹吹篪。乞食於吳市。卒興吳國。闔閭為伯。使臣得盡謀如伍子胥。加之以幽囚。終身不復見。是臣之說行也。臣又何憂。箕子接輿漆身為厲。被髮為狂。無益於主。假使臣得同行於箕子。可以有補所賢之主。是臣之大榮也。臣有何耻。前已說盡又引子胥箕子一反一正結完上意千鈞之弩勁勢未已也臣之所恐者。獨恐臣死之後。天下見臣之盡忠而身死。因以是杜口裹足。莫肯鄉秦耳。兩結已完再反振一段收完正意方始截住夫以厭士之王若無以當其心何敢泛論如是乃知永巷之一言必不可少也極寫范雎權術足下上畏太后之嚴。下惑於姦臣之態。忽點出太后姦臣駸駸逼人居深宮之中。不離阿保之手。終身迷惑。無與昭姦。大者宗廟滅覆。小者身以孤危。此臣之所恐耳。所云危如累卵得臣則安也若夫窮辱之事。死亡之患。臣不敢畏也。臣死而秦治。是臣死。賢於生。又掉轉一筆全篇俱動秦王跽曰。先生是何言也。夫秦國辟遠。寡人愚不肖。先生乃幸辱至於此。是天以寡人慁先生。而存先王之宗廟也。寡人得受命於先生。是天所以幸先王而不棄其孤也。先生奈何而言若是。事無小大。上及太后。下至大臣。對厭士之主言人骨肉之間本難啓齒故一路聳動一路要挾直逼出此二句秦王已受我籠絡便可深言矣立說之妙正行文之妙也願先生悉以教寡人。無疑寡人也。范睢拜。秦王亦拜。—又閒寫一筆見秦王已被范睢籠定范睢曰。大王之國。四塞以爲固。北有甘泉谷口。南帶涇渭。右隴蜀。左關阪。奮擊百萬。戰車千乘。利則出攻。不利則入守。此王者之地也。民怯於私鬭而勇於公戰。此王者之民也。王并此二者而有之。夫以秦卒之勇。車騎之衆。以治諸侯。譬若馳韓盧而搏蹇兎也。霸王之業可致也。而羣臣莫當其位。至今閉關十五年。不敢窺兵於山東者。是穰侯爲秦謀不忠。輕輕點出穰侯不忠而大王之計。有所失也。四字傾危可畏—秦王跽曰。寡人願聞失計。然左右多竊聽者。范睢恐未敢言內。先言外事。舉天下之人必以爲從此深言矣乃偏頓住說外事妙至於此以觀秦王之俯仰。奇字因進曰。夫穰侯越韓魏而攻齊綱壽。非計也。直接穰侯爲謀不忠少出師則不足以傷齊。多出師則害於秦。折轉臣意王之計。欲少出師而悉韓魏之兵也。則不義矣。今見與國之不親也。越人之國而攻。可乎。其於計疏矣。—頓住且昔齊湣王南攻楚。破軍殺將。再辟地千里。而齊尺寸之地無得焉者。豈不欲得地哉。形勢不能有也。又宕一筆作勢 諸侯見齊之罷弊。君臣之不和也。興兵而伐齊。大破之。士辱兵頓。皆咎其王。曰誰爲此計者乎。王曰文子爲之。隱以文子照定穰侯 大臣作亂。文子出奔。故齊所以大破者。以其伐楚而肥韓魏也。引齊見遠攻之失 此所謂借賊兵而齎盜糧者也。一 王不如遠交而近攻。一句主意 得寸則王之寸也。得尺亦王之尺也。三語中間立柱一失一得分前後雙應奇文 今釋此而遠攻。不亦繆乎。一 且昔者中山之國地方五百里。趙獨吞之。功成名立而利附焉。天下莫之能害也。引趙見近攻之得 今夫韓魏。中國之處。而天下之樞也。王其欲霸。必親中國以爲天下樞。以威楚趙。楚彊則附趙。趙彊則附楚。楚趙皆附。齊必懼矣。齊懼。必卑辭重幣以事秦。齊附而韓魏因可虜也。一 論事明白文氣俊利終秦之并天下計不出此范雎固秦策士之第一人也 昭王曰。吾欲親魏久矣。而魏多變之國也。寡人不能親。請問親魏奈何。對曰。王卑詞重幣以事之。不可。則割地而賂之。不可。因舉兵而伐之。用三疊句 王曰。寡人敬聞命矣。乃拜范雎爲客卿。謀兵事。卒聽范雎謀。使五大夫綰伐魏。拔懷。後二歲。拔邢丘。一 應舉兵伐之 客卿范雎復說昭王曰。秦韓之地形。相錯如繡。秦之有韓也。譬如木之有蠹也。人之有心腹之病也。天下無變則已。天下有變其爲秦患者孰大於韓乎王不如收韓昭王曰吾固欲收韓韓不聽爲之奈何與前法對對曰韓安得無聽乎王下兵而攻滎陽則鞏成皋之道不通北斷太行之道則上黨之師不下王一興兵而攻滎陽則其國斷而爲三夫韓見必亡安得不聽乎若韓聽而霸事因可慮矣王曰善且欲發使於韓一范睢曰益親復說用數年矣親魏收韓兩對仕故再提范睢一句以總上以起下因請間說曰臣居山東時聞齊之有田文不聞其有王也一句客聞秦之有太后穰侯華陽高陵涇陽不聞其有王也永巷之言至此說破起處亦突夫擅國之謂王能利害之謂王制殺生之威之謂王句法跌蕩今太后擅行不顧穰侯出使不報華陽涇陽等擊斷無諱高陵進退不請四貴備而國不危者未之有也爲此四貴者下乃所謂無王也註明一句前後應合然則權安得不傾令安得從王出乎臣聞善治國者乃內固其威而外重其權穰侯使者操王之重決制於諸侯剖符於天下政適一作征敵伐國莫敢不聽戰勝攻取則利歸於陶國斃御於諸侯應伐綱壽事戰敗則結怨於百姓而禍歸於社稷詩曰木實繁者披其枝披其枝者傷其心大其都者危其國尊其臣者卑其主崔杼淖齒管齊射王股擢王筋縣之於廟梁宿昔而死李兌管趙囚主父於沙丘百

日而餓死又以危言懼之今臣聞秦太后穰侯用事高陵華陽涇陽佐之卒無秦王此亦淖齒李兌之類也遂爾暢言之且夫三代所以亡國者君專授政縱酒馳騁弋獵不聽政事其所授者妬賢嫉能御下蔽上以成其私不爲主計而主不覺悟故失其國今自有秩以上至諸大吏下及王左右無非相國之人者見王獨立於朝臣竊爲王恐萬世之後有秦國者非王子孫也一路擒縱至此露盡無餘而秦王之心已不能自主含處極含露處極露豈非妙說豈非妙文昭王聞之大懼曰善於是廢太后逐穰侯高陵華陽涇陽君於關外秦王乃拜范雎爲相收穰侯之印使歸陶因使縣官給車牛以徙千乘有餘到關關閱其寶器寶器珍怪多於王室又閒閒點綴一筆序完穰侯一直應前私家富重於王室秦封范雎以應號爲應侯當是時秦昭王四十一年也結年月作致范雎既相秦直接拜相秦號曰張祿而魏不知以爲范雎已死久矣遙接魏事魏聞秦且東伐韓魏魏使須賈於秦范雎聞之爲微行敝衣閒步之邸見須賈須賈見而驚曰范叔固無恙乎應以爲已死初見愕然神辭俱似范雎曰然須賈笑曰范叔有說於秦邪又進一步曰不也雎前日得過於魏相故亡逃至此安敢說乎須賈曰今叔何事范雎曰臣爲人庸賃須賈意哀之留與坐飲食曰范叔一寒如此哉乃取其一綈袍以

賜之。（寫得有委致轉折絮語如親見之）須賈因問曰。秦相張君。公知之乎。吾聞幸於王。天下之事皆決於相君。今吾事之去留。在張君。孺子豈有客習於相君者哉。范睢曰。主人翁習知之。唯睢亦得謁。睢請爲君見於張君。須賈曰。吾馬病。車軸折。非大車駟馬。吾不出。（奇文）（奇事正欲快觀偏於中作此一頓妙）范睢曰。願爲君借大車駟馬於主人翁。范睢歸取大車駟馬。爲須賈御之。入秦相府。府中望見。有識者皆避匿。（相國御車豈無指目若一直到府絕無文情故又旁描一筆妙）須賈怪之。至相舍門。謂須賈曰。待我。我爲君先入通於相君。須賈待門下。持車良久。（承須賈怪之四）（字中多少傍徨徙倚）問門下曰。范叔不出何也。門下曰。無范叔。須賈曰。鄉者與我載而入者。門下曰。乃吾相張君也。須賈大驚。自知見賣。（自知二字妙劈頭一喝直追至魏齊廁中時也）乃肉袒膝行。因門下人謝罪。於是范睢盛帷帳。侍者甚衆。（模寫一番寫范睢得意正襯敝衣間步以爲一笑）見之。須賈頓首言死罪。曰。賈不意君能自致於青雲之上。賈不敢復讀天下之書。不敢復與天下之事。賈有湯鑊之罪。請自屛於胡貉之地。唯君死生之。（數語總一意而心忙口急說得雜亂無文眞化工筆）范睢曰。汝罪有幾。曰。擢賈之髮以續賈之罪。尚未足。（一邊面有驕色一邊心知死灰純是乞命之聲寫來神妙）范睢曰。汝罪有三耳。昔者楚昭王時。而申包胥爲楚卻吳軍。楚王封之以荊五千戶。包胥辭不受爲丘墓之寄於荆也今睢之先人丘墓亦在魏公前以睢爲有外心於齊而惡睢於魏齊公之罪一也當魏齊辱我於厠中公不止罪二也更醉而溺我公其何忍乎罪三矣三住語三變乎矣字呼調更佳然公之所以得無死者以綈袍戀戀有故人之意故釋公乃謝罷入言之昭王罷歸須賈須賈辭於范睢范睢大供具盡請諸侯使與坐堂上食飲甚設而坐須賈於堂下置莝豆其前令兩黥徒夾而馬食之驚須賈處數須賈處前已足矣偏又得意一番寫小人得志之狀使人難耐數曰爲我告魏王急持魏齊頭來不然者我且屠大梁聲驕氣壯是小人之言須賈歸以告魏齊魏齊恐亡走趙匿平原君所不了且歇案范睢既相王稽謂范睢曰王稽亦突然而來是此篇章法事有不可知者三有不可奈何者亦三宮車一日晏駕是事之不可知者一也君卒然捐館舍是事之不可知者二也使臣卒然塡溝壑是事之不可知者三也宮車一日晏駕君雖恨於臣無可奈何君卒然捐館舍君雖恨於臣亦無可奈何使臣卒然塡溝壑君雖恨於臣亦無可奈何作六段三正三反俱略換數字而文情變化詞句駘蕩耳目爲之一新然覺不說明妙范睢不懌乃入言於王曰非王稽之忠莫能內臣於函谷關非大王之賢聖莫能貴臣今臣官至於相爵在列侯王稽之官尚止於謁者非其內臣之意也只反

點一句隱然言表而詞意已足昭王召王稽。拜爲河東守。三歲不上計。又任鄭安平。昭王以爲將軍。
一恩一怨前實寫須賈虛寫魏齊此實寫王稽虛寫鄭安平范雎於是散家財物。盡以報所嘗困戹者。一飯之德
必償。睚眦之怨必報。兩句收完王稽須賈兩段范雎相秦二年。秦昭王之四十二年。東伐韓少
曲高平。拔之。實事虛寫一應前收韓秦昭王聞魏齊在平原君所。遙接欲爲范雎必報其讎。乃詳
爲好書。遺平原君曰。寡人聞君之高義。願與君爲布衣之友。君幸過寡人。寡人願與
君爲十日之飲。極寫昭王正極寫范雎也平原君畏秦。且以爲然。而入秦見昭王。昭王與平原君
飲數日。昭王謂平原君曰。昔周文王得呂尙以爲太公。齊桓公得管夷吾以爲仲父。
今范君亦寡人之叔父也。范君之仇在君之家。願使人歸取其頭來。不然。吾不出君
於關。平原君曰。貴而爲友者。爲賤也。富而爲友者。爲貧也。夫魏齊者。勝之友也。在固
不出也。今又不在臣所。極寫平原君○正言不在反先言在用反跌法昭王乃遺趙王書曰。王之弟在秦。范
君之仇魏齊在平原君之家。王使人疾持其頭來。不然。吾舉兵而伐趙。又不出王之
弟於關。正言不出反先言伐趙亦用反跌法對照趙孝成王乃發卒圍平原君家。句急。句魏齊夜亡。句出
句見趙相虞卿。虞卿度趙王終不可說。乃解其相印。與魏齊亡。間行。念諸侯莫可以

急、抵、者。(新字)乃復走大梁。欲因信陵君以走楚。信陵君聞之。畏秦。猶豫未肯見。曰虞卿何如人也。時侯嬴在旁。曰人固未易知。知人亦未易也。(先以感歎語突然而來)夫虞卿躡屩擔簦。一見趙王。賜白璧一雙。黃金百鎰。再見。拜爲上卿。三見。卒受相印。封萬戶侯。(虞卿事於此補序)當此之時。天下爭知之。夫魏齊窮困過虞卿。虞卿不敢重爵祿之尊。解相印。捐萬戶侯而間行。急士之窮而歸公子。公子曰何如人。人固不易知。知人亦未易也。(首尾重語應轉有味)信陵君大慚。駕如野迎之。魏齊聞信陵君之初難見之。怒而自剄。趙王聞之。卒取其頭予秦。秦昭王乃出平原君歸趙。(完魏齊一案)昭王四十三年、秦攻韓汾陘。拔之。因城河上廣武。(應前收韓)後五年、昭王用應侯謀。縱反間賣趙。趙以其故令馬服子代廉頗將。秦大破趙於長平。遂圍邯鄲。已而與武安君白起有隙。言而殺之。任鄭安平。使將擊趙。鄭安平爲趙所圍。急。以兵二萬人降趙。應侯席藁請罪。秦之法。任人而所任不善者。各以其罪罪之。於是應侯罪當收三族。秦昭王恐傷應侯之意。乃下令國中。有敢言鄭安平事者。以其罪罪之。而加賜相國應侯食物日益厚。以順適其意。後二歲。王稽爲河東守。與諸侯通。坐法誅。而應侯日益以不懌。(前序范雎得志極矣今乃寫其敗與事正爲功)

成者退蔡澤從此入也〇寫負恩之人即報恩之人纔有私意天必敗之矣 昭王臨朝歎息。應侯進曰。臣聞主憂臣辱。主辱臣死。今大王中朝而憂。臣敢請其罪。昭王曰。吾聞楚之鐵劍利而倡優拙。妙語亦突然 夫鐵劍利則士勇。倡優拙則思慮遠。夫以遠思慮而御勇士。吾恐楚圖秦也。夫物不素具。不可以應卒。今武安君既死。而鄭安平等畔。內無良將。而外多敵國。吾是以憂。欲以激勵應侯。應侯懼。不知所出。蔡澤聞之。往入秦也。一兩人合傳也乃正說范雎要緊時一句即掉入蔡澤體裁如此獨立千古不愧矣

蔡澤者、燕人也、游學干諸侯小大甚衆不遇。而從唐舉相。曰。吾聞先生相李兌。曰。百日之內。持國秉政。有之乎。曰。有之。曰。若臣者何如。唐舉孰視而笑曰。先生曷鼻。巨肩。魋顏。蹙齃。膝攣。畫蔡澤處令人失笑回想懷印結綬揖讓之時更可觀矣 吾聞聖人不相。殆先生乎。蔡澤知唐舉戲之。乃曰。富貴吾所自有。吾所不知者壽也。突出奇語其氣槩如此 願聞之。唐舉曰。先生之壽。從今以往者四十三歲。蔡澤笑謝而去。謂其御者曰。吾持梁刺齒肥。躍馬疾驅。懷黃金之印。結紫綬於要。揖讓人主之前。食肉富貴。四十三年足矣。一貧賤中作得意語可想見其人 去之趙。見逐。入韓魏。遇奪釜鬲於塗。一臨期又有二厄爲富貴自有者合成一笑孰知否極而泰天下事不可料乎 聞應侯任鄭安平王稽皆負重罪於秦。應侯內慙。遙接 蔡澤乃西入秦。將見昭

王。使人宣言以感怒應侯曰。燕客蔡澤。天下雄俊弘辨智士也。彼一見秦王。秦王必困君而奪君之位。 突然而來先令范雎一驚則其說易入與永巷之言一明一暗其用術則同 應侯聞曰。五帝三代之事。百家之說。吾既知之。衆口之辨。吾皆摧之。是惡能困我而奪我位乎。使人召蔡澤。蔡澤入。則揖應侯。應侯固不快。及見之。又倨。 又裝點二句 應侯因讓之曰。子常宣言。欲代我相秦。寧有之乎。對曰。然。 只一字作滿溢之語再挑范雎 應侯曰。請聞其說。蔡澤曰。吁。君何見之晚也。夫四時之序。成功者去。 只四字突入已全說明下又闢開作層折相逼 夫人生百體堅彊。手足便利。耳目聰明。而心聖智。豈非士之願與。 一層 應侯曰。然。蔡澤曰。質仁秉義。行道施德。得志於天下。天下懷樂敬愛而尊慕之。皆願以爲君王。豈不辯智之期與。 二層 應侯曰。然。蔡澤復曰。富貴顯榮。成理萬物。使各得其所。性命壽長。終其天年而不夭傷。天下繼其統。守其業。傳之無窮。名實純粹。澤流千里。世世稱之而無絕。與天地終始。豈道德之符。而聖人所謂吉祥善事者與。 三層是一篇主意 應侯曰。然。 三然字應還上一然字 蔡澤曰。若夫秦之商君。楚之吳起。越之大夫種。其卒然亦可願與。 前四字大叫故衍三段以緩之三段太緩故一折即入所以深動應侯也孰知應侯反闢開去重作波瀾文章樂事 應侯知蔡澤之欲困己以說。復謬曰。何爲不可。夫公孫鞅之事孝公也。

極身無貳慮。盡公而不顧私。設刀鋸以禁姦邪。信賞罰以致治。披腹心示情素。蒙怨咎。欺舊友。奪魏公子卬。安秦社稷。利百姓。卒爲秦禽將破敵。攘地千里。吳起之事悼王也。使私不得害公。讒不得蔽忠。言不取苟合。行不取苟容。不爲危易行。行義不辟難。然爲霸主彊國。不辭禍凶。大夫種之事越王也。主雖困辱。悉忠而不解。主雖絕亡。盡能而弗離。成功而弗矜。貴富而不驕怠。若此三子者。固義之至也。忠之節也。總一句是故君子以義死難。視死如歸。生而辱不如死而榮。士固有殺身以成名。唯義之所在。雖死無所恨。何爲不可哉。蔡澤如此逼去范睢如此逼來寫兩人用權術處各自見奇○詞氣浩汗所謂衆口之辨吾能摧之也蔡澤曰。主聖臣賢。天下之盛福也。君明臣直。國之福也。父慈子孝。夫信妻貞。家之福也。故比干忠而不能存殷。子胥智而不能完吳。申生孝而晉國亂。蔡澤見微言不入故用正論是皆有忠臣孝子。而國家滅亂者。何也。無明君賢父以聽之。故天下以其君父爲僇辱而憐其臣子。一層今商君吳起大夫種之爲人臣。是也。其君非也。故世稱三子致功而不見德。豈慕不遇世死乎。二層夫待死而後可以立忠成名。是微子不足仁。孔子不足聖。管仲不足大也。三層實則一意不用正轉夫人之立功。豈不期於成全邪。身與名俱全者。上也。名可法而身死者其次也名在僇辱而身全者下也於是應侯稱善一蔡澤少得間（兩人用智各不相下故略推倒一邊放開一綫令讀者息肩說者賈勇）因曰夫商君吳起大夫種其爲人臣盡忠致功則可願矣閎夭事文王周公輔成王也豈不亦忠聖乎以君臣論之商君吳起大夫種其可願孰與閎夭周公哉（又進一步又高一層）應侯曰商君吳起大夫種弗若也蔡澤曰然則君之主慈仁任忠惇厚舊故其賢智與有道之士爲膠漆義不倍功臣孰與秦孝公楚悼王越王乎（又進一步又下一層）應侯曰未知何如也蔡澤曰今主親忠臣不過秦孝公楚悼王越王君之設智能爲主安危修政治亂彊兵批患折難廣地殖穀富國足家彊主尊社稷顯宗廟天下莫敢欺犯其主主之威蓋震海內功彰萬里之外聲名光輝傳于千世（十四句作一氣讀）君孰與商君吳起大夫種（又進一步又切一層）應侯曰不若蔡澤曰今主之親忠臣不忘舊故不若孝公悼王句踐而君之功績愛信親幸又不若商君吳起大夫種然而君之祿位貴盛私家之富過於三子而身不退者恐患之甚於三子竊爲君危之（總上兩段歸至一本文令人凜然）語曰日中則移月滿則虧物盛則衰天地之常數也進退盈縮與時變化聖人之常道也故國有道則仕國無道則隱聖人曰飛龍在天利

見大人不義而富且貴於我如浮雲今君之怨已讐應須賈魏齊而德已報應王稽鄭安平意欲至矣而無變計竊爲君不取也又將成功者退反覆以推明之且夫翠鵠犀象其處勢非不遠死也而所以死者惑於餌也蘇秦智伯之智非不足以辟辱遠死也而所以死者惑於貪利不止也又承上祿位貴盛私家之富以危言之是以聖人制禮節欲取於民有度使之以時用之有止故志不溢行不驕常與道俱而不失故天下承而不絕昔者齊桓公九合諸侯一匡天下至於葵丘之會有驕矜之志畔者九國吳王夫差兵無敵於天下勇彊以輕諸侯陵齊晉故遂以殺身亡國夏育太史噭叱呼駭三軍然而身死於庸夫此皆乘至盛而不返道理不居卑退處儉約之患也又將成功者去鋪衍一番反覆開導惟恐不盡夫商君爲秦孝公明法令禁姦本尊爵必賞有罪必罰平權衡正度量調輕重決裂阡陌以靜生民之業而一其俗佳句勸民耕農利土一室無二事奇句力田稸積習戰陳之事是以兵動而地廣兵休而國富故秦無敵於天下立威諸侯成秦國之業功已成矣而遂以車裂楚地方數千里持戟百萬白起率數萬之師以與楚戰一戰舉鄢郢以燒夷陵再戰南并蜀漢又越韓魏而攻彊趙北坑馬服誅屠四十餘萬之衆盡之于長平之下

流血成川沸聲若靁八字佳下句更佳想阬卒之時實有如此遂入圍邯鄲使秦有帝業楚趙天下之彊國而秦之仇敵也排中忽宕自是之後楚趙皆懾伏不敢攻秦者白起之勢也身所服者七十餘城功已成矣而遂賜劍死於杜郵吳起爲楚悼王立法卑減大臣之威重罷無能廢無用損不急之官塞私門之請一楚國之俗禁游客之民精耕戰之士南收楊越北幷陳蔡破橫散從使馳說之士無所開其口禁朋黨以厲百姓定楚國之政兵震天下威服諸侯功已成矣而卒枝解大夫種爲越王深謀遠計免會稽之危以亡爲存因辱爲榮墾草入邑辟地殖穀率四方之士專上下之力輔句踐之賢報夫差之讎卒擒勁吳令越成霸功已彰而信矣句踐終負而殺之此四子者功成不去禍至於身此所謂信而不能詘往而不能返者也商君吳起大夫種應侯已說過一遍極言閎論終以慨歎與應侯句句不同〇三子之外添出白起避板也范蠡知之超然辟世長爲陶朱公●又點出一范蠡以爲襯貼以爲餘波君獨不觀夫博者乎或欲大投或欲分功此皆君之所明知也今君相秦計不下席謀不出廊廟坐制諸侯利施三川以實宜陽決羊腸之險塞太行之道又斬范中行之塗六國不得合從棧道千里通於蜀漢使天下皆畏秦秦之欲得矣君之功極矣此亦秦

之分功之時也。（又爲應侯序功以配四子前事既長此不得不略也）如是而不退。則商君白公吳起大夫種是也。•（又一掉轉收盡四段處處應還成功字）吾聞之。鑒於水者。見面之容。鑒於人者。知吉與凶。書曰。成功之下。不可。久。處。四子之禍。君何居焉。君何不以此時歸相印。讓賢者而授之。退而巖居川觀。必有伯夷之廉。長爲應侯。世世稱孤。而有許由延陵季子之讓。喬松之壽。孰與以禍終哉。即君何居焉。忍不能自離。疑不能自決。必有四子之禍矣。易曰。亢龍有悔。此言上而不能下。信而不能詘。往而不能自返者也。願君孰計之。（前意已足言已盡此段不過反覆開導以終成功者去之義而已）應侯曰。善。吾聞欲而不知止。失其所以欲。有而不知足。失其所以有。（一篇大文不可寂然便住故又借范雎二語以爲餘勢）先生幸教。睢敬受命。於是乃延入坐。爲上客。一後數日。入朝。言於秦昭王曰。客新有從山東來者曰蔡澤。其人辯士。明於三王之事。五伯之業。世俗之變。足以寄秦國之政。臣之見人甚衆。莫及。臣不如也。臣敢以聞。秦昭王召見。與語。大說之。拜爲客卿。應侯因謝病。請歸相印。昭王彊起應侯。應侯遂稱病篤。范睢免相。昭王新說蔡澤計畫。遂拜爲秦相。東收周室。一蔡澤相秦數月。人或惡之。懼誅。乃謝病歸相印。號爲綱成君。居秦十餘年。事昭王孝文王莊襄王。卒事始皇帝。爲秦使於燕。三年而燕使太子丹入質於秦。
太史公曰、韓子稱長袖善舞。多錢善賈。信哉是言也。范睢蔡澤。世所謂一切辯士。轉一然游說諸侯。至白首無所遇者。非計策之拙。所謂說力少也。轉二及二人羈旅入秦。繼踵取卿相。垂功於天下者。固彊弱之勢異也。轉三然士亦有偶合賢者多如此二子。不得盡意。豈可勝道哉。轉四然二子不困戹。惡能激乎。末語尤有情致

范睢蔡澤原是一流人一時人其臭味相同權術學問相同故范睢說昭王洋灑數千言多少層折一路逼入蔡澤說范睢亦洋灑數千言多少層折一路逼入太史公合作一傳前後對應以成奇觀○此篇說詞俱突然而入後邊翻出奇文如王稽薦范睢處范睢入永巷處范睢請間說昭王處王稽謂范睢處侯嬴對平原君處昭王激范睢處蔡澤說范睢處皆以一種句調合成文章○讀至范睢待須賈足為貪賤受阨之人換眉吐氣然士詘于不知己彼齪齪鼠子何足汙吾刃乎極寫范睢驕矜得意純是小人之態乃知睚眦必報非君子之言也○寫范睢說昭王純受范睢籠絡雖極為頓挫尚無匹敵至蔡澤說范睢則各用權術反覆往來如兩虎負嵎各不相下益見其奇○范睢推倒一穰侯蔡澤推倒一范睢便是一生事業

樂毅列傳

樂毅者、其先祖曰樂羊。樂羊爲魏文侯將。伐取中山。魏文侯封樂羊以靈壽。樂羊死。葬於靈壽。其後子孫因家焉。中山復國。至趙武靈王時。復滅中山。而樂氏後有樂毅

從樂氏入樂毅 樂毅賢好兵。趙人舉之。及武靈王有沙丘之亂。乃去趙適魏。一直接 聞燕昭王以子之之亂而齊大敗燕。燕昭王怨齊。未嘗一日而忘報齊也。宕一句 一燕國小辟遠。力不能制。於是屈身下士。先禮郭隗以招賢者。樂毅於是爲魏昭王使於燕。燕王以客禮待之。樂毅辭讓。遂委質爲臣。燕昭王以爲亞卿。久之。一當是時。用當是時忽插入齊事然正爲燕事也 齊湣王彊。南敗楚相唐昧於重丘。西摧三晉於觀津。遂與三晉擊秦。助趙滅中山。破宋。廣地千餘里。與秦昭王爭重爲帝。已而復歸之。以帝爲戲寫得一時可笑 諸侯皆欲背秦而服於齊。湣王自矜。百姓弗堪。一於是燕昭王問伐齊之事。遙接 樂毅對曰。齊霸國之餘業也。地大人衆。未易獨攻也。王必欲伐之。莫如與趙及楚魏。於是使樂毅約趙惠文王。燕趙合〇應趙人舉之 別使連楚魏。令趙嚪秦以伐齊之利。因毅及趙因趙及秦 諸侯害齊湣王之驕暴。遙接上湣王自矜并合序燕趙楚魏 皆爭合從。與燕伐齊。樂毅還報。燕昭王悉起兵。使樂毅爲上將軍。趙惠文王以相國印授樂毅。列國獨提趙以映合始終 樂毅於是并護趙楚韓魏燕之兵以伐齊。破之濟西。諸侯兵罷歸。而燕軍樂毅獨追至於臨菑。一諸侯罷歸獨提燕軍樂毅一句以分主客 齊湣王之敗濟西。亡走保於莒。樂毅獨留徇齊。齊皆城守。樂毅攻入臨菑。盡取齊寶財物祭器。輸之燕。燕昭王大說。親至濟上勞軍。行賞饗士。封樂毅於昌國。號爲昌國君。於是燕昭王收齊鹵獲以歸。而使樂毅復以兵平齊城之不下者。一 略住下遙接 樂毅留狥齊。五歲。下齊七十餘城。皆爲郡縣以屬燕。唯獨莒卽墨未服。又頓住 會燕昭王死。子立爲燕惠王。惠王自爲太子時。嘗不快於樂毅。及卽位。齊之田單聞之。乃縱反間於燕曰。齊城不下者兩城耳。然所以不早拔者。聞樂毅與燕新王有隙。欲連兵且留齊。南面而王齊。齊之所患。唯恐他將之來。刪得簡勁而又詳盡 於是燕惠王固已疑樂毅。又提一句接前 得齊反間。乃使騎劫代將。而召樂毅。樂毅知燕惠王之不善代之。字字奇 畏誅。遂西降趙。趙封樂毅於觀津。號曰望諸君。尊寵樂毅以警動於燕齊。一 還歸趙燕趙分○總合燕齊以完前局 齊田單後與騎劫戰。完樂毅事再入騎劫 果設詐誑燕軍。遂破騎劫於卽墨下。而轉戰逐燕。北至河上。盡復得齊城。而迎襄王於莒。入於臨菑。一 事省 燕惠王後悔使騎劫代樂毅。以故破軍亡將失齊。又怨樂毅之降趙。恐趙用樂毅而乘燕之弊以伐燕。補寫燕惠王心事關鎖前後作三層寫 燕惠王乃使人讓樂毅。且謝之曰。先王舉國而委將軍。將軍爲燕破齊。報先王之讎。天下莫不震動。寡人豈敢一日而忘將軍之功哉。一頓 會先王棄羣臣。寡人新卽

位左右誤寡人寡人之使騎刼代將軍爲將軍久暴露於外故召將軍且休計事將
軍過聽以與寡人有隙遂捐燕歸趙一折將軍自爲計則可矣而亦何以報先王之所
以遇將軍之意乎一此二句是主遂生出下邊一篇文字也樂毅報遺燕惠王書曰臣不佞不能奉承
王命以順左右之心恐傷先王之明有害足下之義前書有左右寡人先王足下故應還左右先王足下故遁逃
走趙今足下使人數之以罪臣恐侍御者不察先王之所以畜幸臣之理應遇將軍之意又
不白臣之所以事先王之心應自爲計故敢以書對此起處已括盡一篇大意臣聞賢聖之君不以祿
私親其功多者賞之其能當者處之故察能而授官者成功之君也論行而結交者
立名之士也功名二字一篇柱臣竊觀先王之舉也見有高世主之心故假節於魏以身
得察於燕事先王之心先王過舉廁之賓客之中立之羣臣之上不謀父兄以爲亞卿畜幸
臣之理臣竊不自知自以爲奉令承教可幸無罪故受令而不辭事先王之心先王命之曰
我有積怨深怒於齊不量輕弱而欲以齊爲事畜幸臣之理臣曰夫齊霸國之餘業而最
勝之遺事也練於兵甲習於戰攻王若欲伐之必與天下圖之與天下圖之莫若結
於趙且又淮北宋地楚魏之所欲也趙若許而約四國攻之齊可大破也事先王之心○使趙

（事前只一點卻於書中序明）先王以爲然。具符節南使臣於趙。顧反命。起兵擊齊。（畜幸臣之意）以天之道。先王之靈。河北之地隨先王而舉之濟上。濟上之軍受命擊齊。大敗齊人。輕卒銳兵。長驅至國。齊王遁而走莒。僅以身免。珠玉財寶車甲珍器。盡收入於燕。（事先王之心）齊器設於寧臺。大呂陳於元英。故鼎反乎磨室。薊丘之植植於汶篁。（上三句自齊入燕薊丘句自燕及齊）自五霸以來。功未有及先王者也。（一頓贊先王正自贊也）先王以爲慊於志。故裂地而封之。使得比小國諸侯。（畜幸臣之理）臣竊不自知。自以爲奉命承教。可幸無罪。是以受命不辭。

（事先王之心）臣聞賢聖之君。功立而不廢。故著於春秋。蚤知之士。名成而不毀。故稱於後世。（應功名二字）若先王之報怨雪恥。夷萬乘之彊國。收八百歲之蓄積。及至棄羣臣之日。餘教未衰。執政任事之臣。修法令。愼庶孽。施及乎萌隸。皆可以教後世。（敘完先王事下始入）

（議論一段）臣聞之。善作者不必善成。善始者不必善終。昔伍子胥說聽於闔閭。而吳王遠迹至郢。夫差弗是也。賜之鴟夷而浮之江。吳王不寤先論之可以立功。故沈子胥而不悔。子胥不早見主之不同量。是以至於入江而不化。（雙應）夫免身立功。以明先王之迹。臣之上計也。（應遁逃句）離毀辱之誹謗。墮先王之名。臣之所大恐也。（應傷先王之明句）臨不測之罪以幸爲利義之所不敢出也・（應害足下之義句應還前段）臣聞古之君子交絕不出惡聲忠臣去國不潔其名臣雖不佞數奉敎於君子矣恐侍御者之親左右之說不察疏遠之行故敢獻書以聞唯君王之留意焉（總結）於是燕王復以樂毅子樂閒爲昌國君而樂毅往來復通燕燕趙以爲客卿・（燕趙復合燕趙是一篇眼目）樂毅卒於趙樂閒居燕三十餘年燕王喜用其相栗腹之計欲攻趙而問昌國君樂閒樂閒曰趙四戰之國也其民習兵伐之不可燕王不聽遂伐趙趙使廉頗擊之大破栗腹之軍於鄗禽栗腹樂乘樂乘者樂閒之宗也於是樂閒奔趙趙遂圍燕（燕趙復分）燕重割地以與趙和趙乃解而去—燕王恨不用樂閒樂閒既在趙乃遺樂閒書（前有書二篇此又有書一篇以爲照應）曰紂之時箕子不用犯諫不怠以冀其聽商容不達身祇辱焉以冀其變及民志不入獄囚自出然後二子退隱故紂負桀暴之累二子不失忠聖之名何者其憂患之盡矣今寡人雖愚不若紂之暴也燕民雖亂不若殷民之甚也室有語不相盡以告鄰里二者寡人不爲君取也（前二書洋灑極矣再序一書未免拖沓故只以韻語約略寫之而情致躍躍）樂閒樂乘怨燕不聽其計二人卒留趙趙封樂乘爲武襄君—其明年樂乘廉頗爲趙圍燕燕重禮以和乃

解。一燕趙復合後五歲。趙孝成王卒。襄王使樂乘代廉頗。廉頗攻樂乘。樂乘走。廉頗亡入魏。其後十六年而秦滅趙。一其後二十餘年。高帝過趙。問樂毅有後世乎。對曰有樂叔。高帝封之樂鄉。號曰華成君。華成君。樂毅之孫也。一借高帝作一餘波　而樂氏之族。有樂瑕公。樂臣公。趙且爲秦所滅。亡之齊高密。樂臣公善修黃帝老子之言。顯聞於齊稱賢師。一復出齊作餘波

太史公曰。始齊之蒯通及主父偃。讀樂毅之報燕王書。未嘗不廢書而泣也。樂臣公學黃帝老子。其本師號曰河上丈人。不知其所出。河上丈人教安期生。安期生教毛翕公。毛翕公教樂瑕公。樂瑕公教樂臣公。樂臣公教蓋公。蓋公教於齊高密膠西。爲曹相國師。

贊語卻於本傳外突尋出閒事借蒯通借主父偃借河上丈人借安期生等奇肆不可方物

畫山者畫其山之大勢如石石而壘之樹樹而藂之尚安有山哉故作文者亦取其大勢之所在而已此文於樂毅伐齊等事俱不實寫只有就書詞以作摶捖前後反將實事作點綴如書詞註脚是史傳之另一格也○書詞是一篇大勢故前用燕昭一書引起後復有樂閒一書以爲餘波○書詞宛轉反覆寫明先王畜幸臣之理臣所以事先王之心應還他將軍自爲計及所以報先王之意兩句而淋漓曲折眞可廢書而泣也○一趙一齊一燕是樂毅一生出處功名之地故首末俱只以三國挽合

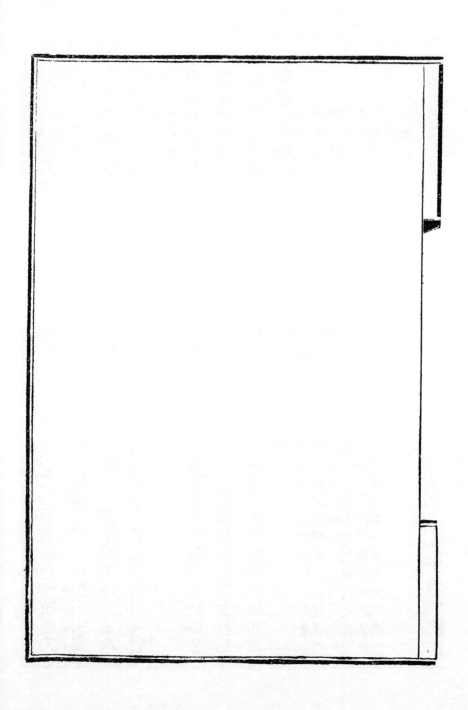

史記論文

武進吳見思齊賢評點
山陰吳興祚留材參訂

廉頗藺相如列傳

廉頗者。趙之良將也。趙惠文王十六年。廉頗爲趙將伐齊。大破之。取晉陽。拜爲上卿。以勇氣聞於諸侯。（先提勇氣伏爭功之根上卿舍人是爭功之案）藺相如者。趙人也。爲趙宦者令繆賢舍人。（一廉頗藺相如雙起後卽撇卻廉頗直接入相如傳○句句以兩人相形對照）趙惠文王時。得楚和氏璧。秦昭王聞之。使人遺趙王書。願以十五城請易璧。趙王與大將軍廉頗。（映廉頗）諸大臣謀。欲予秦。秦城恐不可得。徒見欺。欲勿予。卽患秦兵之來。計未定。（先設一疑案難決以見廉頗不如相如滿朝大臣不如相如愧與妬幷此爭功之所由來也）求人可使報秦者。未得。宦者令繆賢曰。臣舍人藺相如可使。王問何以知之。（欲入報秦偏放開說開事欲合故縱之法也）對曰。臣嘗有罪。竊計欲亡走燕。臣舍人相如止臣曰。君何以知燕王。臣語曰。臣嘗從大王與燕王會境上。燕王私握臣手。曰願結交。以此知之。故欲往。相如謂臣曰。夫趙彊而燕弱。而君幸於趙王。故燕王欲結於君。今君乃亡趙走燕。燕畏趙。其勢必不敢留君。而束君歸趙矣。君不如肉袒伏斧質請罪。則幸得脫矣。臣從其計。大王亦幸赦臣。（一篇大文必有引起所謂江河之濫觴燎原之熒熒也）臣竊以爲其人勇士（照下持璧睨柱十步濺秦王）有智謀。（照完璧歸趙）宜可使。於是王召見。問藺相如曰。秦以十五城請易寡人之璧。可予不。相如曰。秦彊而趙弱。不可不許。王曰。取吾璧不予我城。奈何。相如曰。秦以城求璧而趙不許。曲在趙。趙予璧而秦不予趙城。曲在秦。均之二策。寧許以負秦曲。（兩議明確而句法簡勁）王曰。誰可使者。相如曰。王必無人。臣願奉璧往使。城入趙而璧留秦。城不入。臣請完璧歸趙。（只四字滿綻之極一篇文字俱從此出）趙王於是遂遣相如奉璧西入秦。秦王坐章臺見相如。相如奉璧奏秦王。秦王大喜。傳以示美人及左右。左右皆呼萬歲。（先裝點一番寫得秦王極喜而後翻跌出來爲下文生色）相如視秦王無意償趙城。乃前曰。璧有瑕。請指示王。王授璧。相如因持璧卻立倚柱。怒髮上衝冠。謂秦王曰。大王欲得璧。使人發書至趙王。趙王悉召羣臣議。皆曰。秦貪負其彊。以空言求璧。償城恐不可得。議不欲予秦璧。臣以爲布衣之交尚不相欺。況大國乎。且以一璧之故逆彊秦之驩。不可。（已議過兩番反於對秦王時淋漓曲盡而又字字急切蓋此時不得不急不得不直也於是趙王乃齊戒五日。忽入齊戒奇是一時匆忙隨口撰出玩弄秦王如見使臣奉璧拜送書於庭。何者。嚴大國之威以脩敬也。隨口撰出又卽找一句以實之寫得相如應變之才敏妙如此今臣至大王見臣列觀。禮節甚倨。得璧傳之美人。以戲弄臣。此應齊戒一段臣觀大王無意償趙王城邑。故臣復取璧。此應償城一段大王必欲急臣。臣頭今與璧俱碎於柱矣。急節語有聲有色相如持其璧睨柱。又描一筆神色如生欲以擊柱。倚柱睨柱欲擊柱妙秦王恐其破璧。秦王只此四字已爲相如拿定上之倚柱下之齊戒俱從此出乃辭謝。此秦王辭謝爲璧故也固請。此相如固請爲城故也召有司案圖。指從此以往十五都予趙。相如度秦王特以詐佯爲予趙城。實不可得。又度一番頓一頓妙乃謂秦王曰。和氏璧。天下所共傳寶也。趙王恐不敢不獻。趙王送璧時。齊戒五日。今大王亦宜齊戒五日。設九賓於庭。臣乃敢上璧。前計無復之撰出一趙王齊戒此計無復之又撰出一秦王齊戒寫相如心地玲瓏立刻變化秦王度之終不可彊奪。相如之勇反在秦王眼中看出遂許齊五日。兩人用術各不相下而又默默相喻神情如見舍相如廣成傳舍。相如度秦王雖齊。決負約不償城。度秦王第三番極寫相如乃使其從者衣褐懷其璧。從徑道亡。歸璧於趙。因完璧二字遂一路寫奉璧授璧持璧得璧求璧取璧送璧上璧歸至懷璧歸璧而止多少錯落秦王齊五日後。乃設九賓禮於庭。引趙使者藺相如。前一番傳觀萬歲襯下文之一笑此齊戒九賓又襯下文之一笑極寫秦王正極寫相如也相如至謂秦王曰。秦自繆公以來。二十餘君。未嘗有堅明約束者也。臣誠恐見欺於王而負趙。故令人持璧歸。間至趙矣。所以齊戒必五日也且秦彊而趙弱。大王遣一介之使至趙。趙立奉璧來。今以秦之彊而先割十五都予趙。趙豈敢留璧而得罪於大王乎。一折更妙遂令秦王鉗口臣知欺大王之罪當誅。臣請就湯鑊。唯大王與羣臣孰計議之。秦王與羣臣相視而嘻。寫秦王一時不快無可奈何光景且連日齊戒引見心事俱於此四字中現出左右欲引相如去。秦王因曰。今殺相如。終不能得璧也。而絕秦趙之驩。不如因而厚遇之。使歸趙。趙王豈以一璧之故欺秦邪。卒廷見相如。畢禮而歸之。相如既歸。趙王以爲賢大夫。使不辱於諸侯。拜相如爲上大夫。秦亦不以城予趙。趙亦終不予秦璧。以上幾許事只用兩語結盡其後秦伐趙拔石城。明年復攻趙。殺二萬人。二事是璧上餘波秦王使使者告趙王。欲與王爲好會於西河外澠池。趙王畏秦。欲毋行。廉頗藺相如計曰。又帶廉頗王不行。示趙弱且怯也。如許大事只一句前璧議多此不得不略也趙王遂行。相如從。廉頗送至境。與王訣曰。王行度道里會遇之禮畢。還不過三十日。三十日不還。則請立太子爲王。以絕秦望。只四字寫得堅決王許之。遂與秦王會澠池。秦王飲酒酣。曰。寡人竊聞趙王好音。請奏瑟。趙王鼓瑟。秦御史前書曰。

某年月日。秦王與趙王會飮。令趙王鼓瑟。先寫秦人得志以反襯相如藺相如前曰。趙王竊聞秦王善爲秦聲。請奉盆缻秦王。以相娛樂。秦王怒。不許。於是相如前進缻。因跪請秦王。秦王不肯擊缻。不許不肯作兩番寫逼出下文相如曰。五步之內。相如請得以頸血濺大王矣。左右欲刃相如。應前相照相如張目叱之。左右皆靡。前奉璧時止暗寫相如之勇至此方明寫於是秦王不懌。不許不肯不懌爲一擊缻。相如顧召趙御史書曰。前寫秦御史今但寫相如某年月日秦王爲趙王擊缻。一鼓瑟一擊缻秦御史書趙御史書兩兩相對秦之羣臣曰。請以趙十五城爲秦王壽。十五城餘波藺相如亦曰。請以秦之咸陽爲趙王壽。秦王壽趙王壽又作兩對秦王竟酒。終不能加勝於趙。趙亦盛設兵以待秦。秦不敢動。—不予城不予璧以秦趙雙結此亦以秦趙雙結以兩對終○盛設兵補序既罷歸國。以相如功大。拜爲上卿。位在廉頗之右。廉頗曰。我爲趙將。有攻城野戰之大功。廉頗事只虛寫而藺相如徒以口舌爲勞。而位居我上。且相如素賤人。宦者舍人吾羞。不忍爲之下。一頓作勢宣言曰。我見相如。必辱之。相如聞。不肯與會。相如每朝時。常稱病。不欲與廉頗爭列。已而相如出。望見廉頗。相如引車避匿。忽寫其勇神色俱壯忽寫其怯神色俱沮於是舍人相與諫曰。臣所以去親戚而事君者。徒慕君之高義也。今君與廉頗同列。廉君宣惡言。而君畏匿之。恐懼殊甚。且庸人尙羞之。況於將相乎。臣等不肖。請辭去。藺相如固止之。曰。公之視廉將軍。孰與秦王。

（只一句已足）曰。不若也。相如曰。夫以秦王之威。而相如廷叱之。辱其羣臣。相如雖駑。獨畏廉將軍哉。顧吾念之。彊秦之所以不敢加兵於趙者。徒以吾兩人在也。今兩虎共鬬。其勢不俱生。吾所以爲此者。以先國家之急。而後私讎也。（詞氣俱直以實心作實語遂令心折駕馭武夫止用此法）

廉頗聞之。肉袒負荊。因賓客至藺相如門謝罪。曰。鄙賤之人。不知將軍寬之至此也。卒相與驩。爲刎頸之交。一是歲。廉頗東攻齊。破其一軍。居二年。廉頗復伐齊。幾拔之。一後三年。廉頗攻魏之防陵安陽。拔之。（單序廉頗復留未完揷入趙奢趙括而廉頗一傳止離於相如二趙之間主客不分合成奇作）後四年。藺相如將而攻齊。至平邑而罷。一（又提相如）其明年。趙奢破秦軍閼與下。（倒提一句即接入趙奢事）

趙奢者。趙之田部吏也。收租稅。而平原君家不肯出。趙奢以法治之。殺平原君用事者九人。平原君怒。將殺奢。奢因說曰。君於趙爲貴公子。今縱君家而不奉公則法削。法削則國弱。國弱則諸侯加兵。諸侯加兵。是無趙也。君安得有此富乎。以君之貴。奉公如法。則上下平。上下平則國彊。國彊則趙固。而君爲貴戚。豈輕於天下邪。（一正一反俱用頂語）平原君以爲賢。言之於王。王用之治國賦。國賦大平。民富而府庫實。一秦伐韓軍於閼與（遙接前閼與事）王召廉頗而問（夾序廉頗作客）曰可救不對曰道遠險狹難救又召樂乘而問焉樂乘對如廉頗言（又請一客陪廉頗）又召問趙奢奢對曰其道遠險狹譬之猶兩鼠鬬於穴中將勇者勝王乃令趙奢將（應將勇句）救之兵去邯鄲三十里（始出國門）而令軍中曰有以軍事諫者死（來得突兀逼出奇文）秦軍軍武安西秦軍鼓噪勒兵武安屋瓦盡振軍中候有一人言急救武安趙奢立斬之（寫得一急甚一緩甚文家作色處）堅壁留二十八日不行復益增壘（堅壁留矣又找兩句若萬萬不出者正史公著色語）秦間來入趙奢善食而遣之間以報秦將秦將大喜曰夫去國三十里而軍不行乃增壘閼與非趙地也趙奢既已遣秦間（方颺開忽劈頭）（接入令人一驚）乃卷甲而趨之二日一夜至令善射者去閼與五十里而軍（欲急故緩欲緩則極緩）（急則急極兵法如是文法如是）軍壘成（照上增壘）秦人聞之悉甲而至軍士許歷請以軍事諫（正與軍候相應）趙奢曰內之許歷曰秦人不意趙師至此其來氣盛將軍必厚集其陳以待之不然必敗趙奢曰請受令許歷曰請就鈇質之誅趙奢曰胥後令邯鄲許歷復請諫曰先據北山上者勝後至者敗趙奢許諾卽發萬人趨之秦兵後至爭山不得上趙奢縱兵擊之大破秦軍秦軍解而走遂解閼與之圍而歸趙惠文王賜奢號爲馬服君以許

歷爲國尉趙奢於是與廉頗藺相如同位（又點廉頗相如并應爭位事以成一笑）後四年、趙惠文王
卒子孝成王立七年、秦與趙兵相距長平時趙奢已死而藺相如病篤（閒閒一筆結完相如此後
膠柱云云乃相如病篤中語而從此相如不復見矣）使廉頗將攻秦（因趙奢復點相如趁手接入廉頗後又因廉頗接入趙括穿插之妙）秦數敗
趙軍趙軍固壁不戰秦數挑戰廉頗不肯趙王信秦之間（先提明一句後序）秦之間言曰秦
之所惡獨畏馬服君趙奢之子趙括爲將耳趙王因以括爲將代廉頗藺相如曰王
以名使括若膠柱而鼓瑟耳括徒能讀其父書傳不知合變也趙王不聽遂將之
（正忙時頓住再序趙括事）趙括自少時學兵法言兵事以天下莫能當嘗與其父奢言兵事奢不
能難然不謂善（畫出一囂陵少年氣習）括母問奢其故（帶出括母）奢曰兵死地也而括易言之使趙
不將括卽已若必將之破趙軍者必括也及括將行其母上書言於王曰括不可使
將王曰何以對曰始妾事其父時爲將身所奉飯飲而進食者以十數所友者以百
數大王及宗室所賞賜者盡以予軍吏士大夫受命之日不問家事今括一旦爲將
東向而朝軍吏無敢仰視之者王所賜金帛歸藏於家而日視便利田宅可買者買
之王以爲何如其父（反問一句下又找一句收完父子兩項）父子異心願王勿遣（母不述父語另出見解）王曰母

置之吾已決矣括母因曰王終遣之卽有如不稱妾得無隨坐乎王許諾—趙括旣代廉頗悉更約束易置軍吏（應易言兵）秦將白起聞之縱奇兵佯敗走而絕其糧道分斷其軍爲二士卒離心（應軍吏無敢仰視）四十餘日軍餓趙括出銳卒自搏戰秦軍射殺趙括括軍敗數十萬之衆遂降秦秦悉阬之趙前後所亡凡四十五萬明年秦兵遂圍邯鄲歲餘幾不得脫賴楚魏諸侯來救乃得解邯鄲之圍趙王亦以括母先言竟不誅也—（結完趙括事復入廉頗蓋趙奢趙括原插序於廉頗傳中也）

自邯鄲圍解五年而燕用栗腹之謀曰趙壯者盡於長平其孤未壯舉兵擊趙趙使廉頗將擊（遙接易將事）大破燕軍於鄗殺栗腹遂圍燕燕割五城請和乃聽之趙以尉文封廉頗爲信平君爲假相國—廉頗之免長平歸也失勢之時故客盡去及復用爲將客又復至廉頗曰客退矣客曰吁君何見之晚也夫天下以市道交君有勢我則從君君無勢則去此固其理也有何怨乎—（入閒事作波）

居六年趙使廉頗伐魏之繁陽拔之趙孝成王卒子悼襄王立使樂乘代廉頗（前插入樂乘爲此故也）廉頗怒攻樂乘樂乘走廉頗遂奔魏之大梁—其明年趙乃以李牧爲將而攻燕拔武遂方城—（閒中插入李牧）廉頗居梁久之魏不能信用趙以數困於秦兵趙

王思復得廉頗廉頗亦思復用於趙先作兩語以爲必合而孰知反開也趙王使使者視廉頗尚可用否廉頗之仇郭開多與使者金令毀之趙使者旣見廉頗廉頗爲之一飯斗米肉十斤被甲上馬以示尚可用趙使還報王曰廉將軍雖老尚善飯然與臣坐頃之三遺矢矣趙王以爲老遂不召一楚聞廉頗在魏陰使人迎之廉頗一爲楚將無功曰我思用趙人只一語感慨之極回望故國黯然傷神可抵一篇恨賦廉頗卒死於壽春一李牧者趙之北邊良將也遙從上攻燕接入常居代雁門備匈奴以便宜置吏市租皆輸入莫府爲士卒費日擊數牛饗士習射騎謹烽火多間諜厚遇戰士爲約曰匈奴卽入盜急入收保有敢捕虜者斬與趙奢軍令相照匈奴每入烽火謹輒入收保不敢戰如是數歲亦不亡失然匈奴以李牧爲怯雖趙邊兵亦以爲吾將怯一頓趙王讓李牧李牧如故又一層再一頓趙王怒召之使他人代將隱照廉頗代將事歲餘匈奴每來出戰出戰數不利失亡多應亦不失亡邊不得田畜復請李牧牧杜門不出固稱疾趙王乃復彊起使將兵牧曰王必用臣臣如前乃敢奉令王許之李牧至如故約應前匈奴數歲無所得終以爲怯又一頓凡作三層極力搖曳以爲下文生色邊士日得賞賜應市租擊牛而不用應不得捕虜此句束上起下皆願一戰於是乃具選車得千三

百乘。選騎得萬三千匹。百金之士五萬人。彀者十萬人。悉勒習戰。（覺士馬精强旌旗改色讀至此耳目爲之一新）大縱畜牧。人民滿野。匈奴小入。佯北不勝。以數千人委之。（終以示怯）單于聞之。大率衆來入。李牧多爲奇陳。張左右翼擊之。大破殺匈奴十餘萬騎。滅襜襤。破東胡。降林胡。單于奔走。其後十餘歲。匈奴不敢近趙邊城。（上三以爲怯逼至此收完）趙悼襄王元年、廉頗既亡入魏。趙使李牧攻燕。拔武遂方城。（又提廉頗接前事）居二年。龐煖破燕軍。殺劇辛。後七年。秦破趙。殺將扈輒於武遂城。斬首十萬。趙乃以李牧爲大將軍。擊秦軍於宜安。大破秦軍。走秦將桓齮。封李牧爲武安君。居三年。秦攻番吾。李牧擊破秦軍。南距韓魏。趙王遷七年、秦使王翦攻趙。趙使李牧司馬尚禦之。秦多與趙王寵臣郭開金。爲反間。言李牧司馬尚欲反。（應郭開間廉頗事）趙王乃使趙葱及齊將顏聚代李牧。（又應廉頗代將事）李牧不受命。趙使人微捕得李牧。斬之。廢司馬尚。後三月。王翦因急擊趙。大破殺趙葱。虜趙王遷及其將顏聚。遂滅趙。（李牧死後三月而趙滅）

太史公曰。知死必勇。非死者難也。處死者難。（三句三轉）方藺相如引璧睨柱。（易璧事）及叱秦王左右。（澠池事）勢不過誅。（妙語千古英雄止於此處看得破耳）然士或怯懦而不敢發。相如一奮其氣。威信敵國。退而讓頗。名重太山。其。處。智。勇。可。謂。兼。之。矣。

廉頗藺相如正傳也趙奢趙括李牧則附傳乃廉頗藺相如雙起相如正寫而廉頗虛寫雜序於中與相如二趙相終始穿插極佳主客莫辨此又史公之另一格也○寫藺相如易璧一事會秦王一事讓廉頗一事文章極妙然猶整段寫至入趙奢以後則縱橫變化忽而趙括忽而廉頗組織之妙眞無轍跡可尋○李牧一傳所以附於廉頗後以牧亦趙將且郭開之間與廉頗一樣耳夫有一郭開遂令廉頗亡李牧斬而趙亦以滅詩曰讒人罔極交亂四國又曰豈弟君子毋信讒言夫毋信讒言者烏得不謂之君子哉

田單列傳

田單者、齊諸田疏屬也。湣王時。單爲臨淄市掾。不。見。知。略序及燕使樂毅伐破齊。齊湣王出奔。已而保莒城。燕師長驅平齊。而、田單走安平。令其宗人盡斷其車軸末而傅鐵籠。已而燕軍攻安平。城壞。齊人走。爭塗。以轊折車敗。爲燕所虜。唯田單宗人以鐵籠故。得脫。東。保。卽。墨。先借鐵籠事表田單已具奇想乃卽順手帶入卽墨燕既盡降齊城。唯獨莒卽墨不下。燕軍聞齊王在莒。并兵攻之。淖齒既殺湣王於莒。因堅守。距燕軍。數年不下。燕引兵東圍卽墨。卽墨大夫出與戰。敗死。城中相與推田單曰。安平之戰。田單宗人以鐵籠得全。習。兵。間接鐵籠事且加習兵字蓋至此而始知其習兵也應前不見知立以爲將軍。以卽墨距燕。頃。之。燕昭王卒。惠王立。與樂毅有隙。田單聞之。乃縱反間於燕。宣言曰。（宣言一）齊王已死。城之不拔者二耳。（去一字比樂毅傳更勝○一層）樂毅畏誅而不敢歸。（二層）以伐齊爲名。實欲連兵南面而王齊。（三層）齊人未附。故且緩攻卽墨以待其事。（四層）齊人所懼。唯恐他將之來。卽墨殘矣。（五層凡作五層而曲折始盡）燕王以爲然。使騎劫代樂毅。樂毅因歸趙。燕人士卒忿。—（燕士卒忿則齊可乘矣故下文接一而字直貫至怒氣十倍）而、田單乃令城中人食必祭其先祖於庭。飛鳥悉翔舞城中下食。（翔舞下食盡矣必下城中二字蓋從城外燕軍目中看出耳）燕人怪之。—（連寫四節飛鳥神師是一對劓卒掘壟是一對燕人怪之正爲龍文火光先爲揎染）田單因宣言曰。（宣言二）神來下敎我。乃令城中人曰。當有神人爲我師。有一卒曰。臣可以爲師乎。因反走。田單乃起。引還東鄉坐。師事之。卒曰。臣欺君。誠無能也。田單曰。子勿言也。因師之。每出約束。必稱神師。—（若兒戲之極而必爲出色描寫正爲火牛一襯也上兩節是外事先駭燕人之耳目下兩節是內事以激齊卒之心）乃宣言曰。（宣言三）吾唯懼燕軍之劓所得齊卒。置之前行。與我戰。卽墨敗矣。燕人聞之。如其言。城中人見齊諸降者盡劓。皆怒。堅守。唯恐見得。—（此節是激之堅守）田單又縱反間曰。（反間四）吾懼燕人掘吾城外冢墓。僇先人。可爲寒心。燕軍盡掘壟墓。燒死人。卽墨人從城上望見。皆涕泣。其欲出戰。怒自十倍。（此節是激之出戰）田單知士卒之可用。（上突起四節逼至此處可以一戰矣又頓住再出六節）乃身操版插。與士卒分功。（一節）妻妾編於行伍之間。（二節）盡散飲食饗士。（三節上三節再以結內）令甲卒皆伏。使老弱女子乘城。（四節）遣使約降於燕。燕軍皆呼萬歲。（五節）田單又收民金。得千溢。令卽墨富豪遺燕將曰。（反間五）卽墨卽降。願無鹵掠吾族家妻妾。令安堵。燕將大喜許之。（六節下三節再以愚外）燕軍由此益懈。一（上士卒可用內事備矣此燕軍益懈外可乘矣兩路雙逼逼出火牛）田單乃收城中得千餘牛。爲絳繒衣。畫以五采龍文。（偏作此閒事作此奇想）東兵刃於其角。而灌脂束葦於尾。燒其端。鑿城數十穴、夜縱牛。壯士五千人隨其後。牛尾熱。怒而奔燕軍。（此半段是城中裝就）燕軍、夜大驚。（兩夜字正爲火光照耀）牛尾炬火。光明炫耀。燕軍視之皆龍文。所觸盡死傷。（下半段是燕軍看出）五千人因銜枚擊之。（寂處極寂）而城中鼓譟從之。老弱皆擊銅器爲聲。聲動天地。（喧處極喧又添鼓噪聲銅器聲兼火光龍文照耀滿目）燕軍大駭敗走。齊人遂夷殺其將騎劫。燕軍擾亂奔走。齊人追亡逐北。所過城邑皆畔燕。而歸田單。兵日益多。乘勝。燕日敗亡。卒至河上。而齊七十餘城。皆復爲齊。（前火牛一段極其淋漓照耀故趁勢一卷筆不留行直掃長驅俱以收盡）乃迎襄王於莒。入臨淄而聽政。襄王封田單。號曰安平君。

太史公曰、兵以正合。以奇勝。（田單一傳不過一奇字史公已明言之）善之者出奇無窮。奇正還相生。如環之無端。夫始如處女。適人開戶。後如脫兔。適不及距。奇語似易林其田單之謂邪。

初。淖齒之殺湣王也。莒人求湣王子法章。得之太史嬓之家。爲人灌園。嬓女憐而善遇之。後法章私以情告女。女遂與通。及莒人共立法章爲齊王。以莒距燕。而太史氏女遂爲后。所謂君王后也。

燕之初入齊。聞畫邑人王蠋賢。令軍中曰。環畫邑三十里無入。以王蠋之故。倒點一句已而使人謂蠋曰。齊人多高子之義。吾以子爲將。封子萬家。蠋固謝。燕人曰。子不聽吾。引三軍而屠畫邑。王蠋曰。忠臣不事二君。貞女不更二夫。齊王不聽吾諫。故退而耕於野。國既破亡。吾不能存。今又劫之以兵。爲君將。是助桀爲暴也。與其生而無義。固不如烹。遂經其頸於樹枝。自奮絕脰而死。齊亡大夫聞之。亡大夫逃亡之大夫也曰。王蠋布衣也。義不北面於燕。況在位食祿者乎。乃相聚如莒。昔亡故相聚也求諸子。立爲襄王。因迎襄王一句

故追序襄王避難之事。則在太史嬓之家也。亦因迎襄王句。故追序齊大夫迎立襄王之故。則感王蠋之義也。拈此二段是迎襄王注腳。然入田單傳不得。故附於此。

田單是戰國一奇人。火牛是戰國一奇事。遂成太史公一篇奇文。其聲色氣勢。如風車雨陣。拉雜而來。幾令人棄書下席。○只用即墨一事。聚做一處寫。節節圍簇可觀。如再入一二閒事。一長便懈矣。故後幅一齊卷收。而田單別事。且姑置之。作文之法也。○田單事事俱奇。如飛鳥神師。純是疑鬼疑神之筆。然後逼

出火牛一節龍文照耀亦若鬼驚神驅乃知文人筆端亦自有鬼神之妙也

魯仲連鄒陽列傳

魯仲連者、齊人也好奇偉俶儻之畫策。照下不肯帝秦射書燕將 而不肯仕宦任職。好持高節。一照下辭平原逃隱海上已收完全傳 游於趙。只三字頓住下入趙事 趙孝成王時。而秦王使白起破趙長平之軍。前後四十餘萬。秦兵遂東圍邯鄲。趙王恐。諸侯之救兵。莫敢擊秦軍。先頓一句以爲帝秦之根 魏安釐王使將軍晉鄙救趙。畏秦。止於蕩陰不進。又頓一句以仲帝秦之說 魏王使客將軍新垣衍間入邯鄲。因平原君謂趙王曰。秦所爲急圍趙者。前與齊湣王爭彊爲帝。已而復歸帝。今齊湣王已益弱。方今唯秦雄天下。此非必貪邯鄲。其意欲復求爲帝。趙誠發使尊秦昭王爲帝。秦必喜。罷兵去。以上一段序趙事 平原君猶預。未有所決。前序趙事爲仲連也然難於插入故借平原君作一頓便可搬入仲連矣前一段文歸至此處入 此時魯仲連適游趙。遙接前游趙 會秦圍趙。聞魏將欲令趙尊秦爲帝。乃見平原君曰。事將奈何。平原君曰。勝也。何。敢。言。事。先颺一句 前亡四十萬之衆於外。今又內圍邯鄲而不能去。應前 魏王使客將軍新垣衍。令趙帝秦。今其人在是。勝也。何。敢。言。事。又一頓兩何敢言事非謙詞也正寫猶預未決莫可如何以爲仲連之地耳 魯仲連曰。魯始以君爲天下之賢公子也。吾乃今然後知君非天下之賢公子也。一反一正一跌就轉一轉就住文法佳勝非賢公子正指其帝秦猶預也 梁客新垣衍安在。應其人在此 吾請爲君責而歸之。平原君曰。勝請爲紹介。而見之於先生。序得文 平原君遂見新垣衍曰。東國有魯仲連先生者。今其人在此。勝請爲紹介。交之於將軍。新垣衍曰。吾聞魯仲連先生。齊國之高士也。衍。人臣也。使事有職。吾不願見魯仲連先生。故作一頓一縱以爲態耳 平原君曰。勝既已泄之矣。新垣衍許諾。魯連見新垣衍而。無。言。先無言反待新垣衍開言妙 新垣衍曰。吾視居此圍城之中者。皆有求於平原君者也。今吾觀先生之玉貌。非有求於平原君者也。亦一反一正兩宕應前文法佳妙 曷爲久居此圍城之中而不去。魯仲連曰。世以鮑焦爲無從頌而死者。皆非也。衆人不知。則爲一身。此亦是一反一正句法跌宕而出云世以鮑焦不能從容自愛而死者固非卽以彼爲其自爲一身者亦非也正對其在圍城之中不爲身謀又隱照其排難解紛也 秦者。棄禮義而上首功之國也。權使其士。虜使其民。彼卽肆然而爲帝。過而爲政於天下。卽易大臣奪憎予愛諸事 則連有蹈東海而死耳。吾不忍爲之民也。所。爲。見。將。軍。者。欲。以。助。趙。也。帝秦二字反放開見原無此理我見將軍止爲助趙耳一句跌轉又深一層詞令之妙 新垣衍曰。先生助之將奈何。魯連曰。吾將使梁及燕助之。齊。楚。則。固。助。之。矣。又用跌宕法作兩層寫 新垣衍曰。燕則吾請以從矣。

若乃梁者。則吾乃梁人也。先生惡能使梁助之。又折轉眞水盡山窮曲曲引人入勝魯連曰。梁未睹秦
稱帝之害故耳。使梁睹秦稱帝之害。則必助趙矣。又頓住新垣衍曰。秦稱帝之害何如。
魯連曰。昔者齊威王嘗爲仁義矣。率天下諸侯而朝周。周貧且微。諸侯莫朝。而齊獨
朝之。居歲餘。周烈王崩。齊後往。周怒。赴於齊曰。天崩地坼。天子下席。東藩之臣因齊
後至。則斮之。齊威王勃然怒曰。叱嗟。而母婢也。卒爲天下笑。故生則朝周。死則叱之。誠
不忍其求也。彼天子固然。其無足怪。不忍其求直貫下變易大臣奪憎與愛諸事且曰其爲天子理應如是以見權之不可假人也
然不說出不說盡新垣衍曰。先生獨不見夫僕乎。十人而從一人者。寧力不勝而智不若耶。
畏之也。衍口中脫出一畏字本懷已露故使仲連得入魯仲連曰。嗚呼。梁之比於秦若僕邪。新垣衍曰。然。仲連
若僕一語著力打入而新垣衍直任不辭反颶開一層覺兩人機鋒相照處毫不放鬆魯仲連曰。吾將使秦王烹醢梁王。前作險語
打不入故又進一步作險語使人不堪遂逼出奇文妙至於此新垣衍怏然不悅曰。噫嘻。亦太甚矣。先生之言也。倒句
先生又惡能使秦王烹醢梁王。使新垣衍不得不應妙魯仲連曰。固也。吾將言之。昔者九侯鄂
侯文王紂之三公也。九侯有子而好。獻之於紂。紂以爲惡。醢九侯。鄂侯爭之彊。辯之
疾。故脯鄂侯。文王聞之。喟然而歎。故拘之羑里之庫百日。欲令之死。曷爲與人俱稱

王。卒就脯醢之地。忽爾頓住故不了了蓋曰俱稱王者也何爲就脯醢哉帝則足以脯醢之矣隱然言外篇中俱作含蓄蘊藉語妙脯醢應還烹醢句齊湣王將之魯。夷維子爲執策而從。謂魯人曰。子將何以待吾君。魯人曰。吾將以十太牢待子之君。夷維子曰。子安取禮而來。吾君。彼吾君者。天子也。天子巡狩。諸侯辟舍。納筦籥。攝衽抱機。視膳於堂下。天子已食。乃退而聽朝也。魯人投其籥。不果納。不得入於魯。將之薛。假途於鄒。當是時。鄒君死。湣王欲入弔。夷維子謂鄒之孤曰。天子弔。主人必將倍殯棺。設北面於南方。然後天子南面弔也。鄒之羣臣曰。必若此。吾將伏劍而死。固不敢入於鄒。鄒魯之臣。生則不得事養。死則不得賻襚。然且欲行天子之禮於鄒魯。鄒魯之臣不果納。又以鄒魯之不肯帝齊以反形之下乃直入今秦萬乘之國也。梁亦萬乘之國也。俱據萬乘之國。各有稱王之名。應俱爲王睹其一戰而勝。欲從而帝之。是使三晉之大臣。不如鄒魯之僕妾也。此應鄒魯其意已足而下又轉折入勝且秦無已而帝。則且變易諸侯之大臣。彼將奪其所不肖。而與其所賢。奪其所憎。而與其所愛。彼又將使其子女讒妾爲諸侯妃姬。處梁之宮。梁王安得晏然而已乎。前猶泛論此乃一轉入梁王其詞乃緊而將軍又何以得故寵乎。又轉一句入新垣衍正頂變易大臣又緊入一步不作多詞令衍自悟含蓄蘊藉終不說盡於是新垣衍起再拜謝曰。

始以先生爲庸人。吾乃今日知先生爲天下之士也。（又作兩宕語對住遂以終篇妙甚）吾請出。不敢
復言帝秦。秦將聞之。爲卻軍五十里。適會魏公子無忌奪晉鄙軍以救趙擊秦軍。秦
軍遂引而去。（秦軍聞之而退五十里不必然也無忌擊之而去此其實也故竝序之初爲仲連後存故實也）於是平原君欲封魯連。
魯連辭讓使者三。終不肯受。平原君乃置酒。酒酣。起前以千金爲魯連壽。魯連笑曰。
所貴於天下之士者。爲人排患釋難解紛亂而無取也。卽有取者。是商賈之事也。而
連不忍爲也。遂辭平原君而去。終身不復見。—（完帝秦一段）其後二十餘年。燕將攻下聊
城。聊城人或讒之燕。燕將懼誅。因保守聊城不敢歸。齊田單攻聊城歲餘。士卒多死。
而聊城不下。魯連乃爲書約之矢。以射城中。遺燕將書曰。吾聞之。智者不倍時而棄
利。勇士不怯死而滅名。忠臣不先身而後君。（智勇忠先立案）今公行一朝之忿。不顧燕王之
無臣。非忠也。殺身亡聊城。而威不信於齊。非勇也。功敗名滅。後世無稱焉。非智也。（應還）
（智勇忠倒應三者雖平其實側重智字次重勇字蓋智勸其降勇勸其死忠字陪說豈欲其忠燕而固守哉玩下文語意自見）三者世主不臣。說士
不載。故智者不再計。勇士不怯死。（故獨提智勇二字）今死生榮辱。貴賤尊卑。此時不再至。（不應
再計也）顧公詳計而無與俗同。（此一段是泛論）且楚攻齊之南陽。魏攻平陸。而齊無南面之心。

以爲亡南陽之害小。不如得濟北之利大。故定計審處之。此一段是引證言事必權利害而審處之則南陽不如濟北爲重故在所必爭此齊之已事也濟北即聊城地今秦人下兵。魏不敢東面。衡秦之勢成。楚國之形危。齊棄南陽。斷右壤。定濟北。計猶且爲之也。此言今衡秦之勢已成矣昔以棄南陽斷右壤而猶爲之者今且不必則聊城在所必攻也右壤即平陸且夫齊之必決於聊城。公勿再計。此收上兩段以明齊之必攻今楚魏交退於齊。則齊必攻而燕救不至。則聊城必不保以全齊之兵。無天下之規。與聊城共據期年之敝。則臣見公之不能得也。且燕國大亂。君臣失計。上下迷惑。栗腹以十萬之衆。五折於外。以萬乘之國。被圍於趙。壤削主困。爲天下僇笑。國敝而禍多。民無所歸心。此段言燕之不足恃今公又以敝聊之民。距全齊之兵。是墨翟之守也。食人炊骨。士無反外之心。是孫臏之兵也。能見於天下。此段言處於必攻無救之中而猶能堅守以少揚之雖然。一折即轉爲公計者。不如全車甲以報於燕。車甲全而歸燕。燕王必喜。身全而歸於國。士民如見父母。交游攘臂而議於世。功業可明。上輔孤主。以制羣臣。下養百姓。以資說士。矯國更俗。功名可立也。此段勸不如歸燕是客亡。意。兩字妙。亦捐燕棄世。東游於齊乎。裂地定封。富比乎陶衞。世世稱孤。與齊久存。又一計也。此段勸其降齊是主此兩計者。顯名厚實也。願公詳計而審處一焉。一結總收歸與降兩段且吾聞之規小節者。不能成榮名。惡小恥者。不能立大功。（正序已完復發議論突竪兩峯後應兩段）昔者管夷吾射桓公中其鉤。簒也。遺公子糾不能死。怯也。束縛桎梏。辱也。若此三行者。世主不臣。而鄉里不通。鄉使管子幽囚而不出。身死而不反於齊。則亦名不免爲辱人賤行矣。臧獲且羞與之同名矣。（調好）況世俗乎。故管子不恥身在縲紲之中。而恥天下之不治。不恥不死公子糾。而恥威之不信於諸侯。故兼三行之過。（即前篡也怯也辱也）而爲五霸首名。高天下而光燭鄰國。（一段管子應規小節者不能成榮名是捐燕降齊者也）曹子爲魯將。三戰三北。而亡地五百里。鄉使曹子計不反顧。議不還踵。刎頸而死。則亦名不免爲敗軍禽將矣。曹子棄三北之恥。而退與魯君計。桓公朝天下。會諸侯。曹子以一劍之任。枝桓公之心於壇坫之上。顏色不變。辭氣不悖。三戰之所亡。一朝而復之。天下震動。諸侯驚駭。威加吳越。（一段曹沫應惡小恥者不能成大功是全車甲而歸燕者也）若此二士者。非不能成小廉而行小節也。以爲殺身亡軀。絕世滅後。功名不立。非智也。（前立智忠勇三者此獨歸到智字是本旨）故去感忿之怨。立終身之名。棄忿悁之節。定累世之功。是以業與三王爭流。而名與天壤相弊也。願公擇一而行之。（應前審處此書一分兩半前半正論後半反以譬喻終不另作一語收束亦文家脫胎法也）燕將見魯連書。泣三日。猶豫不能自決。欲歸燕。已有隙。恐誅。欲降齊。所殺虜於齊甚衆。恐已降而後見辱。喟然歎曰。與人刃我。寧自刃。乃自殺。所謂智者不再計勇者不怯死也　聊城亂。田單遂屠聊城。歸而言魯連。欲爵之。魯連逃隱於海上。曰。吾與富貴而詘於人。寧貧賤而輕世肆志焉。一帝秦與射書對田單與平原君對逃爵與辭封辭金對於此遂住另是一樣章法

鄒陽者。齊人也。游於梁。與故吳人莊忌夫子淮陰枚生之徒交。上書而介於羊勝公孫詭之間。勝等嫉鄒陽。惡之梁孝王。孝王怒。下之吏。將欲殺之。鄒陽客游。以讒見禽。恐死而負累。是上書主意書中不明說故先點出　乃從獄中上書曰。臣聞忠無不報。信不見疑。臣常以爲然。徒虛語耳。一突發兩語以反調起　昔者荊軻慕燕丹之義。白虹貫日。太子畏之。衞先生爲秦畫長平之事。太白蝕昴。而昭王疑之。一譬喩　夫精變天地而信不喩兩王。豈不哀哉。今臣盡忠竭誠。畢議願知。左右不明。卒從吏訊。爲世所疑。序事止此數語　是使荊軻衞先生復起。而燕秦不悟也。願大王孰察之。一段是信而見疑　昔卞和獻寶。楚王刖之。李斯竭忠。胡亥極刑。二譬喩　是以箕子佯狂。接輿辟世。恐遭此患也。三譬喩　願大王孰察卞和李斯之意。而後楚王胡亥之聽。無使臣爲箕子接輿所笑。一即前意變調〇一段是忠而無報　臣聞比干剖心。子胥鴟夷。四譬喩　臣始不信。乃今知之。前兩議已明至此又

接忠而無報信而見疑突出二語前是反說此是順說也願大王孰察。少加憐焉。一諺曰。有白頭如新。傾蓋如故。

何則。知與不知也。一知與不知是篇之主故昔樊於期逃秦之燕。藉荊軻首以奉丹之事。王奢去齊之魏。臨城自剄。以卻齊而存魏。譬喻五夫王奢樊於期。非新於齊秦。而故於燕魏也。新故二字用得新奇所以去二國死兩君者。行合於志。而慕義無窮也。一頂知字來是以蘇秦不信於天下。而爲燕尾生。白圭戰亡六城。爲魏取中山。譬喻六何則。誠有以相知也。一又開明知字蘇秦相燕。燕人惡之於王。王按劍而怒。食以駃騠。白圭顯於中山。中山人惡之魏文侯。文侯投之以夜光之璧。譬喻七何則。兩主二臣。剖心折肝相信。豈移於浮辭哉。一又接知字以申言之此三段皆言知之者所以臣主俱泰功名得立也故女無美惡。入宮見妬。士無賢不肖。入朝見嫉。昔者司馬喜髕腳於宋。卒相中山。范睢摺脅折齒於魏。卒爲應侯。譬喻八此二人者。皆信必然之畫。捐朋黨之私。挾孤獨之位。故不能自免於嫉妬之人也。一是以申徒狄自沈於河。徐衍負石入海。不容於世。譬喻九義不苟取比周於朝。以移主上之心。一此段見嫉見妬方明言之暢言之指ㄱ詭勝之徒洗發自己心跡然又不自說只借古人應點而其意自足故百里奚乞食於路。繆公委之以政。寧戚飯牛車下。而桓公任之以國。譬喻十此二人者。豈借宦於朝。假譽於左右。

然後二主用之哉。感於心。合於行。親於膠漆。昆弟不能離。豈惑於衆口哉。─此段言知之者不必假借於左右隱指詭勝故偏聽生姦。獨任成亂。昔者魯聽季孫之說而逐孔子。宋信子罕之計而囚墨翟。譬喻十一夫以孔墨之辨。不能自免於讒諛。而二國以危。何則。衆口鑠金。積毀銷骨也。─此段言不知者則不免於讒諛隱指詭勝是以秦用戎人由余而霸中國。齊用越人蒙而彊威宣。譬喻十二此二國豈拘於俗。牽於世。繫阿偏之辭哉。公聽並觀。垂名當世。故意合則胡越爲昆弟。由余越人蒙是矣。不合則骨肉出逐不收。朱象管蔡是矣。譬喻十三今人主誠能用齊秦之義。桓公之於甯戚繆公之於百里奚後宋魯之聽。季孫之逐孔子子罕之囚墨翟則五霸不足稱。三王易爲也。─此段總結知與不知俱不必拘牽於世俗也隱指詭勝是以聖王覺悟。捐子之之心。而能不說於田常之賢。封比干之後。修孕婦之墓。譬喻十四故功業復就於天下。何則。欲善無厭也。─此段言過之可改指梁王之見四也。夫晉文公親其讐。彊霸諸侯。齊桓公用其仇。而一匡天下。譬喻十五何則。慈仁慇勤。誠加於心。不可以虛辭借也。─此段言知之者有罪者可使有功王不妨改過而釋己也至夫秦用商鞅之法。東弱韓魏。兵彊天下。而卒車裂之。越用大夫種之謀。禽勁吳霸中國。而卒誅其身。譬喻十六是以孫叔敖三去相而不悔。於陵子仲辭三公爲人灌園。─譬喻十七○此段言不知者則有功者反致有罪。己不能見機而致囚也今人主誠能去驕傲之心。懷可報之意。披心腹。見情素。墮肝膽。施德厚。終與之窮達無愛於士。則桀之狗可使吠堯。而蹠之客可使刺由。譬喻十八況因萬乘之權。假聖王之資乎。然則荊軻之湛七族。要離之燒妻子。豈足道哉。—譬喻十九○多少譬喻至此方歸到梁王歸到自己一篇之中正說止此數句下又推開。又引喻出奇無窮矣臣聞明月之珠。夜光之璧。以闇投人於道路。人無不按劒相眄者。何則。無因而至前也。蟠木根柢。輪囷離詭。而為萬乘器者。何則。以左右先為之容也。譬喻二十故無因至前。雖出隋侯之珠。夜光之璧。猶結怨而不見德。故有人先談。則以枯木朽株。樹功而不忘。又足兩句以作色澤今夫天下布衣窮居之士。身在貧賤。雖包堯舜之術。挾伊管之辯。懷龍逢比干之意。欲盡忠當世之君。而素無根柢之容。雖竭精思。欲開忠信。輔人主之治。則人主必有按劒相眄之跡。是使布衣不得為枯木朽株之資也。—此段又極言根柢見容其權如此而無奈入宮見妬入朝見嫉則明珠夜投矣吾其如勝詭何哉是以聖王制世御俗。獨化於陶鈞之上。而不牽於卑亂之語。不奪於衆多之口。故秦皇帝任中庶子蒙嘉之言。以信荊軻之說。而匕首竊發。周文王獵涇渭。載呂尚而歸。以王天下。故秦信左右而殺。周用烏集而王。譬喻二十一何則。以其能越攣拘之語。馳域外之議。獨觀於昭曠之道也。此段言先容者每多匪人無因者或得王佐則今左右亦烏可信哉亦在人主之知與不知而已今人主沈於諂諛之辭。牽於帷裳之制。使不羈之士與牛驥同皁。此鮑焦所以忿於世。譬喻二十二而不留富貴之樂也。語到此又歸到梁王歸到自己之下獄亦只數不明說不直言下又推開矣豈非奇作臣聞盛飾入朝者不以利汙義。砥礪名號者不以欲傷行。故縣名勝母而曾子不入。邑號朝歌而墨子迴車。譬喻二十三即刳胎破卵之說今欲使天下寥廓之士。攝於威重之權。主於位勢之貴。故回面汙行以事諂諛之人而求親近於左右。則士伏死堀穴巖巖之中耳。安肯有盡忠信而趨闕下者哉。一篇引喻至此一段正收以天下之士見機遠遁不為左右屈跡終焉不作一乞憐之語不作一暴白之辭史公所以美其抗直不撓也豈非一時傑作○忠信二字直挽至篇首忠無不報信不見疑二句書奏梁孝王。孝王使人出之。卒為上客。

太史公曰。魯連其指意雖不合大義。然余多其在布衣之位。蕩然肆志不詘於諸侯。談說於當世。折卿相之權。鄒陽辭雖不遜。然其比物連類。有足悲者。亦可謂抗直不撓矣。吾是以附之列傳焉。

魯仲連鄒陽二傳絕無連貫止為魯仲連有聊城一書鄒陽有獄中一書詞氣瑰奇足以相比遂合為一傳耳觀贊語可見○魯仲連一傳是兩半篇一半是說新垣衍一半是說燕將而以平原君田單對結屹然兩截○魯仲連聊城一書亦是兩半篇前半是正論後半反是譬喻亦屹然兩截史公即取仲連書體以作一

傳體乎○鄒陽書詞絕無一句正說止用譬喻二十三段古人五十餘人而多少峯巒多少起伏多少曲折排蕩讀之不嫌其煩蓋驅古遣今猶之將多將少各係其才高帝之十萬固不如韓信之多多也○鄒陽書詞體局似淮南鴻烈蓋當時漢人之文如是也然此書神理則勝

屈原賈生列傳

屈原者、名平、楚之同姓也。為楚懷王左徒。博聞彊志。明於治亂。嫺於辭令。入則與王圖議國事以出號令。出則接遇賓客。應對諸侯。（用兩對排句遇詞客因用詞語）王甚任之。上官大夫與之同列。爭寵而心害其能。懷王使屈原造為憲令。屈平屬草藁未定。上官大夫見而欲奪之。屈平不與。因讒之。（讒屈原作兩節寫害其能一節虛奪草藁一節實）曰。王使屈平為令。眾莫不知。每一令出。平伐其功。曰以為非我莫能為也。（才人多自負每罹此謗）王怒而疏屈平。屈平疾王聽之不聰也。讒諂之蔽明也。邪曲之害公也。方正之不容也。（四疊句用韻序離騷即用騷體）故憂愁幽思而作離騷。離騷者。猶離憂也。夫天者。人之始也。父母者。人之本也。人窮則反本。故勞苦倦極。未嘗不呼天也。疾痛慘怛。未嘗不呼父母也。（忽入議論○此段本淮南王離騷傳）屈平正道直行。竭忠盡智以事其君。讒人間之。可謂窮矣。信而見疑。忠而被謗。能無怨乎。屈平之作離騷。蓋自怨生也。（回環曲折多永言之致）國風好色而不淫。小雅怨誹而不亂。若離騷者。可謂兼之矣。又一折極咏歎之妙上稱帝嚳。下道齊桓。中述湯武。以刺世事。明道德之廣崇。治亂之條貫。靡不畢見。其文約。其辭微。其志潔。其行廉。其稱文小。而其指極大。舉類邇而見義遠。其志潔。故其稱物芳。其行廉。故死而不容自疏。濯淖汙泥之中。蟬蛻於濁穢。以浮遊塵埃之外。不獲世之滋垢。皭然泥而不滓者也。推此志也。雖與日月爭光可也。一又夾議論離騷只虛寫屈平既絀。其後秦欲伐齊。此又入序事齊與楚從親。惠王患之。乃令張儀詳去秦。厚幣委質事楚。曰秦甚憎齊。齊與楚從親。楚誠能絕齊。秦願獻商於之地六百里。楚懷王貪而信張儀。遂絕齊。使使如秦受地。張儀詐之曰。儀與王約六里。不聞六百里。楚使怒去。歸告懷王。懷王怒。大興師伐秦。秦發兵擊之。大破楚師於丹淅。斬首八萬。虜楚將屈匄。遂取楚之漢中地。懷王乃悉發國中兵。以深入擊秦。戰於藍田。魏聞之。襲楚至鄧。楚兵懼。自秦歸。而齊竟怒不救楚。楚大困。一段明年。秦割漢中地與楚以和。楚王曰。不願得地。願得張儀而甘心焉。張儀聞。乃曰以一儀而當漢中地。臣請往如楚。如楚。又因厚幣用事者臣靳尚。而設詭辯於懷王之寵姬鄭袖。懷王竟聽鄭袖。復釋去張儀。兩段俱用簡法是時屈平既疏。忽接入本傳不復在位。使於齊。顧反。

諫懷王曰。何不殺張儀。懷王悔。追張儀。不及。—（只爲何不殺張儀一句乃倒裝楚願得張儀一段又倒裝張儀詐楚一段）（意思在此而序事在彼）其後諸侯。共擊楚。大破之。殺其將唐昧。—（張儀詐楚客也於此一結）時秦昭王與楚婚。欲與懷王會。懷王欲行。屈平曰。秦虎狼之國。不可信。不如無行。懷王稚子子蘭勸王行。奈何絕秦歡。（伏再用之根）懷王卒行入武關。秦伏兵絕其後。因留懷王。以求割地。懷王怒。不聽。亡走趙。趙不內。復之秦。竟死於秦而歸葬。—（處處夾入楚王事爲屈原作證亦爲楚辭作序也）長子頃襄王立。以其弟子蘭爲令尹。—（再用子蘭深著楚王之不明也）楚人既咎子蘭以勸懷王入秦而不反也。屈平既嫉之。（嫉子蘭先從楚人說起見非屈原之私怨）雖放流。睠顧楚國。繫心懷王。不忘欲反。冀幸君之一悟。俗之一改也。（一折）其存君興國。而欲反覆之。一篇之中。三致志焉。（二折）然終無可奈何。故不可以反。卒以此見懷王之終不悟也。（三折）人君無愚智賢不肖。莫不欲求忠以自爲。舉賢以自佐。然亡國破家相隨屬。而聖君治國累世而不見者。其所謂忠者不忠。而所謂賢者不賢也。（四折）懷王以不知忠臣之分。故內惑於鄭袖。外欺於張儀。疏屈平而信上官大夫令尹子蘭。（頂上三項作一收）兵挫地削。亡其六郡。身客死於秦。爲天下笑。此不知人之禍也。（五折）易曰。井泄不食。爲我心惻。可以汲。王明並受其福。王之不明。豈足福哉。又夾議論。止虛敘闡離騷大意。回環轉折。無限烟波。令尹子蘭聞之。大怒。卒使上官大夫短屈原於頃襄王。回應上官大夫頃襄王怒而遷之。屈原至於江濱。被髮行吟澤畔。顏色憔悴。形容枯槁。此下漁父詞漁父見而問之曰。子非三閭大夫歟。何故而至此。屈原曰。舉世混濁而我獨清。衆人皆醉而我獨醒。是以見放。漁父曰。夫聖人者。不凝滯於物。而能與世推移。舉世混濁。何不隨其流而揚其波。衆人皆醉。何不餔其糟而啜其醨。前清濁醉醒字己奇。復申兩意更妙何故懷瑾握瑜。而自令見放爲。屈原曰。吾聞之。新沐者必彈冠。新浴者必振衣。人又誰能以身之察察。受物之汶汶者乎。寧赴常流而葬乎江魚腹中耳。又安能以皓皓之白。而蒙世之溫蠖乎。一乃作懷沙之賦。其辭曰。陶陶孟夏兮。草木莽莽。傷懷永哀兮。汨徂南土。眴兮窈窕。孔靜幽墨。冤結紆軫兮。離愍之長鞠。撫情效志兮。俛詘以自抑。刓方以爲圜兮。常度未替。易初本由兮。君子所鄙。章畫職墨兮。前度未改。內直質重兮。大人所盛。巧匠不斲兮。孰察其揆正。玄文幽處兮。矇謂之不章。離婁微睇兮。瞽以爲無明。變白而爲黑兮。倒上以爲下。鳳凰在笯兮。雞雉翔舞。同糅玉石兮。一概而相量。夫黨人之鄙妒兮。羌不知吾所臧。任重載盛兮。陷滯而不濟。懷瑾握瑜兮。窮不得余所示。邑犬羣吠兮。吠所怪也。誹俊疑桀兮。固庸態也。文質踈內兮。衆不知吾之異采。材樸委積兮。莫知予之所有。重仁襲義兮。謹厚以爲豐。重華不可啎兮。孰知余之從容。古固有不竝兮。豈知其故也。湯禹久遠兮。邈不可慕也。懲違改忿兮。抑心而自彊。離湣而不遷兮。願志之有象。進路北次兮。日昧昧其將暮。含憂虞哀兮。限之以大故。亂曰。浩浩沅湘兮。分流汨兮。修路幽拂兮。道遠忽兮。曾唫恒悲兮。永歎慨兮。世既莫吾知兮。人心不可謂兮。懷情抱質兮。獨無匹兮。伯樂既沒兮。驥將焉程兮。人生有命兮。各有所錯兮。定心廣志。余何畏懼兮。曾傷爰哀。永歎喟兮。世溷不吾知。心不可謂兮。知死不可讓兮。願勿愛兮。明以告君子兮。吾將以爲類兮。（原賦甚多而獨截漁父懷沙二篇者漁父則其出處之節懷沙則其絕命之詞也）於是懷石。遂自投汨羅以死。—屈原既死之後。（又緊接屈原）楚有宋玉唐勒景差之徒者。皆好辭而以賦見稱。然皆祖屈原之從容辭令。終莫敢直諫。（借宋玉等前襯屈原後引賈誼）其後楚以日削。數十年竟爲秦所滅。—（收完屈原直諫并張儀事一并結盡）

自屈原沉汨羅。後百有餘年。漢有賈生。爲長沙王太傅。過湘水。投書以弔屈原。—（借投書事接下）

賈生名誼。雒陽人也。年十八。（賈誼傳通篇言其少年奮發少年才畧少年夭折而先點明其年歲終以三十三應之）以能誦詩屬書聞於郡中。吳廷尉爲河南守。聞其秀才。召置門下。甚幸愛。孝文皇帝初立。聞河南守吳公治平爲天下第一。故與李斯同邑而常學事焉。（閒插吳公事正所以爲賈誼重也）乃徵爲廷尉。廷尉乃言賈生年少。（年少是主）頗通諸子百家之書。文帝召以爲博士。是時賈生年二十餘。最爲少。（又序歲數點出年少）每詔令議下。諸老先生不能言。（老先生反襯年少）賈生盡爲之對。人人各如其意所欲出。諸生於是乃以爲能不及也。（前借吳公此借諸老先生只就傍人寫襯出賈誼）

孝文帝說之。超遷。一歲中至太中大夫。賈生以爲漢興至孝文二十餘年。天下和洽。而固當改正朔。易服色。法制度。定官名。興禮樂。乃悉草具其事儀法。色尚黃。數用五。爲官名。悉更秦之法。孝文帝初卽位。謙讓未遑也。諸律令所更定。及列侯悉就國。其說皆自賈生發之。（賈誼實事只用虛寫文章閒插之妙）於是天子議以爲賈生任公卿之位。絳灌東陽侯馮敬之屬盡害之。乃短賈生曰。雒陽之人。年少初學。（應年少）專欲擅權。紛亂諸事。於是天子後亦疏之。不用其議。乃以賈生爲長沙王太傅。賈生旣辭往行。聞長沙卑溼。自以壽不得長。又以適（音謫）去。意不自得。及度湘水。爲賦以弔屈原。（始環應弔屈原事）

其辭曰。共承嘉惠兮。俟罪長沙。（音梭）側聞屈原兮。自沉汨羅。造託湘流兮。敬弔先生。

遭世罔極兮。乃隕厥身。嗚呼哀哉。逢時不祥。鸞鳳伏竄兮。鴟梟翱翔。闒茸尊顯兮。讒諛得志。賢聖逆曳兮。方正倒植。（音稚）世謂伯夷貪兮。謂盜跖廉。莫邪為頓兮。鉛刀為銛。于嗟嚜嚜兮。生之無故。斡棄周鼎兮。而寶康瓠。（音戶）騰駕罷牛兮。驂蹇驢。驥垂兩耳兮。服鹽車。章甫薦屨兮。漸不可久。嗟苦先生兮。獨離此咎。（上段歎世道下乃為屈原作解）訊曰已矣。國其莫我知。獨堙鬱兮其誰語。鳳漂漂其高遰兮。夫固自縮而遠去。襲九淵之神龍兮。沕深潛以自珍。彌融爚以隱處兮。夫豈從螘與蛭螾。所貴聖人之神德兮。遠濁世而自藏。使麒驥可得係羈兮。豈云異夫犬羊。般紛紛其離此尤兮。亦夫子之辜也。瞝九州而相君兮。何必懷此都也。鳳凰翔于千仞之上兮。覽德輝焉下之。見細德之險徵兮。搖增翮逝而去之。彼尋常之汙瀆兮。豈能容吞舟之魚。橫江湖之鱣鱏兮。固將制於螻蟻。一（只此住好螻蟻指子蘭上官大夫之類而絳灌東陽亦在其中）

賈生為長沙王太傅三年。有鵩飛入賈生舍。止于坐隅。楚人命鵩曰服。賈生既以適居長沙。長沙卑溼。自以為壽不得長。（又重序兩句以深明賈生之不得意也）傷悼之。乃為賦以自廣。其辭曰。單閼之歲兮。四月孟夏。庚子日施兮。服集予舍。止于坐隅。貌甚閒暇。（鵩鳥入舍正宜倉皇而反閒暇記異也）異物來集兮。私怪其故。發書占之兮。策言其度。曰野鳥入處兮主人將去。請問于服兮予去何之。吉乎告我。凶言其菑。(音支)淹數之度兮語予其期。服乃歎息。舉首奮翼。口不能言。請對以臆。萬物變化兮固無休息。斡流而遷兮或推而還。形氣轉續兮化變而嬗。沕穆無窮兮胡可勝言。禍兮福所倚。福兮禍所伏。憂喜聚門兮吉凶同域。彼吳彊大兮夫差以敗。越棲會稽兮句踐霸世。斯游遂成兮卒被五刑。傅說胥靡兮乃相武丁。夫禍之與福兮何異糾纆。命不可說兮孰知其極。水激則旱兮矢激則遠。萬物回薄兮振蕩相轉。雲蒸雨降兮錯繆相紛。大專槃物兮坱軋無垠。天不可與慮兮道不可與謀。遲數有命兮惡識其時。且夫天地爲爐兮造化爲工。陰陽爲炭兮萬物爲銅。合散消息兮安有常則。千變萬化兮未始有極。忽然爲人兮何足控摶。化爲異物兮又何足患。(音頑)小知自私兮賤彼貴我。通人大觀兮物無不可。貪夫狥財兮列士狥名。夸者死權兮品庶馮生。怵迫之徒兮或趨西東。大人不曲兮億變齊同。拘士繫俗兮攌如囚拘。至人遺物兮獨與道俱。衆人或或兮好惡積意。眞人淡漠兮獨與道息。釋知遺形兮超然自喪。(音桑)寥廓忽荒兮與道翺翔。乘流則逝兮得坻則止。縱軀委命兮不私與己。其生若浮兮其死若休澹乎若深淵之靜汜乎若不繫之舟不以生故自寶兮養空而游德人無累兮知命不憂細故蔕薊兮何足以疑—後歲餘賈生徵見孝文帝方受釐坐宣室上因感鬼神事而問鬼神之本賈生因具道所以然之狀至夜半文帝前席（問鬼神事亦只虛寫）既罷曰吾久不見賈生自以爲過之今不及也（又借文帝一襯）居頃之拜賈生爲梁懷王太傅梁懷王文帝之少子（句）愛（句）而好書故令賈生傅之—文帝復封淮南厲王子四人皆爲列侯賈生諫以爲患之興自此起矣賈生數上疏言諸侯或連數郡非古之制可稍削之文帝不聽—（諫淮南事虛寫）居數年懷王騎墮馬而死無後賈生自傷爲傅無狀哭泣歲餘亦死賈生之死時年三十三矣（應年少）及孝文崩孝武皇帝立舉賈生之孫二人至郡守而賈嘉最好學世其家與余通書至孝昭時列爲九卿（孝昭句後人增入）

太史公曰余讀離騷天問招魂哀郢悲其志（楚辭甚多篇中不及序故於贊中點出）適長沙觀屈原所自沉淵未嘗不垂涕想見其爲人及見賈生弔之又怪屈原以彼其材游諸侯何國不容而自令若是（即用他弔屈原之意以歎賈生）讀服鳥賦同生死輕去就又爽然自失矣（凡四折）

屈原傳俱用議論而實事于中間穿插點綴浩然往復純是一片神理運旋賢人蛟之聖人龍之吾於此文不免猶龍之歎也賈誼傳實事亦虛寫正與前傳

相配以成一篇蓋史公之文每篇各有一機軸各有一主意不然寧免狐裘黃狗之誚○屈原賈誼作一傳者止為兩人俱詞客而賈生復有弔屈原一事耳篇中止以楚詞照應而賈生如正朔服色事俱虛寫乃老師宿儒以不載治安策為史公疎略夫一篇文字變化波俏起頭而以累墜重複結尾豈有此作文之法邪○賈誼傳略其實事一句過屈原傳反摭張儀欺楚諸閒事整段寫入而兩處寫來增一減一字不得不特咸陽國門書也

呂不韋列傳

呂不韋者、陽翟大賈人也。往來販賤賣貴。家累千金。一先賈財只一句下即入秦事秦昭王四十年、太子死。其四十二年。以其次子安國君為太子。節一安國君有子二十餘人。節二安國君有所甚愛姬。立以為正夫人。號曰華陽夫人。華陽夫人無子。節三安國君中男名子楚。子楚母曰夏姬。毋愛。節四子楚為秦質子於趙。秦數攻趙。趙不甚禮子楚。節五子楚秦諸庶孽孫。質於諸侯。車乘進用不饒。居處困不得意。六節多少事層疊不支不蔓呂不韋賈邯鄲。見而憐之曰。此奇貨可居。只就大賈上借用極妙乃往見子楚。說曰。吾能大子之門。子楚笑曰。且自大君之門。而乃大吾門。呂不韋曰。子不知也。吾門待子門而大。三折五門字清倩便捷子楚心、知所謂。乃引與坐深語。呂不韋曰。秦王老矣。安國君得為太子。竊聞安國君愛幸華陽夫人。華陽夫人無子。能立適嗣者。獨華陽夫人耳。今子兄弟二十餘人。子又居中不甚見幸。久質諸侯。卽大王薨。安國君立爲王。則子無幾得與長子。及諸子旦暮在前者爭爲太子矣。只序情事前文所有子楚曰。然爲之奈何。呂不韋曰。子貧客於此。非有以奉獻於親。及結賓客也。不韋雖貧。請以千金爲子西游。事安國君及華陽夫人。立子爲適嗣。不說明好子楚乃頓首曰。必如君策。請得分秦國與君共之。呂不韋乃以五百金與子楚。爲進用結賓客。前云以千金西遊此且先存其半而復以五百金買奇物玩好。自奉而西遊秦。求見華陽夫人姊。而皆以其物獻華陽夫人。因言子楚賢智。結諸侯賓客徧天下。常曰楚也以夫人爲天。日夜泣思太子及夫人。先以歡語入一得其歡心下便易入是婦人情性夫人大喜。不韋因使其姊說夫人曰。說詞作兩層寫吾聞之。以色事人者。色衰而愛弛。一句是主今夫人事太子甚愛而無子。不以此時蚤自結於諸子中賢孝者。舉立以爲適而子之。夫在則重尊。夫百歲之後。所子者爲王。終不失勢。此所謂一言而萬世之利也。不以繁華時樹本。卽色衰愛弛後。雖欲開一語。尚可得乎。先一段切言之下乃入子楚今子楚賢。而自知中男也。次不得爲適。其母又不得幸。自附夫人。夫人誠以此時拔以爲適。夫人則竟世有寵於秦矣。此時二字緊頂色衰愛弛華陽夫人以爲然。承太子閒從容言子楚質於趙者絕賢。來往者皆稱譽之。乃因涕泣曰。[亦作兩層寫先言子楚下乃入自己]妾幸得充後宮。不幸無子。願得子楚立以爲適嗣。以託妾身。安國君許之。乃與夫人刻玉符。約以爲適嗣。安國君及夫人因厚餽遺子楚。而請呂不韋傅之。子楚以此名譽益盛於諸侯。[束]一呂不韋取邯鄲諸姬絕好善舞者與居。知有身。子楚從不韋飲。見而說之。因起爲壽請之。呂不韋怒。念業已破家爲子楚。欲以釣奇。乃遂獻其姬。姬自匿有身。至大期時。生子政。子楚遂立姬爲夫人。一秦昭王五十年。使王齮圍邯鄲。急。趙欲殺子楚。子楚與呂不韋謀。行金六百斤予守者吏。[千金之外者]得脫。亡赴秦軍。遂以得歸。趙欲殺子楚妻子。子楚夫人趙豪家女也。得匿。[補一句不漏]以故母子竟得活。一秦昭王五十六年。薨。太子安國君立爲王。華陽夫人爲王后。子楚爲太子。趙亦奉子楚夫人及子政歸秦。一秦王立一年薨。謚爲孝文王。太子子楚代立。是爲莊襄王。莊襄王所養母華陽后爲華陽太后。眞母夏姬尊以爲夏太后。莊襄王元年。以呂不韋爲丞相。封爲文信侯。食河南洛陽十萬戶。一莊襄王卽位三年。薨。太子政立爲王。尊呂不韋爲相國。號稱仲父。一秦王年少。太后時時竊私通呂不韋。不韋家僮萬人。一當是時。魏有信陵君。楚有春申君。

趙有平原君齊有孟嘗君皆下士喜賓客以相傾呂不韋以秦之彊羞不如亦招致士厚遇之至食客三千人—是時諸侯多辯士如荀卿之徒著書布天下呂不韋乃使其客人人著所聞集論以爲八覽六論十二紀二十餘萬言以爲備天地萬物古今之事號曰呂氏春秋布咸陽市門懸千金其上延諸侯游士賓客有能增損一字者予千金（增損千金亦一時傳言耳其書具在豈皆字字金玉乎史公郎此住不言有增損與否妙）始皇帝益壯太后淫不止（三字寫得不堪）呂不韋恐覺禍及己乃私求大陰人嫪毐以爲舍人時縱倡樂使毐以其陰關桐輪而行令太后聞之以啗太后（關桐輪奇啗字尤奇寫得不堪之極）太后聞果欲私得之呂不韋乃進嫪毐詐令人以腐罪告之不韋又陰謂太后曰可事詐腐則得給事中太后乃陰厚賜主腐者吏詐論之拔其鬚眉爲宦者遂得侍太后太后私與通絕愛之有身太后恐人知之詐卜當避時徙宮居雍嫪毐常從賞賜甚厚事皆決于嫪毐嫪毐家僮數千人（與前家僮萬人對）諸客求宦爲嫪毐舍人千餘人—（伏後案）始皇七年、莊襄王母夏太后薨孝文王后曰華陽太后與孝文王會葬壽陵夏太后子莊襄王葬芷陽故夏太后獨別葬杜東曰東望吾子西望吾夫後百年旁當有萬家邑—（完夏太后事）始皇九年、有告嫪毒實非宦者。常與太后私亂。生子二人。皆匿之。與太后謀曰。王卽薨。以子爲後。添一句是深文語 於是秦王下吏治。具得情實。事連相國呂不韋。九月。夷嫪毒三族。殺太后所生二子。而遂遷太后于雍。諸嫪毒舍人皆沒其家而遷之蜀。應前舍人 王欲誅相國。爲其奉先王功大。及賓客辨士爲游說者衆。王不忍致法。因賓客而生 秦王十年十月、免相國呂不韋。及齊人茅焦說秦王。秦王乃迎太后于雍。歸復咸陽。而出文信侯就國河南。歲餘。諸侯賓客使者相望于道。請文信侯。復因賓客而死 秦王恐其爲變。乃賜文信侯書曰、君何功于秦。秦封君河南。食十萬戶。君何親於秦。號稱仲父。何功何親兩對何親句隱然爲假父辨也 其與家屬徙處蜀。呂不韋自度稍侵。恐誅。乃飲酖而死。秦王所加怒呂不韋嫪毒皆已死。乃皆復歸嫪毒舍人遷蜀者。又開借舍人串插 始皇十九年、太后薨。謚爲帝太后。與莊襄王會葬茝陽。

太史公曰、不韋及嫪毒貴。封號文信侯。人之告嫪毒。毒聞之。秦王驗左右。未發。上之雍郊。毒恐禍起。乃與黨謀。矯太后璽發卒以反蘄年宮。發吏攻毒。毒敗亡走。追斬之好時。遂滅其宗。而呂不韋由此絀矣。孔子之所謂聞者。其呂子乎。嫪毒反攻蘄年宮事若入文信侯傳中覺無謂而嫪毐無傳故借贊中發之寫呂不韋陰謀始而賈國終而賈禍一篇權術徂詐寫來如見○史公寫閨房事往往大雅獨嫪毐太后事極其不堪使人不欲卒讀蓋太后老淫縱恣不堪不能爲之諱也○說華陽夫人處華陽夫人涕泣請立子楚處俱作兩層寫極得當時情事

刺客列傳

曹沫者、魯人也、以勇力。事魯莊公。莊公好力。曹沫爲魯將。與齊戰。三敗北。魯莊公懼。乃獻遂邑之地以和。猶復以爲將。一寫得曹沫之怯弱後乃翻出奇文莊公之知人曹沫之恐恥止爲後一著耳人豈可易量哉齊桓公許與魯會於柯而盟。桓公與莊公既盟於壇上。曹沫執匕首劫齊桓公。桓公左右莫敢動。而問曰。而問字正見其急詞子將何欲。曹沫曰。齊彊魯弱。三北之故四字說明非盡曹沫之罪也而大國侵魯亦以甚矣。今魯城壞卽壓齊境。蓋言魯城之下卽齊地也句法奇峭君其圖之。欲反侵地竟不說出反令桓公自悟妙桓公乃許盡歸魯之侵地。既已言。曹沫投其匕首。下壇北面就羣臣之位。顏色不變。辭令如故。形容曹沫之勇只此八字桓公怒。欲倍其約。管仲曰。不可。夫貪小利以自快。棄信於諸侯。失天下之援。不如與之。於是桓公乃遂割魯侵地。曹沫三戰所亡地。盡復與魯。一割魯侵地止矣又疊曹沫所亡地一句見曹沫之功已成曹沫之恥已雪曹沫傳故爲曹沫寫也其後百六十有七年。而吳。

有專諸之事。承上起下　專諸者、吳堂邑人也。伍子胥之亡楚而如吳也。知專諸之能。伍子胥既見吳王僚。說以伐楚之利。吳公子光曰。彼伍員父兄皆死於楚。而員言伐楚。欲自為報私讎也。非能為吳。吳王乃止。伍子胥知公子光之欲殺吳王僚。乃曰。彼光將有內志。未可說以外事。乃進專諸於公子光。—結住此下附序吳事簡而有法蓋吳事煩於專諸傳中只可如此序也　光之父曰吳王諸樊。諸樊弟三人。次曰餘祭。次曰夷昧。次曰季子札。諸樊知季子札賢。而不立太子。以次傳三弟。欲卒致國於季子札。諸樊既死。傳餘祭。餘祭死。傳夷昧。夷昧死。當傳季子札。季子札逃不肯立。吳人乃立夷昧之子僚為王。公子光曰。使以兄弟次耶。季子當立。必以子乎。則光眞適嗣。當立。兩語亦不排偶各有句法　故嘗陰養謀臣以求立。光既得專諸。善客待之。—接上進專諸句此下又序吳事　九年而楚平王死。春、吳王僚欲因楚喪。使其二弟公子蓋餘屬庸將兵圍楚之灊。使延陵季子於晉。以觀諸侯之變。楚發兵絕吳將蓋餘屬庸路。吳兵不得還。於是公子光謂專諸曰。此時不可失。不求何獲。且光眞王嗣。當立。前兩當立已明此又找一句應　季子雖來不吾廢也。專諸曰。王僚可殺也。母老子弱。而兩弟將兵伐楚。楚絕其後。方今吳外困於楚。而內空無骨鯁之臣。是無如我

何公子光頓首曰光之身子之身也（光只一句更不多說而感激托重俱現此內）四月丙子光伏甲士於
窟室中而具酒請王僚王僚使兵陳自宮至光之家門戶階陛左右皆王僚之親戚
也夾立侍皆持長鈹（寫得威嚴謹密之至非表王僚之防正深表專諸之勇也）酒既酣公子光詳爲足疾入窟室
中使專諸置匕首魚炙之腹中而進之既至王前專諸擘魚因以匕首刺王僚王僚
立死（武衞森嚴亦何益哉回想昔時布置可以一笑）左右亦殺專諸王人擾亂公子光出其伏甲以攻王僚
之徒盡滅之遂自立爲王是爲闔閭闔閭乃封專諸之子以爲上卿其後七十餘
年而晉有豫讓之事豫讓者晉人也故嘗事范中行氏而無所知名（伏）去而事智
伯智伯甚尊寵之（伏）及智伯伐趙襄子趙襄子與韓魏合謀滅智伯滅智伯之後
而三分其地趙襄子最怨智伯漆其頭以爲飲器豫讓遁逃山中曰嗟乎士爲知己
者死女爲說己者容今智伯知我我必爲報讐而死以報智伯則吾魂魄不愧矣
（無所知名甚尊寵之智伯知我豫讓心事於此已明不須國士衆人二語始爲歎息也○報智伯報字乃報知之報也後死時曰吾可以下報智伯矣正應此句○魂魄不愧句奇）乃變名姓爲刑人入宮塗廁中挾匕首欲以刺襄子襄子如廁心動執問塗廁
之刑人則豫讓內持刀兵曰（此曰字上問字之對詞）欲爲智伯報讐左右欲誅之襄子曰彼義

人也。吾謹避之耳。且智伯亡。無後。（應前滅智伯之後）而其臣欲爲報讎。此天下之賢人也。卒釋去之。一（此兼寫趙襄子）居頃之。豫讓又漆身爲厲。吞炭爲啞。使形狀不可知。（三字妙）行乞於市。其妻不識也。行見其友。其友識之。曰。汝非豫讓邪。曰。我是也。其友爲泣曰。以子之才。委質而臣事襄子。襄子必近幸子。近幸子。乃爲所欲。顧不易邪。（非勸其臣襄子正勸其殺襄子也所以爲豫讓之友也）何乃殘身苦形。欲以求報襄子。不亦難乎。（一易一難正對一邪一乎呼應）豫讓曰。既已委質臣事人。而求殺之。是懷二心以事其君也。且吾所爲者極難耳。（還他難字）然所以爲此者。將以愧天下後世之爲人臣懷二心以事其君者也。一（長句）既去。頃之。襄子當出。豫讓伏於所當過之橋下。襄子至橋。馬驚。（前心動此馬驚寫襄子之天幸而非豫讓之不了事也）襄子曰。此必是豫讓也。使人問之。果豫讓也。（前先執而後知其爲豫讓此則先知其是豫讓而後問正寫襄子意中刻刻有一豫讓也）於是襄子乃數豫讓曰。子不嘗事范中行氏乎。智伯盡滅之。而子不爲報讎。而反委質臣於智伯。智伯亦已死矣。而子獨何以爲之報讎之深也。（長句）豫讓曰。臣事范中行氏。范中行氏。皆衆人遇我。（應無所知名）我故衆人報之。至於智伯。國士遇我。（應甚尊寵之）我故國士報之。襄子喟然歎息而泣。（即仇讎亦爲泣下正寫豫讓也）曰。嗟乎豫子。（加以尊稱）子之爲智伯。名既成矣。而寡人赦子。亦已足矣。子其自爲計。寡人不復釋子。使兵圍之。豫讓曰。臣聞明主不掩人之美。而忠臣有死名之義。前君已寬赦臣。天下莫不稱君之賢。今日之事。臣固伏誅。然願請君之衣而擊之焉。以致報讐之意。則雖死不恨。非所敢望也。敢布腹心。不是謙正見其難也於是襄子大義之。大義之不在請衣之時益見平日之心折乃使使持衣與豫讓。豫讓拔劍三躍而擊之曰。吾可以下報智伯矣。正見覓覓不愧遂伏劍自殺。死之日。趙國志士聞之。皆爲涕泣。

一其後四十餘年。而軹有聶政之事。聶政者、軹深井里人也。殺人避讐。與母姊如齊母姊伏○不自報讐爲人報讐奇事獨畧以屠爲事。一久之。濮陽嚴仲子事韓哀侯。與韓相俠累有郤。兩人有郤嚴仲子恐誅。句亾去。句游。句求人可以報俠累者。至齊。齊人或言聶政勇敢士也。避讐隱於屠者之間。聶政前半截事只就或人口中敘出不了了爲妙嚴仲子至門請。數反。然後具酒自暢聶政母前。知其孝母故先敬其母寫嚴仲子深心結納處酒酣。嚴仲子奉黃金百鎰。前爲聶政母壽。聶政驚怪其厚。固謝嚴仲子。嚴仲子固進。固謝固進顛倒成文而聶政謝曰。臣幸有老母。幸字妙家貧客游。照避仇如齊以爲狗屠。可以旦夕得甘毳以養親。說得一母之外餘無所知親供養備。不敢當仲子之賜。嚴仲子辟人。因爲聶政言曰。臣有讐。而行游諸侯衆矣。然至齊。竊聞足下義甚高故進百金者將用為夫人麤糲之費得以交足下之驩豈敢以有求望邪（明說有譬）（又說不敢有望寫一時口頭熬不住說不出光景如見）聶政曰臣所以降志辱身居市井屠者徒幸以養老母（以養母為幸眞愛日矣○四仲子囁嚅故只得再明說一遍）老母在政身未敢以許人也（回得決絕反將文情颺開妙）嚴仲子固讓聶政竟不肯受也然嚴仲子卒備賓主之禮而去（略一頓住）久之聶政母死既已葬除服聶政曰嗟乎政乃市井之人鼓刀以屠而嚴仲子乃諸侯之卿相也不遠千里枉車騎而交臣臣之所以待之至淺鮮矣（正指前之拒卻）未有大功可以稱者而嚴仲子奉百金為親壽我雖不受然是者徒深知政也（感激只在此一句）夫賢者以感忿睚眦之意而親信窮僻之人而政獨安得嘿然而已乎（又下此三句作反覆思惟千萬不得推托並非好事也）且前日要政政徒以老母老母今以天年終政將為知己者用（應前深知）乃遂西至濮陽見嚴仲子曰前日所以不許仲子者徒以親在今不幸而母以天年終（昔幸有母今不幸矣）仲子所欲報讎者為誰請得從事焉（昔回得決絕今應得爽快是丈夫作事）嚴仲子具告曰臣之讎韓相俠累（至此方說）俠累又韓君之季父也宗族盛多居處兵衛甚設臣欲使人刺之（句）眾（句）終莫能就今足下幸而不棄請益具車騎壯士可以為足下輔翼者（行刺何用車騎壯士正借此以反襯政之獨行）

也
聶政曰韓之與衞相去中間不甚遠今殺人之相相又國君之親此其勢不可以
多人多人不能無生得失生得失則語泄語泄是韓舉國而與仲子爲讎豈不殆哉
遂句相比一句緊一句〇多人數句凡事皆然可爲三嘆遂謝車騎人徒聶政乃辭獨行杖劍至韓韓相俠累方
坐府上持兵戟而衞侍者甚衆應兵衞甚設亦以反襯聶政之獨行也聶政直入句上階寫得旁若無人刺殺
俠累左右大亂聶政大呼所擊殺者數十人因自皮面決眼自屠出腸遂以死皮而決眼
使人解不出至後乃恍然此文章之樂韓取聶政尸暴於市購問莫知誰子於是韓購縣之有能言殺
相俠累者予千金久之莫知也畧頓〇兩莫知遂逼出政姊政姊榮聞人有刺殺韓相者賊不得
國不知其名姓暴其尸而縣之千金數句俱遙遙傳聞語妙矣乃於邑曰其是吾弟與嗟乎嚴仲
子知吾弟從傳聞語下斗接是吾弟句默默相照即撇入仲子知弟是急語感慨語尤妙立起句如韓句之市句六字三斷段而死
者果政也伏尸哭極哀曰是軹深井里所謂聶政者也先其是次果是後乃出是所謂聶政先傳聞次目見後乃
與天下共聞見之作三節寫正見身分市行者諸衆人皆曰此人暴虐吾國相王縣購其名姓千金夫
人不聞與何敢來識之也榮應之曰聞之應前聞字亦見其姊目中無韓然政所以蒙汙辱自棄於
市販之間者爲老母幸無恙妾未嫁也昔政止言其母今并及其姊始悉親既以天年下世妾已嫁

夫嚴仲子乃察舉吾弟困汙之中而交之是其姊口中語不是聶政口中語一篇情事偏於忙中詳序然句句澤厚矣

可奈何士固為知己者死可奈何妙甚千古俠士不是孟浪殺身亦是千籌萬算無可奈何之事也正寫聶政之品今乃以妾尚

在之故重自刑以絕從方說出聶政皮面決眼心事妾其奈何畏沒身之誅終滅賢弟之名方說出自己此來心事

大驚韓市人又插一句妙甚蓋觀者必有千萬人聞此語時一齊下淚有此五字前後神情俱動○正忙時回一筆寫傍人非寫傍人也正

寫此當場之一人也如韓信一軍皆驚正寫韓信也乃大呼天者三卒於邑悲哀而死政之傍三句感動傍人感動天地晉

楚齊衛聞之皆曰非獨政能也及其姊亦烈女也鄉使政誠知其姊無濡忍之志不

重暴骸之難必絕險千里以列其名姊弟俱僇於韓市者亦未必敢以身許嚴仲子

也嚴仲子亦可謂知人能得士矣—忽作論贊語由政及姊由姊及嚴一齊收束其後二百二十餘年秦

有荊軻之事荊軻者衛人也其先乃齊人徙於衛衛人謂之慶卿而之燕燕人謂之

荊卿—荊卿好讀書擊劍寫得荊卿儒雅便不是暴虎馮河一流人以術說衛元君衛元君不用其後秦

伐衛置東郡徙衛元君之支屬於野王—寫得荊卿先見亦非無識之士也荊軻嘗游過榆次與蓋

聶論劍蓋聶怒而目之荊軻出人或言復召荊卿蓋聶曰曩者吾與論劍有不稱者

吾目之試往是宜去不敢留使使往之主人荊卿則已駕而去榆次矣使者還報蓋

聶曰固去也吾曩者目攝之一荆軻游於邯鄲魯句踐與荆軻博爭道魯句踐怒而叱之荆軻默而逃去遂不復會（正欲寫荆卿勇敢偏先寫其懦怯知柔知剛正見荆卿之品）荆軻既至燕愛燕之狗屠（不知其人觀其所與則狗屠亦非常人也藏卻一人不著其名姓）及善擊筑者高漸離（先提）荆軻嗜酒日與狗屠及高漸離飲於燕市酒酣以往高漸離擊筑荆卿和而歌於市中相樂也已而相泣傍若無人者（奇踪奇態著力出色寫）荆軻雖游於酒人乎然其爲人深沈好書（酣酒高歌固才人悲憤故態然太過便是市井無賴矣故即借前好讀書事一句帶轉）其所游諸侯盡與其賢豪長者相結其之燕燕之處士田光先生亦善待之知其非庸人也（倒提田光作伏脈）居頃之會燕太子丹質秦亡歸燕燕太子丹者故嘗質於趙而秦王政生於趙其少時與丹驩及政立爲秦王而丹質於秦秦王之遇燕太子丹不善故丹怨而亡歸歸而求爲報秦王者國小力不能其後秦日出兵山東以伐齊楚三晉稍蠶食諸侯且至於燕燕君臣皆恐禍之至太子丹患之（插入序太子丹事作附傳體）問其傅鞠武武對曰秦地徧天下威脅韓魏趙氏北有甘泉谷口之固南有涇渭之沃擅巴漢之饒右隴蜀之山左關殽之險民衆而士厲兵革有餘意有所出則長城之南易水以北（燕地）未有所定也奈何以見陵之怨欲批其

逆鱗哉。丹曰。然則何由。對曰。請入圖之。作不了語頓住亦見一時事勢如此無可奈何之極束手無策也居有間。秦將樊於期得罪於秦王。亾之燕。太子受而舍之。鞠武諫曰。不可。夫以秦王之暴。而積怒於燕。足爲寒心。又況聞樊將軍之所在乎。是謂委肉當餓虎之蹊也。禍必不振矣。雖有管晏。不能爲之謀也。又疊一句以見其急願太子疾遣樊將軍入匈奴以滅口。請西約三晉。南連齊楚。北購於單于。燕境極於遼水故東無與國也其後迺可圖也。非必眞有是事正寫得無可奈何之極逼出行刺一著耳太子曰。太傅之計。曠日彌久。心惛然。恐不能須臾。漸漸引入行刺且非獨於此也。轉夫樊將軍窮困於天下。天下畏秦莫肯容之歸身於丹。丹終不以迫於彊秦。而棄所哀憐之交。置之匈奴。是固丹命卒之時也。願太傅更慮之。兼寫太子鞠武曰。夫行危欲求安。造禍而求福。計淺而怨深。連結一人之後交。不顧國家之大害。此謂資怨而助禍矣。夫以鴻毛燎於爐炭之上。必無事矣。且以鵰鷙之秦。行怨暴之怒。豈足道哉。轉到太子身上言秦不足怨燕有田光先生。其爲人深智而勇沈。可與謀。先說彊秦聲勢赫奕萬萬無可奈何先出一鞠武鞠武束手無策方脫出一田光田光不敢圖然後脫出荊軻逐節寫來決不一氣說出可想筆墨之妙○鞠武田光兩人議論千餘字總是荊軻引子荊軻一出已盡掃矣太子曰。願因太傅而得交於田先生可乎。鞠武曰。敬諾。與下句對出見田先生。道太子願圖國事於先生也。

省筆田光曰。敬奉教。一乃造焉。太子逢迎。卻行爲導。跪而蔽席。田光坐定。左右無人。太
子避席而請曰。燕秦不兩立。願先生留意也。燕秦事勢前已詳明太子口中不說不可再說又累墜只五字一句更不多說
而文意已足田光曰。臣聞騏驥盛壯之時。一日而馳千里。至其衰老。駑馬先之。今太子聞
光盛壯之時。不知臣精已消亾矣。雖然。光不敢以圖國事。若坐圖國事何必嫌老所必田光亦刺客一流也
善荊卿可使也。太子曰。願因先生得交於結荊卿可乎。田光曰。敬諾。與上句竟作對卽起前句
坐定也趨出。太子送至門。戒曰。丹所報先生所言者。國之大事也。願先生勿泄也。田光
俛而笑曰。諾。一僂、行、見荊卿。僂行見精已消亡也曰。光與子相善。燕國莫不知。足見兩人名士今太子
聞光壯盛之時。不知吾形已不逮也。幸而教之曰。燕秦不兩立。願先生留意也。太子口中
說得簡淨故田光口中述得簡淨益知多一字不得也光竊不自外。言足下於太子也。願足下過太子於宮。荊
軻曰。謹奉教。與田光曰敬奉教對田光曰。吾聞之。長者爲行。不使人疑之。今太子告光曰。所言
者國之大事也。願先生勿泄。是太子疑光也。夫爲行而使人疑之。非節俠也。欲自殺。
以。激。荊。卿。又挃一句擊動上下曰。願足下急過太子。言光已死。明不言也。因遂自刎而死。田光果刺
客流也荊軻遂見太子。言田光已死。致光之言。太子再拜而跪。膝行流涕。有頃而後言

曰丹所以戒田先生毋言者欲以成大事之謀也今田先生以死明不言豈丹之心哉（引出荊軻田光事已竟○田光一段純用對語遞語不改一字照應生情）荊軻坐定太子避席頓首曰田先生不知丹之不肖使得至前敢有所道此天之所以哀燕而不棄其孤也今秦有貪利之心而欲不可足也非盡天下之地臣海內之王者其意不厭今秦已虜韓王盡納其地又舉兵南伐楚北臨趙王翦將數十萬之衆距漳鄴而李信出太原雲中趙不能支秦必入臣入臣則禍至燕燕小弱數困於兵今計舉國不足以當秦（內無兵力）諸侯服秦莫敢合從（外無救援正寫得無可奈何之極以見太子之計亦無聊而一擲耳不然何以至此後人不深心讀之故言其愚）丹之私計愚以爲誠得天下之勇士使於秦闚以重利秦王貪其勢必得所願矣誠得劫秦王使悉反諸侯侵地若曹沫之與齊桓公則大善矣則不可（三字疾轉因上是不可得之事故轉之甚捷）因而刺殺之彼秦大將擅兵於外而內有亂則君臣相疑以其間諸侯得合從（應莫敢合從）其破秦必矣（此亦非至計乃無可奈何之中而算及此耳嗚呼苦矣）此丹之上願而不知所委命唯荊卿留意焉久之（正見荊軻滿懷不然）荊軻曰此國之大事也臣駑下恐不足任使（非虛詞正見軻不然之意）太子前頓首固請毋讓然後許諾（八字中極其勉強荊軻已將性命付之太子亦不能必其事之成也正寫此行不萬全本荊軻意中事）於是尊荊

卿爲上卿舍上舍太子日造門下供太牢具異物間進車騎美女恣荆軻所欲以順適其意（此極力寫太子耳於荆軻何有哉）久之荆軻未有行意（又下久之二字未有行意字正見其難荆軻千思萬算亦無可奈何而以性命殉太子耳）秦將王翦破趙虜趙王盡收入其地（應前）進兵北畧地至燕南界太子丹恐懼（寫得無可奈何）乃請荆軻曰秦兵旦暮渡易水則雖欲長侍足下豈可得哉荆軻曰微太子言臣願謁之今行而毋信則秦未可親也夫樊將軍秦王購之金千斤邑萬家誠得樊將軍首與燕督亢之地圖奉獻秦王秦王必說見臣臣乃得有以報太子曰樊將軍窮困而歸丹丹不忍以己之私而傷長者之意願足下更慮之荆軻知太子不忍乃遂私見樊於期曰秦之遇將軍可謂深矣父母宗族皆爲僇沒今聞購將軍首金千斤邑萬家將奈何（一頓）於期仰天太息流涕曰於期每念之常痛於骨髓顧計不知所出耳（就人乞首是不可開口事故先作一頓等其開口說出痛於骨髓四字便覺斷首報讐亦爲易事下又不直說再作一頓是設身處地算計出來）荆軻曰今有一言可以解燕國之患報將軍之仇者何如（再一頓）於期乃前曰爲之奈何荆軻曰願得將軍之首以獻秦王秦王必喜而見臣臣左手把其袖右手揕其胷（下應）然則將軍之仇報而燕見陵之愧除矣將軍豈有意乎（得將軍之首一句突兀驚人此下便作極快心語極）

快心事手舞足蹈遂令於期心肯樊於期偏袒搤捥而進曰此臣之日夜切齒腐心也乃今得聞敎乃今得聞敎是欣喜之至倘嫌其遲也遂自刭太子聞之馳往伏尸而哭極哀既已不可奈何曲筆乃遂盛樊於期首函封之於是太子預求天下之利匕首得趙徐夫人匕首取之百金使工以藥焠之以試人血濡縷人無不立死者一路來令人眼光正忙忽於匕首上出色一番妙甚乃裝爲遣荊卿燕國有勇士秦舞陽年十三殺人人不敢忤視寫荊卿先寫其柔懦寫秦舞陽先寫其勇敢皆反襯法也乃令秦舞陽爲副荊軻有所待欲與俱其人居遠未來而爲治行頃之未發太子遲之疑其改悔乃復請曰日已盡矣荊卿豈有意哉丹請得先遣秦舞陽唐突語荊軻怒叱太子曰何太子之遣往而不反者豎子也秦舞陽已爲荊軻一句斷定且提一匕首入不測之彊秦夫提匕首入彊秦應如何如何也竟不說完是荊卿日夜思算萬萬難事故衝口說出而又忍住僕所以留者待吾客與俱今太子遲之請辭決矣客何如人竟爾不傳與狗屠而二遂發太子及賓客知其事者皆白衣冠以送之至易水之上既祖取道高漸離擊筑荊卿和而歌擊筑和歌應前又點出高漸離爲變徵之聲士皆垂淚涕泣又前而歌曰風蕭蕭兮易水寒壯士一去兮不復還復爲羽聲忼慨士皆瞋目髮盡上指冠於是荊軻就車而去終已不顧—一路寫來流連悲歌幾成惜別故接荊軻就車而去終已不顧

八字於是將萬萬難事不復躊躇而性命從此一擲矣荆軻亦從此八字中翩然直往如見當日 遂至秦。持千金之資幣物。厚遺秦王寵臣中庶子蒙嘉。嘉爲先言於秦王曰。燕王誠振怖大王之威。不敢舉兵以逆軍吏。願舉國爲內臣。比諸侯之列。給貢職如郡縣。而得奉守先王之宗廟。恐懼不敢自陳。謹斬樊於期之頭。及獻燕督亢之地圖。函封。燕王拜送於庭。使使以聞大王。唯大王命之。前寫得淋漓慷慨此處寫得從容委蛇另換一種筆墨 秦王聞之大喜。乃朝服。設九賓。見燕使者咸陽宮。寫秦王大喜正映後大怒朝服九賓極寫其喜以反襯也 荆軻奉樊於期頭函。而秦舞陽奉地圖匣。以次進。至陛。秦舞陽色變振恐。羣臣怪之。荆軻顧笑舞陽。借舞陽反襯荆軻神勇 前謝曰。北蕃蠻夷之鄙人。未嘗見天子。故振慴。願大王少假借之。使得畢使於前。秦王謂軻曰。取舞陽所持地圖。軻既取圖奏之。秦王發圖。圖窮而匕首見。因左手把秦王之袖。而右手持匕首揕之。來得迅疾如眞有一荆軻從紙上躍起 未至身。句 秦王驚。句 自引而起。句 袖絕。句 拔劍。句 劍長。句 操其室。句 時惶急。句 劍堅。句 故不可立拔。凡二十九字爲十句作急語然又詳盡如此 荆軻逐秦王。秦王環柱而走。荆軻逐秦王卽持匕首揕之之時秦王環柱走卽拔劍之時也此處不容頃刻而偏間隔寫之 羣臣皆愕。卒起不意。盡失其度。而秦法。羣臣侍殿上者。不得持尺寸之兵。諸郎中執兵。皆陳殿下。非有詔召不得上。方急時。不及召下兵。以故荊軻乃逐秦王。而卒惶急。無以擊軻。而以手共搏之。是時侍醫夏無且。以所奉藥囊提荊軻也。（此時正忙作者筆不及轉觀者眼不及眨之時也乃偏寫劍長操室又寫羣臣及殿下諸郎及夏無且然偏不覺累墜而一時惶急神情如見）秦王方環柱走。（上文太放開故緊接秦王環柱走一句直頂上文環柱走止是此一刻也）卒惶急不知所爲。（凡挿三句頂危急之甚）左右乃曰。王負劍。負劍。（此時秦王正環柱走正劍長不可拔故左右教王將劍負之乃可拔耳一時心忙口吃故止曰王負劍也國策作王負劍王負劍一語氣猶綏此刪一王字語益促心益忙矣）遂拔以擊荊軻。斷其左股。荊軻廢。乃引其匕首以擿秦王。（前操劍今始拔出前持匕首今擿之止此一刻間耳擿即擲字）不中。中銅柱。秦王復擊軻。軻被八創。軻自知事不就。倚柱而笑。（所倚之柱即匕首所中之柱秦王環走之柱也時止頃刻地止尋丈耳）箕倨以罵。（一笑一罵寫荊軻死生之際從容如此）曰。事所以不成者。以欲生劫之。必得約契以報太子也。（生劫一語正映太子所云曹沫一段然豈荊卿意中事哉）於是左右既前殺軻。（秦舞陽死生竟不足數）秦王不怡者良久。（寫得秦王竟如死人出氣不得其神已爲軻所奪也）已而論功。賞羣臣及當坐者各有差。（此句收完殿上諸臣殿下諸郎）而賜夏無且黃金二百鎰。曰。無且愛我。乃以藥囊提荊軻也。（此句收完夏無且）於是秦王大怒。（至此方大怒痛定思痛秦王此時方敢出氣也）益發兵詣趙。詔王翦軍以伐燕。十月而拔薊城。燕王喜太子丹等盡率其精兵東保於遼東。秦將李信追擊燕王急。代王嘉乃遺燕王喜書曰。秦所以尤追

燕急者。以太子丹故也。今王誠殺丹。獻之秦王。秦王必解。而社稷幸得血食。其後李
信追丹。丹匿衍水中。燕王乃使使斬太子丹。欲獻之秦。秦復進兵攻之。後五年秦卒
滅燕。虜燕王喜。此時之燕刺秦王亦亡不刺秦王亦亡太子所以刺秦王也誅太子亦亡不誅太子亦亡燕王何必誅太子哉滅天性之恩無救於國事
嗚呼愚矣其明年。秦幷天下。立號爲皇帝。於是秦逐太子丹荊軻之客。皆亡。高漸離變名
姓。爲人庸保。荊軻一段文字奇肆極矣故又附高漸離一段以爲後勁文章方不孤寂匿作於宋子。久之。作苦。四字中多少艱辛
聞其家堂上客擊筑。傍偟不能去。高漸離始終一擊筑故即筑上寫每出言曰。彼有善有不善。從者
以告其主曰。彼庸乃知音。竊言是非。家丈人召使前擊筑。一坐稱善。賜酒。一擊筑亦作兩節寫
而高漸離念久隱。畏約無窮時。乃退。出其裝匣中筑。與其善衣。更容貌而前。舉坐客
皆驚。下與抗禮。以爲上客。使擊筑而歌。客無不流涕而去者。前刺秦王寫得忙亂甚矣此又寫容容與與態度
躡仙另換一番眼界宋子傳客之。傳即傳食之傳所以聞於始皇也聞於秦始皇。秦始皇召見。人有識者。曰乃
高漸離也。乃字妙猶言此即是高漸離也以見高漸離久在秦人之意中也秦皇帝惜其善擊筑。重赦之。乃矐其目。
使擊筑。未嘗不稱善。稍益近之。高漸離乃以鉛置筑中。復進得近。稍近復進得近步步逼入決不一氣
寫妙舉筑扑秦皇帝。他皆七首此以筑翻出新奇不中。於是遂誅高漸離。終身不復近諸侯之人。前出

高漸離爲荊軻作波後敘高漸離爲荊軻作襯扑之不中亦爲荊軻之不中作照應魯句踐已聞荊軻之刺秦王。私曰。嗟乎。惜哉其不講於刺劍之術也。寫荊軻讀書好士而不專爲劍士也惜哉甚矣作兩對句甚矣吾不知人也。曩者吾叱之。彼乃以我爲非人也。借魯句踐之言仍以荊軻結蓋以高漸離爲附傳也○前聶蓋魯句踐雙起偏放過聶蓋而以魯句踐單收是文家避呆板處

太史公曰。世言荊軻。其稱太子丹之命。天雨粟。馬生角也。太過。天粟馬角事世所盛傳偏略之於贊中寫又言荊軻傷秦王。皆非也。始公孫季功董生與夏無且游。具知其事。爲余道之如是。獨重荊軻是史公著眼著意處自曹沫至荊軻五人。一總高漸離以附傳不敘此其義或成或不成。成者曹沫專諸聶政不成者豫讓荊軻然其立意較然。不欺其志。名垂後世。豈妄也哉。

刺客是天壤間第一種激烈人刺客傳是史記中第一種激烈文字故至今淺讀之而鬚眉四照深讀之則刻骨十分史公遇一種題便成一種文字所以獨雄千古○此文逐段脫卸如鱗之次如羽之壓故論事則一人勝一人論文則一節更深一節曹沫有桓公包容故身名俱全不然則不成死成亦死夫以性命贈人決非孟浪之事故寫豫讓聶政荊軻其感恩知已之際再四躊躇不得已而後應之則非愚則狂一莽男子耳史公於此立言不知費幾許心思幸弗輕易讀過○世否論人者絕未曾設身處地便輕易立言不知讀書心不可不細尤不可不虛如世嘗言荊軻行刺反促燕之亡而不知此日之燕已具必亡之勢故史公預先序明燕秦不兩立之勢於鞠武言之鞠武再言之太子自言之荊軻未行之前又提明之蓋萬萬計無復之而後出行刺一著耳豈得已哉篇中已

明吾願天下讀書人虛心細心取古人之文再三以讀之也○據史公云荊軻之事親得之公孫李功董生而此文反若從戰國策中改出何也豈國策既缺而劉向之徒摭史公之文以附益之與請以俟博雅君子

李斯列傳

李斯者、楚上蔡人也、年少時。爲郡小吏。見吏舍廁中鼠食不潔。近人犬。數驚恐之。斯。入倉。觀倉中鼠。食積粟。居大廡之下。不見人犬之憂。○一篇大文字反從鼠字起奇甚廁中鼠倉中鼠相對而起於是李斯乃歎。曰。人之賢不肖。譬如鼠矣。在所自處耳。李斯一歎乃從荀卿學帝王之術。學已成。度楚王不足事。而六國皆弱。無可爲建功者。李斯胸中固自不凡欲西入秦。辭於荀卿曰。斯聞得時無怠。今萬乘方爭。時游者主事。只四字精健今秦王欲吞天下。稱帝而治。此布衣馳騖之時。而游說者之秋也。一折處卑賤之位。而計不爲者。此禽鹿視肉。人面而能彊行者耳。二折句奇警故詬莫大於卑賤。而悲莫甚於窮困。久處卑賤之位。困苦之地。非世而惡利。自託於無爲。此非士之情也。是李斯一生心事故斯將西說秦王矣。一篇議論只此一句掉轉決絕而行義不反顧是李斯神情至秦。會莊襄王卒。李斯乃求爲秦相文信侯呂不韋舍人。不韋賢之。任以爲郎。李斯因以得說。前得說之故下乃列說之之詞說秦王曰。胥人者。去其幾也。成大功者在因瑕釁而遂忍之（所謂語古後下乃入事）　昔者秦繆公之霸終不東并六國者何也諸侯尚衆周德未衰故五霸迭興更尊周室自秦孝公以來周室卑微諸侯相兼關東爲六國秦之乘勝役諸侯蓋六世矣今諸侯服秦譬若郡縣夫以秦之彊大王之賢由竈上騷除足以滅諸侯成帝業爲天下一統此萬世之一時也（應秦王欲吞天下稱帝而治迎其機而道之也）　今怠而不急就諸侯復彊相聚約從雖有黃帝之賢不能并也秦王乃拜斯爲長史聽其計（先點一句截住下乃李斯之計也）　陰遣謀士齎持金玉以游說諸侯諸侯名士可下以財者厚遺結之不肯者利劍刺之離其君臣之計秦王乃使其良將隨其後秦王拜斯爲客卿一會韓人鄭國來間秦以作注漑渠已而覺秦宗室大臣皆言秦王曰諸侯人來事秦者大抵爲其主游間於秦耳請一切逐客（一切者無所不逐也是秦人之言）　李斯議亦在逐中（所謂一切也）　斯乃上書曰臣聞吏議逐客竊以爲過矣（先提一句）　昔繆公求士西取由余於戎東得百里奚於宛迎蹇叔於宋求丕豹公孫支於晉此五子者不產於秦而繆公用之并國二十遂霸西戎・（一段繆公用客）　孝公用商鞅之法移風易俗民以殷盛國以富彊百姓樂用諸侯親服獲楚魏之師舉地千里至今治彊・（二段孝公用客）　惠王用

張儀之計。拔三川之地。西幷巴蜀。北收上郡。南取漢中。包九夷。制鄢郢。東據成皋之險。割膏腴之壤。遂散六國之從。使之西面事秦。功施到今。●三段惠王用客 昭王得范睢。廢穰侯。逐華陽。彊公室。杜私門。蠶食諸侯。使秦成帝業。●四段昭王用客四段只用秦事妙 此四君者。皆以客之功。一句總收下卽轉入 由此觀之。客何負於秦哉。又一轉振語氣下反乃足 向使四君卻客而不內。疏士而不用。是使國無富利之實。而秦無彊大之名也。一結完上半篇乃入時事必以爲說正意矣偏又發許多譬喻滚滚不窮其才如此 今陛下致昆山之玉。有隨和之寶。垂明月之珠。服太阿之劍。乘纖離之馬。建翠鳳之旗。樹靈鼉之鼓。此數寶者。秦不生一焉。而陛下說之何也。一頓 必秦國之所生然後可。一折 則是夜光之璧。不飾朝廷。犀象之器。不爲玩好。鄭衞之女不充後宮。而駿良駃騠。不實外廐。江南金錫不爲用。西蜀丹青不爲采。句法不排偶氣勢已極宕折可以止矣偏作兩節寫但見其妙不見其煩此文章之樂 所以飾後宮。充下陳。娛心意。說耳目者。必出於秦然後可。則是宛珠之簪。傅璣之珥。阿縞之衣。錦繡之飾。不進於前。而隨俗雅化。佳冶窈窕趙女不立於側也。語氣肆宕采色爛然可以止矣又偏再衍出下節彊努穿甲勁勢未已 夫擊甕叩缻。彈箏搏髀。而歌呼嗚嗚。快耳目者。眞秦之聲也。鄭衞桑間。昭虞武象者。異國之樂也。今棄擊甕叩缻而就鄭衛退彈箏而取昭虞若是者何也快意當前適觀而已矣此節亦作反正兩比今取人則不然上邊事已多文已長不知如何收拾他只用一句折轉盡數包羅其才如此不問可否不論曲直非秦者去為客者逐取人正意只四句然則是所重者在乎色樂珠玉而所輕者在乎人民也此非所以跨海內制諸侯之術也又將兩意正說總結數句以完上節臣聞地廣者粟多國大者人眾兵彊則士勇此下即完上意而更起一峯妙是以太山不讓土壤故能成其大河海不擇細流故能就其深王者不卻眾庶故能明其德又下二喩是以地無四方民無異國四時充美鬼神降福此五帝三王之所以無敵也今乃棄黔首以資敵國卻賓客以業諸侯使天下之士退而不敢西向裹足不入秦此所謂藉寇兵而齎盜糧者也一段始正言逐客事夫物不產於秦可寶者多收完昆山之玉兩段士不產於秦而願忠者眾收完秦繆公四段一篇大文字只此二語收盡更無餘蘊其才如此今逐客以資敵國損民以益讎內自虛而外樹怨於諸侯求國無危不可得也又收地廣者一段完棄黔首資敵國等語而正意俱足秦王乃除逐客之令復李斯官卒用其計謀先點用其計謀下并天下夷城銷兵等即李斯之計也與前一樣寫相照官至廷尉二十餘年竟并天下尊主為皇帝以斯為丞相夷郡縣城銷其兵刃示不復用使秦無尺土之封不立子弟為王功臣為諸侯者使後無戰

攻之患。一始皇三十四年、置酒咸陽宮。博士僕射周青臣等。頌稱始皇威德。省筆齊人
淳于越進諫曰。臣聞之殷周之王千餘歲。封子弟功臣。自爲支輔。今陛下有海內。而
子弟爲匹夫。卒有田常六卿之患。臣無輔弼。何以相救哉。事不師古而能長久者。非
所聞也。今青臣等又面諛以重陛下過。非忠臣也。始皇下其議丞相。丞相謬其說。絀
其辭。先點明 乃上書曰。古者天下散亂。莫能相一。是以諸侯並作。應分封 語皆道古以
害今。飾虛言以亂實。人善其所私學。以非上所建立。應師古○起雖雙起蓋不分封之制已定而詩書之
禁未行故下單言道古非今之事 今陛下并有天下。辯黑白而定一尊。而私學乃相與非法教之制。
聞令下。即各以其私學議之。入則心非。出則巷議。非主以爲名。異趣以爲高。率羣下
以造謗。如此不禁。則主勢降乎上。黨與成乎下。禁之便。臣請諸有文學詩書百家
語者。蠲除去之。令到滿三十日弗去。黥爲城旦。所不去者。醫藥卜筮種樹之書。若有
欲學者。以吏爲師。始皇可其議。收去詩書百家之語。以愚百姓。使天下無以古非今。
明法度。定律令。皆以始皇起。同文書。治離宮別館。周徧天下。明年又巡狩外攘四夷。
斯皆有力焉。一以上俱始皇事只一句便歸到李斯 斯長男由爲三川守。諸男皆尚秦公主。女悉嫁秦

諸公子。三川守李由告歸咸陽。李斯置酒于家。百官長皆前爲壽。門廷車騎以千數。李斯喟然而嘆曰。（李斯二歎）嗟乎。吾聞之荀卿曰。物禁太盛。（應還荀卿）夫斯乃上蔡布衣。閭巷之黔首。上不知其駑下。遂擢至此。當今人臣之位無居臣上者。可謂富貴極矣。物極則衰。吾未知所稅駕也。（上半篇李斯極盛下半篇李斯從此衰矣借此一歎挽合前後）始皇三十七年十月。行出游會稽。並海上。北抵琅邪。丞相斯中車府令趙高兼行符璽令事。皆從。（始點出趙高夾序）始皇有二十餘子。長子扶蘇以數直諫上。上使監兵上郡。蒙恬爲將。少子胡亥愛。請從。上許之。餘子莫從。（皆從請從莫從參差點次）其年七月。始皇帝至沙丘。病甚。令趙高爲書賜公子扶蘇曰。以兵屬蒙恬。與喪會咸陽而葬。書已封。未授使者。始皇崩。書及璽皆在趙高所。（一頓）獨子胡亥。丞相李斯。趙高。（夾序李斯趙高）及幸宦者五六人知始皇崩。餘羣臣皆莫知也。李斯以爲上在外崩。無眞太子。故秘之。置始皇居轀輬車中。百官奏事上食如故。宦者輒從轀輬車中可諸奏事。（敘一時事明晰不繁）趙高因留所賜扶蘇璽書。（間接此下獨序趙高事）而謂公子胡亥曰。上崩。無詔封王諸子。而獨賜長子書。長子至。即立爲皇帝。而子無尺寸之地。爲之奈何。（寫趙高與胡亥對答處節節入情有對處有不對處有入處有不入處細觀自見）胡亥曰。固也。吾聞之明君知臣。明父知子。父捐命。不封諸子。何可言者。先以無封地動之胡亥若安之者是一段趙高曰。不然。方今天下之權存亡在子與高及丞相耳。願子圖之。且夫臣人與見臣於人。制人與見制於人。豈可同日道哉。胡亥曰。廢兄而立弟。是不義也。不奉父詔而畏死。是不孝也。能薄而材譾。彊因人之功。是不能也。三者逆德。天下不服。身殆傾危。社稷不血食。次以權勢指示之胡亥以道理應之是第二段高曰。臣聞湯武殺其主。天下稱義焉。不爲不忠。衞君殺其父而衞國載其德。孔子著之。不爲不孝。夫大行不小謹。盛德不辭讓。鄉曲各有宜。而百官不同功。故顧小而忘大。後必有害。狐疑猶豫。後必有悔。斷而敢行。鬼神避之。後有成功。願子遂之。奇語若歌謠用古韻胡亥喟然嘆曰。今大行未發。喪禮未終。豈宜以此事干丞相哉。次就胡亥之言即以道理說之胡亥反以時事難之是第三段趙高曰。時乎時乎。間不及謀。贏糧躍馬。唯恐後時。第三段後二世之意已動故俱以時字贊決斷出四語截然便住若歌謠用韻奇絕胡亥旣然高之言。一句已寫兩人會意下寫趙高高曰。不與丞相謀。恐事不能成。臣請爲子與丞相謀之。李斯奸雄趙高亦奸雄也兩奸相對政如兩虎相爭一往一來一進一退多少機權默默相照高乃謂丞相斯曰。上崩。賜長子書。與喪會咸陽而立爲嗣。書未行。今上崩。未有知者也。所賜長子書及符璽。皆在胡亥所。定太子在君侯與高之口耳（不說明妙）事將何如（四字是探神情微）斯曰安得亡國之言此非人臣所當議也•（第一段先以微言動之被李斯兜頭一喝無隙可乘可以止矣下偏生出許多說法妙）高曰君侯自料能孰與蒙恬功高孰與蒙恬謀遠不失孰與蒙恬無怨於天下孰與蒙恬長子舊而信之孰與蒙恬（只此便住待李斯自悟○五孰與蒙恬句連句而下另換一種筆仗豈非奇文）斯曰此五者皆不及蒙恬而君責之何深也•（第二段以權勢使自度之李斯若不會意者妙）高曰高固內官之廝役也幸得以刀筆之文進入秦宮管事二十餘年未嘗見秦免罷丞相功臣有封及二世者也卒皆以誅亡皇帝二十餘子皆君之所知長子剛毅而武勇信人而奮士（截住）即位必用蒙恬爲丞相（應孰與蒙恬句）君侯終不懷通侯之印歸於鄉里明矣（應罷免丞相句）高受詔敎習胡亥使學以法事（接內宮句）數年矣（接管事二十餘年句）未嘗見過失慈仁篤厚輕財重士辯於心而詘於口盡禮敬士（句句與太子相反）秦之諸子未有及此者可以爲嗣君計而定之斯曰君其反位斯奉主之詔聽天之命何慮之可定也•（第三段以利害熟商之可以動心矣故即明白說胡亥事奈李斯竟不招收）高曰安可危也危可安也安危不定何以貴聖斯曰斯上蔡閭巷布衣也上幸擢爲丞相封爲通侯子孫皆至尊位重祿者故將以存亡安危屬臣也豈可負哉夫忠臣不避死而庶幾孝子不勤勞而見危

人臣各守其職而已矣。君其勿復言。將令斯得罪。第四段趙高見李斯不受說遂推開一步泛將安危之機略點化之竟不深言李斯乃反打進一步序述本章雖句句正論句句權術其中不能無動矣蓋觀無令斯得罪一語已明放開一條門路 高曰蓋聞聖人遷徙無常。就變而從時。見末而知本。觀指而覩歸。物固有之。安得常法哉。方今天下之權命。懸於胡亥。高能得志焉。竟突出此二句險絕趙高之奸更出斯上 且夫從外制中謂之惑。從下制上謂之賊。故秋霜降者草花落。水搖動者萬物作。此必然之效也。君何見之晚。斯曰吾聞晉易太子。三世不安。齊桓兄弟爭位。身死爲戮。紂殺親戚。不聽諫者。國爲丘墟。遂危社稷。三者逆天。宗廟不血食。斯其猶人哉。安足爲謀。一第五段趙高見李斯可動因以禍害暢言之趙高明說出權在胡亥高能得志李斯乃明說出易太子爭位雖作推辭語已與趙高熟商之矣 高曰上下合同。可以長久。中外若一。事無表裏。君聽臣之計。卽長有封侯。世世稱孤。必有喬松之壽。孔墨之智。今釋此而不從。禍及子孫。足以爲寒心。善者因禍爲福。君何處焉。斯乃仰天而嘆。垂淚太息。李斯三歎曰。嗟乎。獨遭亂世。既以不能死。安託命哉。於是斯乃聽高。一第六段高以利害暢言之李斯一歎泣蓋貪位慕祿無可奈何不得不就趙高之纏索而李斯之爲李斯已爲趙高窺破矣 高乃報胡亥曰。臣請奉太子之明命以報承相。承相斯敢不奉令。一前與胡亥三段反覆後與李斯六段反覆至此結盡 於是乃相與謀詐爲受始皇詔。

丞相立子胡亥爲太子。更爲書賜長子扶蘇曰。朕巡天下。禱祠名山諸神。以延壽命。今扶蘇與將軍蒙恬將師數十萬以屯邊十有餘年矣。不能進而前士卒多耗無尺寸之功。乃反數上書直言誹謗我所爲以不得罷歸爲太子日夜怨望。扶蘇爲人子不孝。其賜劒以自裁。將軍恬與扶蘇居外不匡正。宜知其謀。爲人臣不忠。其賜死。一不孝一不忠對挽以兵屬裨將王離。封其書以皇帝璽。詔書似李斯筆仗遣胡亥客奉書賜扶蘇於上郡。使者至。發書。扶蘇泣入內舍。欲自殺。蒙恬止扶蘇曰。陛下居外。未立太子。使臣將三十萬衆守邊。公子爲監。此天下重任也。今一使者來。卽自殺。安知其非詐。請復請。復請而後死。未暮也。三請字聯得好使者數趣之。扶蘇爲人仁。謂蒙恬曰。父而賜子死。尙安復請。卽自殺。蒙恬不肯死。使者卽以屬吏。繫於陽周。使者還報。胡亥斯高大喜。一路寫來幾不知誰賓誰主大書一句胡亥斯高大喜以著三人之陰謀成三人之罪狀定至咸陽。發喪。太子立爲二世皇帝。以趙高爲郎中令。常侍中用事。胡亥爲皇帝趙高爲郎中令用事而不及李斯卽後所云丞相貴不益也二世燕居。乃召高與謀事。此下竟放開李斯專序趙高謂曰。夫人生居世間也。譬猶騁六驥過決隙也。吾旣以臨天下矣。欲悉耳目之所好。窮心志之所樂。以安宗廟而樂萬姓。長有天下。終吾年壽。其道可

乎。與本紀意大同而辭則全異高曰。此賢主之所能行也而昏亂主之所禁也。臣請言之不敢避
斧鉞之誅。願陛下少留意焉。夫沙丘之謀。諸公子及大臣皆疑焉。而諸公子盡帝兄。
大臣。又先帝之所置也。今陛下初立。此其屬意怏怏。皆不服。恐爲變。且蒙恬已死。蒙
毅將兵居外。臣戰戰栗栗。唯恐不終。且陛下安得爲此樂乎。反跌一段正中二世心坎二世曰。爲
之奈何。故不得不問趙高曰。嚴法而刻刑。令有罪者相坐誅。至收族。滅大臣而遠骨肉。貧
者富之。賤者貴之。盡除去先帝之故臣。更置陛下之所親信者。近之。此則陰德歸陛
下。害除而姦謀塞。群臣莫不被潤澤。蒙厚德。陛下則高枕肆志寵樂矣。高枕肆志寵樂益中二世
之心計莫出於此。二世然高之言。乃更爲法律。於是群臣諸公子有罪。輒下高。令鞫治
之。殺大臣蒙毅等。公子十二人僇死咸陽市。十公主矺死於杜。財物入於縣官。相連
坐者不可勝數。公子高欲奔。恐收族。乃上書曰。先帝無恙時。臣入則賜食。出則乘輿。
御府之衣臣得賜之。中廐之寶馬臣得賜之。句調俊逸臣當從死而不能。爲人子不孝。爲
人臣不忠。又以不孝不忠對不忠者無名以立於世。臣請從死。願葬酈山之足。唯上幸哀憐
之。蒙毅十二公子十公主不序其詳而詳序請死之高正反襯刑罰之嚴酷至此而極也書上。胡亥大說。召趙高而示之曰。此

可爲急乎。趙高曰。人臣當憂死而不暇。何變之得謀。胡亥可其書。賜錢十萬以葬。法令誅罰日益刻深。群臣人人自危。欲畔者衆。又作阿房之宮。治直馳道。賦斂愈重。戍徭無已。以上敘嚴刑土木賦斂戍徭俱趙高所爲而李斯固位而已眞可爲歎息〇作阿房馳道只作一筆帶所謂罄竹難書矣於是楚戍卒陳勝吳廣等。乃作亂。起於山東。傑俊相立。自置爲侯王。叛秦。兵至鴻門而卻。李斯數欲請閒諫。二世不許。此下放開趙高獨序李斯而二世責問李斯曰。吾有私議。而有所聞於韓子也。曰。堯之有天下也。堂高三尺。采椽不斲。茅茨不翦。雖逆旅之宿。不勤於此矣。冬日鹿裘。夏日葛衣。粢糲之食。藜藿之羹。飯土匭。啜土鉶。雖監門之養。不觳於此矣。禹鑿龍門。通大夏。疏九河。曲九防。決渟水致之海。而股無胈。脛無毛。手足胼胝。面目黎黑。遂以死於外。葬於會稽。臣虜之勞。不烈於此矣。然則夫所貴於有天下者。轉豈欲苦形勞神。身處逆旅之宿。口食監門之養。手持臣虜之作哉。上排三段掉轉三句應即作一總此不肖人之所勉也。非賢者之所務也。轉彼賢人之有天下也。專用天下適己而已矣。此所以貴於有天下也。轉夫所謂賢人者。必能安天下而治萬民。今身且不能利。將惡能治天下哉。故吾願肆志廣欲。長享天下而無害。爲之奈何。二世語只此住李斯子由爲三川守。羣盜吳廣等西略地。過去弗能禁。章邯已破逐廣等兵。使者覆案三川相屬。誚讓斯居三公位。如何令盜如此。逆插一段當日情事為下文地李斯恐懼。重爵祿。不知所出。恐懼畏死也重爵祿貪位也有此二者何事之敢為李斯之所以制於趙高也乃阿二世意。欲求容。以書對曰。督責之意大約同責問李斯之書所云阿意也夫賢主者。必且能全道而行督責之術者也。主意先用一句提明督責之則臣不敢不竭能以狥其主矣。此臣主之分定。上下之義明。則天下賢不肖莫敢不盡力竭任以狥其君矣。是故主獨制於天下而無所制也。能窮樂之極矣。賢明之主也。可不察焉。此段行督責之主意已完故申子曰。有天下而不恣睢。命之曰。以天下為桎梏者。無他焉。不能督責。而顧以其身勞於天下之民。若堯禹然。故謂之桎梏也。引申子作註解并應還前問夫不能修申韓之明術。行督責之道。專以天下自適也。而徒務苦形勞神。以身狥百姓。則是黔首之役。非畜天下者也。何足貴哉。一轉其事益明其說益暢夫以人狥己。則己貴而人賤。以己狥人。則己賤而人貴。故狥人者賤。而人所狥者貴。自古及今。未有不然者也。凡古之所為尊賢者。為其貴也。而所為惡不肖者。為其賤也。而堯禹以身狥天下者也。因隨而尊之。則亦失所為尊賢之心矣。夫可謂大謬矣。謂之為桎梏。不亦宜乎。不能督責之過也。

（歸還督責本旨〇一段申子。）故韓子曰。慈母有敗子。而嚴家無格虜者。何也。則能罰之加焉必也。故商君之法。刑棄灰於道者。（轉）夫棄灰。薄罪也。而被刑。重罰也。彼唯明主爲能深督輕罪。（轉）夫罪輕且督深。而況有重罪乎。故民不敢犯也。是故韓子曰。（又進一層）布帛尋常。庸人不釋。鑠金百鎰。盜跖不搏者。（轉）非庸人之心重。尋常之利深。而盜跖之欲淺也。（三句一連姿致宕逸）又不以盜跖之行。（轉）爲輕百鎰之重也。搏必隨手刑。則盜跖不搏百鎰。而罰不必行也。則庸人不釋尋常。是故（轉）城高五丈。而樓季不輕犯也。泰山之高百仞。而跛牂牧其上。夫樓季也。（轉）而難五丈之限。豈跛牂也。而易百仞之高哉。峭塹之勢異也。明主聖王之所以能久處尊位。長執重勢。而獨擅天下之利者。非有異道也。能獨斷而審督責。必深罰。故天下不敢犯也。今不務所以不犯。而事慈母之所以敗子也。則亦不察于聖人之論矣。（此段韓子多少轉折語意俱妙引韓子即用韓子法奇才奇才）夫不能行聖人之術。則舍爲天下役何事哉。可不哀邪。（一總掉轉應堯禹桎梏等）且夫儉節仁義之人立於朝。則荒肆之樂輟矣。諫說論理之臣閒於側。則流漫之志詘矣。烈士死節之行顯於世。則淫康之虞廢矣。故明主能外此三者。而獨操主術。以制聽從之臣。而修其明法。故身尊而勢重也。凡賢主者。必將能拂世摩俗。而廢其所惡。立其所欲。故生則有尊重之勢。死則有賢明之諡也。是以明君獨斷。故權不在臣也。然後能滅仁義之塗。掩馳說之口。困烈士之行。塞聰揜明。內獨視聽。故外不可傾以仁義烈士之行。而內不可奪以諫說忿爭之辯。故能犖然獨行恣睢之心。而莫之敢逆。若此然後可謂能明申、韓之術。（點還申韓）而修商君之法。法修術明。而天下亂者。未之聞也。故曰王道約而易操也。唯明主為能行之。若此則謂督責之誠。（歸還督責）則臣無邪。臣無邪則天下安。天下安則主嚴尊。主嚴尊則督責必。督責必則所求得。所求得則國家富。國家富則君樂豐。故督責之術設。則所欲無不得矣。羣臣百姓。救過不給。何變之敢圖。若此則帝道備。而可謂能明君臣之術矣。（一段用五故字兩然後字三若此字一路滾下另一筆法）雖申韓復生不能加也。（一句結還申韓）書奏二世說。於是行督責益嚴。稅民深者為明吏。二世曰。若此則可謂能督責矣。刑者相半於道。而死人日成積於市。殺人衆者為忠臣。二世曰。若此則可謂能督責矣。（稅民深殺人衆二句分開中插兩二世曰作兩節寫文法變化之妙）初趙高為郎中令。（此下又放開李斯獨敘趙高夾序法）所殺及報私怨衆多。恐大臣入朝奏事毀惡之。乃說二世曰。天子所以貴者。但以聞聲。群臣莫得見其面。

故號曰朕。朕字作如此解奇○一轉且陛下富於春秋未必盡通諸事今坐朝廷譴舉有不當者。則見短於大臣非所以示神明於天下也。二轉且陛下深拱禁中與臣及侍中習法者侍事事來有以揆之。三轉如此則大臣不敢奏疑事天下稱聖主矣。數語作三轉玲瓏得妙二世用其計乃不坐朝廷見大臣居禁中。趙高常侍中用事。事皆決於趙高高聞李斯以爲言。此下李斯趙高合敍乃見丞相曰關東群盜多今上急發繇治阿房宮聚狗馬無用之物。臣欲諫爲位賤此眞君侯之事君何不諫。投入其心事妙自立胡亥後李斯每爲趙高所愚弄李斯曰固也吾欲言之久矣。今時上不坐朝廷。上居深宮吾有所言者不可傳也。欲見無間。趙高謂曰君誠能諫。請爲君侯上間語君。於是趙高待二世方燕樂婦女居前使人告丞相上方間可奏事。丞相至宮門上謁。如此者三。二世怒曰吾常多閒日丞相不來吾方燕私。丞相輒來請事。丞相豈少我哉。且固我哉。兩哉字是怒語是急語趙高因曰如此殆矣。此一折惡極初投斯心此投亥忌寫趙高權術十分駭人夫沙丘之謀。丞相與焉。今陛下已立爲帝而丞相貴不益。即功高不賞四字說得危險此其意亦望裂地而王矣。且陛下不問臣臣不敢言。又作一折巧妙丞相長男李由爲三川守。楚盜陳勝等皆丞相傍縣之子。至此惡極無餘地以故楚盜公行過三川。

城守不肯擊高聞其文書相往來。又作莫須有事以實之未得其審故未敢以聞。又作一語以閃之且。丞相居外權重於陛下。又結二語以威劫之寫趙高之惡至此不意天地之中有此毒物二世以為然欲案丞相恐其不審乃使人案驗三川守與盜通狀李斯聞之。故作危逼語是時二世在甘泉方作觳抵優俳之觀李斯不得見。極急時又作一極緩語急閒急殺緩則緩極因上書言趙高之短。不得已而寄子書已落趙高之局曰臣聞之臣疑其君無不危國妾疑其夫無不危家今有大臣於陛下擅利擅害與陛下無異此甚不便。此數語說趙高即趙高語然趙高說李斯便入李斯說趙高不入蓋李斯地逼趙高地親也昔者司城子罕相宋身行刑罰以威行之朞年遂劫其君田常為簡公臣爵列無敵於國私家之富與公家均布惠施德下得百姓上得羣臣陰取齊國殺宰予於庭卽弒簡公於朝遂有齊國此天下所明知也。又引喻二段斯文所長今高有邪佚之志危反之行如子罕相宋也私家之富若田氏之于齊也兼行田常子罕之逆道。承上兩段一總而刼陛下之威信其志若韓玘為韓安相也。上趙高之語多少曲折而斯語則一直言其欲變詞令亦懈○又添出韓玘一語陛下不圖臣恐其為變也二世曰何哉。滿腔不然只此二字已盡極妙形容夫高故宦人也所信在此然不為安肆志不以危易心潔行修善自使至此以忠得進以信守位朕實賢之而君疑之何也。一頓○一段稱趙高且朕少先人。無所識知。不習治民。而君又老。恐與天下絕矣。朕非屬趙君。當誰任哉。（一段量度時勢不得不任趙高）且趙君爲人。精廉彊力。下知人情。上能適朕。君其勿疑。（又稱趙高反覆圖維絕無可疑蓋爲變二字形跡未露李斯越說得重胡亥越不信也）李斯曰。不然。夫高故賤人也。無識於理。貪欲無厭。求利不止。列勢次主。求欲無窮。臣故曰殆。（李斯之言二世竟不答）二世已前信趙高。恐李斯殺之。乃私告趙高。高曰。丞相所患者獨高。高已死。丞相卽欲爲田常所爲。（郎以李斯田常事反用之）（只一句毒甚李斯一篇文章反爲趙高所用何物文心體貼至此）於是二世曰。其以李斯屬郎中令。（郎中令卽趙高也）趙高案治李斯。李斯拘執束縛。居囹圄中。仰天而嘆。（李斯四歎）曰。嗟乎。悲夫。不道之君。何可爲計哉。昔者桀殺關龍逢。紂殺王子比干。吳王夫差殺伍子胥。此三臣者。豈不忠哉。然而不免於死。身死而所忠者非也。今吾智不及三子。而二世之無道。過于桀紂夫差。吾以忠死。宜矣。（先作一冒）且二世之治。豈不亂哉。日者夷其兄弟而自立也。殺忠臣而貴賤人。作爲阿房之宮。賦歛天下。吾非不諫也。而不吾聽也。凡古聖王。飲食有節。車器有數。宮室有度。出令造事。加費而無益於民利者禁。故能長久治安。今行逆於昆弟。不顧其咎。侵殺忠臣。不思其殃。大爲宮室。厚賦天下。不愛其費。三者已行。天下不

中華書局印行

聽。今反者已有天下之半矣。而心尙未寤也。而以趙高爲佐。吾必見寇至咸陽。麋鹿游於朝也。此一段固是正論然妙在與督責書句句相反所謂孽鏡火珠神識自首史公正于此等照應作章法也於是二世乃使高案丞相獄治罪。責斯與子由謀反狀。皆收捕宗族賓客。前案治李斯泛言也此接下疊一句正按其謀反之獄也緊一步趙高治斯。榜掠千餘。不勝痛。自誣服。斯所以不死者。自負其辯。有功。實無反心。幸得上書自陳。幸二世之寤而赦之。又曲折補出李斯心事爲上書作引李斯乃從獄中上書曰。臣爲丞相治民三十餘年矣。逮秦地之狹隘。先王之時秦地不過千里。兵數十萬。臣盡薄材。謹奉法令。陰行謀臣。資之金玉。使游說諸侯。陰修甲兵。飾政教。官鬭士。尊功臣。盛其爵祿。故終以脅韓弱魏。破燕趙。夷齊楚。卒兼六國。虜其王。立秦爲天子。罪一矣。地非不廣。又北逐胡貉。南定百越。以見秦之彊。罪二矣。尊大臣。盛其爵祿。以固其親。罪三矣。立社稷。修宗廟。以明主之賢。罪四矣。更尅畫。平斗斛度量文章。布之天下。以樹秦之名。罪五矣。治馳道。興游觀。以見主之得意。罪六矣。緩刑罰。薄賦斂。以遂主得衆之心。萬民戴主。死而不忘。罪七矣。自數其罪實句句自揚其功是另一種文法又借李斯一書總收完一篇事實如金玉游說等直應至篇首若斯之爲臣者。罪足以死固久矣。上幸盡其能力。乃得至今。只如此便住作感恩語不作辨白語

妙

願陛下察之。書上。趙高使吏棄去不奏。曰。囚安得上書。一 趙高使其客十餘輩。詐爲御史謁者侍中。更往覆訊斯。斯更以其實對。輒使人復榜之。後二世使人驗斯。斯以爲如前。終不敢更言。辭服。寫趙高惡極 奏當上。二世喜曰。微趙君。幾爲丞相所賣。及二世所使案三川之守至。則項梁已擊殺之。使者來。會丞相下吏。趙高皆妄爲反辭。二世二年七月、具斯五刑。論腰斬咸陽市。斯出獄。與其中子俱執。顧謂其中子曰。李斯五歎 吾欲與若復牽黃犬。俱出上蔡東門。逐狡兔。豈可得乎。李斯心事前一歎已明故百忙中作此閒語結 遂父子相哭。而夷三族。一 李斯已死。李斯事完又一句交付排場下單序趙高事 二世拜趙高爲中丞相。事無大小。輒決於高。高自知權重。乃獻鹿。謂之馬。二世問左右。此乃鹿也。左右皆曰。馬也。二世驚。自以爲惑。與本紀微不同彼序事此會意自以爲惑尤奇 乃召太卜。令卦之。太卜曰。陛下春秋郊祀。奉宗廟鬼神。齋戒不明。故至於此。可依盛德而明齋戒。於是乃入上林齋戒。愚二世者一 日游弋獵。有行人入上林中。二世自射殺之。趙高敎其女壻咸陽令閻樂劾。不知何人賊殺人移上林。高乃諫二世曰。天子無故賊殺不辜人。此上帝之禁也。鬼神不享。天且降殃。當遠避宮以禳之。二世乃出居望夷之宮。愚二世者二 留三日。趙高詐詔衞士。

中華書局印行

令士皆素服持兵內鄉。入告二世曰。山東羣盜兵大至。二世上觀而見之。恐懼。高卽因劫令自殺。愚二世者三○二世一路看來似狠戾自用之人乃爲趙高愚弄如木偶何也蓋木偶無知有物憑之則靈矣未殺李斯趙高憑之已殺李斯趙高愚之二世一木偶而已　二世引璽而佩之。左右百官莫從。上殿。殿欲壞者三。高自知天弗與。羣臣弗許。雙接乃召始皇弟。授之璽。召字授之字一時匆匆輕脫其情事如此子嬰卽位。患之。乃稱疾不聽事。與宦者韓談。及其子。謀殺高。高上謁請病。因召入。令韓談刺殺之。夷其三族。一序完趙高事

子嬰立三月。沛公兵從武關入。至咸陽。羣臣百官皆畔。不適。子嬰與妻子自係其頸以組。降軹道旁。沛公因以屬吏。項王至而斬之。遂以亡天下。帶序完子嬰事

太史公曰、李斯以閭閻歷諸侯。入事秦。因以瑕釁以輔始皇。卒成帝業。斯爲三公。可謂尊用矣。一段斯知六藝之歸。不務明政以補王上之缺。持爵祿之重。阿順苟合。嚴威酷刑。聽高邪說。廢適立庶。諸侯已畔。斯乃欲諫爭。不亦末乎。二段人皆以斯極忠而被五刑死。察其本。乃與俗議之異。不然。斯之功且與周召列矣。末作一宕結

一篇文字幾及萬言中間包藏許多文字如逐客書焚書書賜扶蘇書公子高從葬書責問李斯書督責書言趙高書獄中書與說襄王處謀立胡亥處趙高謂李斯處俱以文詞勝乃一篇一樣又有一篇幾樣讀之不厭其多反惟恐其盡文章至此可以無遺憾矣○李斯凡五歎而盛衰貴賤俱于歎中關合照應

以爲文情令人爲之低回○文中極勝處是逐客督責二書而立胡亥處節節與趙高反覆神情相照權術不相下如觀相撲如聽面談文心文筆兩者兼之○史記附傳皆附首末於一篇之中獨趙高一傳于此紀其終而其出處反附於蒙恬傳內是創法

蒙恬列傳

蒙恬者、其先齊人也。先點一句下序蒙驁恬大父蒙驁。自齊事秦昭王。官至上卿。秦莊襄王元年、蒙驁爲秦將。伐韓。取成皋滎陽。作置三川郡。二年、蒙驁攻趙。取三十七城。始皇三年、蒙驁攻韓。取十三城。五年、蒙驁攻魏。取二十城。作置東郡。始皇七年、蒙驁卒。即蒙恬附序蒙驁獨作一段蒙驁取七十餘城功略而著○驁子曰武。武子曰恬。恬嘗書獄典文學。由驁入武由武入恬恬又點一句下序武事始皇二十三年、蒙武爲秦裨將軍。與王翦攻楚。大破之。殺項燕。二十四年、蒙武攻楚。虜楚王。序武事完蒙恬弟毅。又由恬點出蒙毅不序下入恬事始皇二十六年、蒙恬因家世得爲秦將。總一句攻齊。大破之。拜爲內史。秦已并天下。乃使蒙恬將三十萬衆北逐戎狄。收河南。築長城。因地形。用險制塞。起臨洮。至遼東。延袤萬餘里。於是渡河。據陽山。委蛇而北。暴師於外十餘年。居上郡。是時蒙恬威振匈奴。蒙恬事總序蓋前已排此不得不總章法也序恬之功而其罪自見始皇甚尊寵蒙氏。信任賢之。而親近蒙毅。間接毅事位至上卿。出則參乘。入

則御前。恬任外事。而毅常爲內謀。恬毅合序 名爲忠信。故雖諸將相。莫敢與之爭焉。一總序
數語結上起下 趙高者、諸趙疏遠屬也。趙高附傳餘事在李斯傳中 趙高昆弟數人。皆生隱宮。其母被刑
僇。世世卑賤。正與家世秦將者對照帶序趙高昆弟一筆回映蒙毅 秦王聞高彊力。通於獄法。舉以爲中軍府
令。高卽私事公子胡亥。喻之決獄。伏案 高有大罪。秦王令蒙毅法治之。毅不敢阿法。當
高罪死。除其宦籍。帝以高之敦於事也。赦之。復其官爵。趙高事一截住 始皇欲游天下。道
九原。直抵甘泉。乃使蒙恬通道。自九原抵甘泉。游天下始皇之志而蒙恬通道止北方一帶也 塹山堙谷。千
八百里。道未就。始皇三十七年冬。行出游會稽。並海上。北走琅邪。道病。使蒙毅還禱
山川。未反。始皇至沙丘崩。秘之。群臣莫知。是時丞相李斯少子胡亥中軍府令趙高。
常從。高雅得幸於胡亥。欲立之。又怨蒙毅法治之而不爲已也。因有賊心。趙高心事作兩層寫
序得詳盡通貫前後 乃與丞相李斯少子胡亥陰謀。立胡亥爲太子。太子已立。已詳斯傳此用省筆 遣使
者以罪賜公子扶蘇蒙恬死。扶蘇已死。蒙恬疑而復請之。使者以蒙恬屬吏。更置胡
亥以李斯舍人爲護軍。使者還報。胡亥已聞扶蘇死。卽欲釋蒙恬。故作一縱 趙高恐蒙氏
復貴而用事。怨之。趙高心事又作兩層寫恐其用事一層怨之是一層 毅還至。趙高因、爲胡亥忠計。因爲忠計妙寫趙高

權詐欲以滅蒙氏。乃言曰。臣聞先帝欲舉賢立太子久矣。而毅諫曰。不可。若知賢而兪不立。則是不忠而惑主也。以臣愚意。不若誅之。胡亥聽而繫蒙毅於代。前已囚蒙恬於陽周。故作一頓再起一路序蒙毅忘却蒙恬故雙結一筆喪至咸陽。已葬。太子立爲二世皇帝。而趙高親近。日夜毀惡蒙氏。求其罪過。舉劾之。子嬰進諫曰。臣聞故趙王遷殺其良臣李牧而用顏聚。燕王喜陰用荊軻之謀。而倍秦之約。齊王建殺其故世忠臣。而用后勝之議。此三君者。皆各以變古者失其國。而殃及其身。今蒙氏。秦之大臣謀士也。而主欲一旦棄去之。臣竊以爲不可。臣聞輕慮者不可以治國。獨智者不可以存君。誅殺忠臣。而立無節行之人。是內使群臣不相信。而外使鬬士之意離也。臣竊以爲不可。胡亥不聽。━此一段總序蒙毅蒙恬後乃分序而遣御史曲宮乘傳之代。令蒙毅曰。先主欲立太子。而卿難之。今丞相以卿爲不忠。罪及其宗。朕不忍。乃賜卿死。亦甚幸矣。以賜死爲幸反跌法足見其陰毒卿其圖之。毅對曰。以臣不能得先主之意。則臣少宦順幸沒世。可謂知意矣。以臣不知太子之能。則太子獨從周旋天下。去諸公子絕遠。臣無所疑矣。作兩反詰勢起夫先主之舉用太子。數年之積也。臣乃何言之敢諫。何慮之敢謀。非敢飾辭以避死也。爲羞累

先主之名。願大夫爲慮焉。使臣得死情實。序已詳盡一轉另起入古事作引証 且夫順成全者。道之所
貴也。刑殺者。道之所卒也。昔者秦繆公殺三良而死。罪百里奚而非其罪也。故立號
曰繆。昭襄王殺武安君白起。楚平王殺伍奢。吳王夫差殺伍子胥。此四君者。前子嬰舉趙王
遷燕王喜齊王建三人今蒙毅引繆公昭襄夫差楚平四王後蒙恬復引成王桀紂三君前後照應 皆爲大失。而天下非之。以其君爲
不明。以是籍於諸侯。故曰用道治者不殺無罪。而罰不加於無辜。惟大夫留心。使者
知胡亥之意。不聽蒙毅之言。遂殺之。一傳序二蒙用總起以分結此一段先結蒙毅事 二世又遣使者之
陽周。令蒙恬曰。君之過多矣。而卿弟毅有大罪。法及內史。恬曰。自吾先人及至子孫。
積功信于秦三世矣。應前 今臣將兵三十餘萬。身雖囚繫。其勢足以倍畔。自知必死而
守義者。不敢辱先人之教。以不忘先主也。先點後引 昔周成王初立。未離襁褓。周公旦負
王以朝。卒定天下。及成王有病甚殆。公旦自揃其爪以沈於河。曰王未有識。是旦執
事。有罪殃。旦受其不祥。乃書而藏之記府。可謂信矣。此說不見於經傳即金縢一事秦人焚書壁經未出之時傳聞
之異詞也 及王能治國。有賊臣言周公旦欲爲亂久矣。王若不備。必有大事。王乃大怒。周
公旦走而奔於楚。成王觀於記府。得周公旦沈書。乃流涕曰。孰謂周公旦欲爲亂乎。

殺言之者。而反周公旦。故周書曰。必參而伍之。引證之後又夾序心與前法變今恬之宗。世無二心。而士卒如此。是必孽臣逆亂。內陵之道也。夫成王失而復振則卒昌。桀殺關龍逢。紂殺王子比干而不悔。身死則國亡。臣故曰過可振而諫可覺也。察於參伍。上聖之法也。凡臣之言。非以求免於咎也。一掉另作一論好將以諫而死。願陛下為萬民思從道也。使者曰。臣受詔行法于將軍。不敢以將軍言聞於上也。蒙恬喟然太息曰。我何罪于天。無過而死乎。良久。徐曰。恬罪固當死矣。起臨洮屬之遼東。城塹萬餘里。此其中不能無絕地脈哉。此乃恬之罪也。終以不了了語竟收以明蒙恬之無罪也乃吞藥自殺。一段結完蒙恬事

太史公曰、吾適北邊。自直道歸。行觀蒙恬所為秦築長城亭障。塹山堙谷。通直道。固輕百姓力矣。夫秦之初滅諸侯。天下之心未定。痍者傷未瘳。而恬為名將。不以此時彊諫。振百姓之急。養老存孤。務修衆庶之和。而阿意興功。此其兄弟遇誅。不亦宜乎。何乃罪地脈哉。

此傳作三段。前世系戰功是一段。立二世是一段。誅蒙恬兄弟是一段。○史記合傳多用穿插頓挫凌亂法。此傳只以子嬰諫詞與蒙毅對詞蒙恬對詞三處照映成篇。而前後起結乾淨明簡。不作支蔓。是史傳中一篇老實文字。○史記附傳一篇之中。必其記始卒。獨趙高於此記其始。於李斯傳記其終。分附於兩

篇之中是另一法

張耳陳餘列傳

張耳者、大梁人也其少時及魏公子毋忌爲客一張耳嘗亡命游外黃外黃富人女
甚美嫁庸奴亡其夫去抵父客父客素知張耳乃謂女曰必欲求賢夫從張耳女聽
乃卒爲請決嫁之張耳張耳是時脫身游應亡命女家厚奉給張耳張耳以故致千里
客乃宦魏爲外黃令名由此益賢一一段序張耳陳餘者、亦大梁人也、好儒術數游趙苦
陘富人公乘氏以其女妻之亦知陳餘非庸人也一一段序陳餘雙起亦知字跟張耳來便稍作低昂餘年
少父事張耳兩人相與爲刎頸交一從此兩人合序秦之滅大梁也張耳家外黃高祖爲布
衣時嘗數從張耳游客數月一略分序張耳應能致千里客秦滅魏數歲已聞此兩人魏之名士
也又合序耳餘購求有得張耳千金陳餘五百金耳餘同購兩人價乃爭一倍秦人具眼張耳陳餘乃變名
姓俱之陳爲里監門以自食耳餘同隱兩人相對只兩人相對句寫得兩人心相知脉脉神情如見里吏嘗有過
笞陳餘陳餘欲起張耳躡之使受笞吏去張耳乃引陳餘之桑下而數之曰始吾與
公言何如只虛點一句並不提何言何事妙今見小辱而欲死一吏乎陳餘然之秦詔書購求兩人

兩人亦反用門者以令里中（連下五兩人字以見兩人之膠漆）陳涉起蘄至入陳兵數萬張耳陳餘上謁陳涉（耳餘同起事）涉及左右生平數聞張耳陳餘賢（耳餘同有名）未嘗見見卽大喜（正好處且頓住）陳中豪傑父老乃說陳涉曰將軍身被堅執銳率士卒以誅暴秦復立楚社稷存亡繼絕功德宜爲王且夫監臨天下諸將不爲王不可願將軍立爲楚王也陳涉問此兩人兩人對曰（耳餘同說○又連下兩人字妙）夫秦爲無道破人國家滅人社稷絕人後世罷百姓之力盡百姓之財將軍瞋目張膽出萬死不顧一生之計爲天下除殘也今始至陳而王之示天下私（一段勸無王）願將軍毋王急引兵而西遣人立六國後自爲樹黨爲秦益敵也敵多則力分與衆則兵彊如此野無交兵縣無守城（句妙）誅暴秦據咸陽以令諸侯諸侯亡而得立以德服之如此則帝業成矣（一段勸進兵）今獨王陳恐天下解也（二段如銅丸走阪急勢跳躍而下但從末句一掉而意已足）陳涉不聽遂立爲王陳餘乃復說陳王（○遙接陳餘獨說）曰大王舉梁楚而西務在入關未及收河北也臣嘗游趙知其豪傑及地形願請奇兵北略趙地於是陳王以故所善陳人武臣爲將軍邵騷爲護軍以張耳陳餘爲左右校尉予卒三千人北略趙地武臣等從白馬渡河至諸縣說其豪傑曰秦爲

亂政虐刑。以殘賊天下。數十年矣。北有長城之役。南有五嶺之戍。外內騷動。百姓罷敝。頭會箕歛。以供軍費。財匱力盡。民不聊生。重之以苛法峻刑。使天下父子不相安。陳王奮臂爲天下倡始（與前瞋目張膽俱爲佳語）王楚之地。方二千里。莫不響應。家自爲怒。人自爲鬬。（妙句）各報其怨而攻其讎。縣殺其令丞。郡殺其守尉。今已張大楚。王陳。使吳廣周文將卒百萬西擊秦。於此時而不成封侯之業者。非人豪也。（與前法同而語異）諸君試相與計之。夫天下同心而苦秦久矣。因天下之力而攻無道之君。報父兄之怨而成割地有土之業。此士之一時也。（總數語又一激踴躍有勢）豪傑皆然其言。乃行收兵。得數萬人。號武臣爲武信君。下趙十城。餘皆城守。莫肯下。—乃引兵東北擊范陽。（乃字正接餘皆城守始插入范陽令一段）范陽人蒯通說范陽令曰。竊聞公之將死。故弔。雖然。賀公得通而生。（故作險語佳）范陽令曰。何以弔之。對曰。秦法重。（只三字一斷後乃應完）足下爲范陽令十年矣。殺人之父。孤人之子。斷人之足。黥人之首。不可勝數。然而慈父孝子莫敢倳刃公之腹中者。畏秦法耳。（應秦法）今天下大亂。秦法不施。然則慈父孝子且倳刃公之腹中。以成其名。此臣之所以弔公也。（前一反此一側開闔成文）今諸侯畔秦矣。武信君兵且至。而君堅守范陽。少年皆爭殺君下武信君。君急遣臣見武信君。可轉禍爲福在今矣。亦一直說下末一句掉轉范陽令乃使蒯通見武信君曰。足下必將戰勝。然後畧地。攻得。然後下城。臣竊以爲過矣。誠聽臣之計。可不攻而降城。不戰而略地。傳檄而千里定。可乎。亦作一反一側之法武信君曰。何謂也。蒯通曰。今范陽令。宜整頓其士卒以守戰者也。一層怯而畏死。貪而重富貴。故欲先天下降。二層畏君以爲秦所置吏。誅殺如前十城也。三層然今范陽少年亦方殺其令。自以城距君。四層君何不齎臣侯印。拜范陽令。范陽令則以城下君。少年亦不敢殺其令。五層收完上兩意蛸拔令范陽令乘朱輪華轂。使驅馳燕趙郊。燕趙郊見之。皆曰此范陽令先下者也。卽喜矣。燕趙城可毋戰而降也。六層逐層包裹如花之苞逐層脫卸如筍之籜妙甚此臣之所謂傳檄而千里定者也。一句應前武信君從其計。因使蒯通賜范陽令侯印。趙地聞之。不戰以城下者三十餘城。一至邯鄲。張耳陳餘聞周章軍入關至戲。一事却。又聞諸將爲陳王徇地。多以讒毀得罪誅。二事怨陳王不用其筴。不以爲將而以爲校尉。三事疊三事作疊端乃說武臣曰。耳餘同說陳王起蘄。至陳而王。非必立六國後。將軍今以三千人下趙數十城。獨介居河北。不王。無以塡之。一轉且陳王聽讒。還報。恐不脫於禍。二轉又不如立其兄弟。不卽立趙後。

轉三將軍。毋。失。時。四轉時。間。不。容。息。毋失時已足動人又轉找一句令人聳然武臣乃聽之。遂立爲趙王。以陳餘爲大將軍。張耳爲右丞相。邵騷爲左丞相。使人報陳王。陳王大怒。欲盡族武臣等家。而發兵擊趙。陳王相國房君諫曰。秦未亡而誅武臣等家。此又生一秦也。句峭不如因而賀之。使急引兵西擊秦。陳王然之。從其計。徙繫武臣等家宮中。封張耳子敖爲成都君。獨封張耳子陳王使使者賀趙。令趣發兵西入關。一張耳陳餘說武臣曰。耳餘同說王王趙非楚意。特以計賀王。楚已滅秦。必加兵於趙。願王毋西兵。北徇燕代。南收河內。以自廣。趙南據大河。北有燕代。楚雖勝秦。必不敢制趙。趙王以爲然。因不西兵。而使韓廣略燕。李良略常山。張黶略上黨。韓廣李良張黶先立一案韓廣至燕。燕人因立廣爲燕王。先序韓廣事趙王乃與張耳陳餘北略地燕界。耳餘同略地趙王間出。爲燕軍所得。燕將囚之。欲分與趙地半。乃歸王。使者往燕。輒殺之。以求地。張耳陳餘患之。有廝養卒謝其舍中曰。吾爲公說燕。與趙王載歸。先點載歸妙舍中皆笑曰。使者往十餘輩。輒死。若何以能得王。竟好答不乃走燕壁。燕將見之。問燕將曰。知臣何欲。反問起作勢燕將曰。若欲得趙王耳。曰。君知張耳陳餘何如人也。燕將曰。賢人也。曰。知其志何欲。曰。欲得其王耳。得王本意乃將兩得王句疊作波後反覆去欲擒故縱之法 趙養卒乃笑曰君未知此兩人所欲也一轉 夫武臣張耳陳餘杖馬箠下趙數十城此亦各欲南面而王豈欲爲卿相終已邪二轉 夫臣與主豈可同日而道哉三轉 顧其勢初定未敢參分而王四轉 且以少長先立武臣爲王以持趙心五轉 今趙地已服此兩人亦欲分趙而王時未可耳六轉 今君乃囚趙王此兩人名爲求趙王實欲燕殺之此兩人分趙自立七轉又四出兩人字 夫以一趙尚易燕況以兩賢王左提右挈而責殺王之罪滅燕易矣許多轉折一轉一勝 燕將以爲然乃歸趙王養卒爲御而歸應前載歸

李良已定常山遙接序李良事 還報趙王復使良略太原至石邑秦兵塞井陘未能前秦將詐稱二世使人遺李良書不封曰良嘗事我得顯幸良誠能反趙爲秦赦良罪貴良書詞簡質 良得書疑不信先作一頓 乃還之邯鄲益請兵未至道逢趙王姊出飲從百餘騎李良望見以爲王伏謁道旁王姊醉不知其將使騎謝李良李良素貴句 起句 慙其從官從官有一人曰天下畔秦能者先立且趙王素出將軍下今女兒乃不爲將軍下車請追殺之李良已得秦書固欲反趙未決接一筆 因此怒遣人追殺王姊道中乃遂將其兵襲邯鄲邯鄲不知竟殺武臣邵騷趙人多爲張耳陳餘耳目者以故得脫出

耳餘同脫收其兵。得數萬人。一客有說張耳獨說張耳曰。兩君羈旅。而欲附趙。難獨立。立趙後。扶以義。可就功。簡質乃求得趙歇。立爲趙王。居信都。一李良進兵擊陳餘。陳餘敗李良。李良走歸章邯。陳餘獨功章邯引兵至邯鄲。皆徙其民河內。夷其城郭。張耳與趙王歇走入鉅鹿城。王離圍之。陳餘北收常山兵。得數萬人。軍鉅鹿北。章邯軍鉅鹿南棘原。築甬道屬河。餉王離。王離兵食多。急攻鉅鹿。鉅鹿城中。食盡。兵少。張耳數使人召、前、陳餘。召前字法陳餘自度兵少。不敵秦。不敢前。數月。張耳大怒。怨陳餘。耳餘相怨使張黶陳澤往讓陳餘曰。始吾與公爲刎頸交。今王與耳旦暮且死。而公擁兵數萬。不肯相救。安在其相爲死。苟必信。胡不赴秦軍俱死。且有十一二相全。促節中佳句陳餘曰。吾度前終不能救趙。徒盡亡軍。且餘所以不俱死。欲爲趙王張君報秦。今必俱死。如以肉委餓虎。何益。張黶陳澤曰。事已急。要以俱死立信。安知後慮。陳餘曰。吾死顧以爲無益。必如公言。只四字寫陳餘一肚皮不然匆匆說不盡處猶云死固無益今定依爾云爾故下直接乃使二字乃使五千人。令張黶陳澤先嘗秦軍。句至。句皆沒。當是時。燕齊楚聞趙急。皆來救。張敖亦北收代兵。得萬餘人。句來。句皆壁餘旁。未敢擊秦。項羽兵數絕章邯甬道。應前築甬道王離軍乏食。項羽悉引兵渡河。遂破章邯。正忙時又夾序救兵楚軍事只用當是時三字插入章邯引兵解。諸侯軍乃敢擊圍鉅鹿秦軍。遂虜王離。涉間自殺。卒存鉅鹿者。楚力也。下一句斷於是趙王歇張耳乃得出鉅鹿。謝諸侯。乃使乃敢乃得寫出煩雜寫出僥倖張耳與陳餘相見。此處張耳陳餘又畧一合責讓陳餘以不肯救趙。及問張黶陳澤所在。陳餘怒曰。張黶陳澤以必死責臣。臣使將五千人先嘗秦軍。皆沒不出。張耳不信。以爲殺之。數問陳餘。陳餘怒曰。不意君之望臣深也。豈以臣爲重去將哉。乃脫解印綬。推予張耳。張耳亦愕不受。先作一疑如兩虎相對各不相下陳餘起如廁。客有說張耳曰。臣聞天與不取。反受其咎。今陳將軍與君印。君不受。反天不祥。急取之。張耳乃佩其印。收其麾下。而陳餘還。亦望張耳不讓。遂趨出。後作一決如兩虎掉尾各自歸山張耳遂收其兵。陳餘獨與麾下所善數百人之河上澤中漁獵。由此陳餘張耳遂有郤。一耳餘構郤陳餘既去下獨序張耳趙王歇復居信都。張耳從項羽諸侯入關。張耳獨從項羽漢元年二月。項羽立諸侯王。張耳雅、游、。字新人多爲之言。項羽亦素數聞張耳賢。乃分趙立張耳爲常山王。張耳獨王治信都。信都更名襄國。一陳餘客多說項羽曰。陳餘張耳一體有功於趙。只一句省。項羽以陳餘不從入關。聞其在南皮。卽以南皮旁三縣以封之。而徙趙王歇王代。一張耳

中華書局印行

之國。陳餘愈益怒。又插入陳餘事曰。張耳與餘功等也。今張耳王。餘獨侯。此項羽不平。頓住下接入別事及齊王田榮畔楚。陳餘乃使夏說說田榮曰。項羽爲天下宰不平。盡王諸將善地。徙故王王惡地。今趙王乃居代。願王假臣兵。請以南皮爲扞蔽。田榮欲樹黨於趙以反楚。乃遣兵從陳餘。陳餘因悉三縣兵襲常山王張耳。一耳餘相攻張耳敗走。念諸侯無可歸者。曰。漢王與我有舊故。而項羽又彊立我。我欲之楚。甘公曰。漢王之入關。五星聚東井。東井者秦分也。先至必霸。楚雖彊。後必屬漢。故耳走漢。漢王亦還定三秦方圍章邯廢丘。張耳謁漢王。漢王厚遇之。一張耳獨歸漢陳餘已敗張耳。間接皆復收趙地迎趙王於代。復爲趙王。趙王德陳餘。立以爲代王。陳餘獨王陳餘爲趙王弱國初定。不之國。留傅趙王。而使夏說以相國守代。漢二年、東擊楚。使使告趙。欲與俱。陳餘曰。漢殺張耳。陳餘殺張耳乃從。於是漢王求人類張耳者斬之。持其頭遺陳餘。陳餘乃遺兵助漢。漢之敗於彭城西。陳餘亦復覺張耳不死。卽背漢。一漢三年、韓信已定魏地。遣張耳與韓信擊破趙井陘。斬陳餘泜水上。張耳殺陳餘完陳餘事追殺趙王歇襄國。漢立張耳爲趙王。一漢五年、張耳薨。謚爲景王。張耳薨完張耳事子敖嗣立爲趙王。一高祖長女魯元公主爲趙王敖后。漢七年。高祖從平城過趙。趙王朝夕袒韝蔽。（作一裝束妙）自上食。禮甚卑。有子壻禮。（兩禮字環應）高祖箕倨詈。甚慢易之。趙相貫高趙午等。年六十餘。故張耳客也。（又點張耳）生平爲氣。乃怒曰。吾王孱王也。（先點一句方下說詞固盡一時情景然直照下王不倍德齧指出血事）說王曰。夫天下豪傑並起。能者先立。今王事高祖甚恭。而高祖無禮。請爲王殺之。張敖齧其指出血。曰。君何言之誤。且先人亡國。賴高祖得復國。德流子孫。秋毫皆高祖力也。（淋漓曲至句句）（懇誠體貼至此）願君無復出口。（又找一句以決絕之）貫高趙午等十餘人。（先點十餘人）皆相謂曰。乃吾等非也。吾王長者。不倍德。（映孱王句）且吾等義不辱。（應生平爲氣）今怨高祖辱我王。故欲殺之。何乃汙王爲乎。令事成歸王。事敗獨身坐耳。（一句是主貫下一段）漢八年。上從東垣還。過趙。貫高等乃壁人柏人。要之置。（只七字序一番布置簡質詳盡置驛遞也）上過欲宿。心動。（亦只六字情景已盡）問曰。縣名爲何。曰。柏人。柏人者。迫於人也。不宿而去。漢九年。貫高怨家知其謀。乃上變告之。於是上皆幷逮捕趙王貫高等。（句）十餘人皆爭自剄。（應十餘人）貫高獨怒罵曰。誰令公爲之。（只一句歷歷入情）今王實無謀。而幷捕王。公等皆死。誰白王不反者。乃轞車膠致。（字新）與王詣長安。治張敖之罪。上乃詔趙羣臣賓客。有敢從王皆族。貫高與客孟舒等十餘人。皆自髡鉗爲王家奴從來貫高至對獄曰獨吾屬爲之王實不知吏治榜笞數千刺剟身無可擊者（只五字寫盡慘毒不堪）終不復言呂后數言張王以魯元公主故不宜有此上怒曰使張敖據天下豈少而女乎不聽廷尉以貫高事辭聞上曰壯士誰知者以私問之（只九字作三句寫得傾倒嘆服神情逼露）中大夫泄公曰臣之邑子素知之（對誰知者）此固趙國立名義不侵爲然諾者也（應生平爲氣）上使泄公持節問之箯輿前仰視曰泄公邪（情狀宛然摹寫盡致文心之妙如此）泄公勞苦如平生驩與語問張王果有計謀不高曰人情寧不各愛其父母妻子乎今吾三族皆以論死豈以王易吾親哉顧爲王實不反獨吾等爲之（誰令公爲之吾屬爲之吾等爲之照映成文）具道本指所以爲者王不知狀（省法）於是泄公入具以報上乃赦趙王上賢貫高爲人能立然諾（應前）使泄公具告之曰張王已出因赦貫高貫高喜曰吾王審出乎（只五字欣喜踴躍情事聲色種種如生）泄公曰然泄公曰（多一泄公曰是一頓再說也正寫當時情事）上多足下故赦足下貫高曰所以不死一身無餘者（三族盡論也倒句）白張王不反也今王已出吾責已塞死不恨矣且人臣有簒殺之名何面目復事上哉縱上不殺我我不愧於心乎乃仰絕肮遂死當死時之名聞天下一（序完貫高事只四字贊）張敖已出以尙魯元故封爲宣平侯於是上

賢張王諸客。以鉗奴從張王入關。無不爲諸侯相郡守者。又借鉗奴作一餘波以襯貫高也 及孝惠高后文帝孝景時。張王客子孫皆得爲二千石。張敖高后六年薨。子偃爲魯元王。以母呂后女故。呂后封爲魯元王。元王弱。兄弟少。乃封張敖他姬子二人。壽爲樂昌侯。侈爲信都侯。高后崩。諸呂無道。大臣誅之。而廢魯元王及樂昌侯信都侯。孝文帝卽位。復封故魯元王偃爲南宮侯。續張氏。

太史公曰、張耳陳餘。世傳所稱賢者。其賓客廝役。莫非天下俊傑。所居國。無不取卿相者。轉一 然張耳陳餘始居約時。相然信以死。豈顧問哉。轉二 及據國爭權。卒相滅亡。何鄉者相慕用之誠。後相倍之戾也。豈非以利哉。轉三 名譽雖高。賓客雖盛。所由殆與太伯延陵季子異矣。

史記合傳皆每人一段以關鎖穿插見妙獨此傳則兩人出處同事業同卽後來構怨亦同故俱以一筆雙寫安章頓句處處妥貼而無東枝西梧之病豈不獨雄千古哉○耳餘之傳如兩龍一同一海始則弭耳而遊後則凝一角而鬭水立雲飛一海皆動乃旣去之後雙尾一掉而餘波猶復翻天則貫高一段是也○局法不待言矣而詞致之妙則反在刪通兩說厮養卒歸王多少曲折多少層疊其妙已盡而貫高一段則又用短句促節而事語詳盡情景逼眞正神手也○寫耳餘刎頸交用多少兩人字若天生兩人膠漆相固形影相比終天地而不可離者而孰知其如此哉正爲後文作三歎也○寫陳餘往往不如張耳卽千

金五百價爭以倍可爲一笑

魏豹彭越列傳

魏豹者、故魏諸公子也。其兄魏咎。故魏時封爲寧陵君。秦滅魏。遷咎爲家人。魏豹傳先從其兄序起陳勝之起王也。咎往從之。陳王使魏人周市狥魏地。魏地已下。欲相與立周市爲魏王。周市曰天下昏亂。忠臣乃見。今天下共畔秦。其義必立魏王後乃可。齊趙使車各五十乘。立周市爲魏王。市辭不受。欲立魏後矣借齊趙車乘再爲周市勾勒一筆正爲周市出色一番迎魏咎於陳。五反。陳王乃遣立咎爲魏王。—五反非寫陳王之難正寫周市之忠也章邯已破陳王。乃進兵擊魏王於臨濟。先擊魏魏近秦也魏王乃使周市出請救於齊楚。齊楚遣項它田巴將兵隨市救魏。章邯遂擊破殺周市等軍。圍臨濟。咎爲其民約降。約定。咎自燒殺。—魏豹亡走楚。始入豹事楚懷王予魏豹數千人。復狥魏地。項羽已破秦。降章邯。豹下魏二十餘城。立豹爲魏王。豹引精兵從項羽入關。漢元年、項羽封諸侯。欲有梁地。乃徙魏王豹於河東都平陽。爲西魏王。—漢王還定三秦。渡臨晉。魏王豹以國屬焉。遂從擊楚于彭城。漢敗。還至滎陽。豹請歸視親病。至國。卽絕河津畔漢。漢王聞魏豹反。方東憂楚。未及擊。

謂酈生曰。緩頰往說魏豹。緩頰二字寫辨士之神能下之。吾以萬戶封若。酈生說豹。豹謝曰。人生一世間。如白駒過隙耳。今漢王慢而侮人。罵詈諸侯群臣如罵奴耳。非有上下禮節也。吾不忍復見也。於是漢王遣韓信擊虜豹於河東。傳詣滎陽。以豹國爲郡。漢王令豹守滎陽。楚圍之急。周苛遂殺魏豹。一彭越者。昌邑人也。字仲。常漁鉅野澤中。爲群盜。一陳勝項梁之起。少年或謂越曰。諸豪傑相立畔秦。仲可以來。亦效之。彭越曰。兩龍方鬬。且待之。一待時而動審顧却慮寫彭越不居凡起手便不草草正見老成處居歲餘。澤間少年相聚百餘人。往從彭越曰。請仲爲長。越謝曰。臣不願與諸君。少年彊請。乃許。寫得雍容審慮亦與他人不同與期旦日日出會。後期者斬。旦日日出。十餘人後。後者至日中。於是越謝曰。臣老。諸君彊以爲長。今期而多後。不可盡誅。誅最後者一人。誅最後一人情法兼盡令校長斬之。皆笑曰。何至是。百餘人耳且同出等夷忽行軍法眞若可笑極寫當時情事請後不敢。戲笑之中又周旋彭越一句於是越乃引一人斬之。衆人方笑而毅然斬之衆人不敢爭又不敢不服寫彭越懾服衆人處才氣不凡設壇祭。乃令徒屬。徒屬皆大驚。畏越。莫敢仰視。乃行略地。收諸侯散卒。得千餘人。一所難在斬一人耳既斬之後勢所必至借衆人正以形容彭越也沛公之從碭北擊昌邑。彭越助之。昌邑未下。沛公引兵西。彭越亦將其衆居鉅野中。收魏散卒。一項籍入關。王諸侯還歸。彭越衆萬餘人毋所屬。一漢元年、秋、齊王田榮畔項王。漢乃使人賜彭越將軍印。使下濟陰以擊楚。楚命蕭公角將兵擊越。越大破楚軍。一漢王二年春、與魏王豹及諸侯東擊楚。彭越將其兵三萬餘人歸漢于外黃。漢王曰。彭將軍收魏地得十餘城。欲急立魏後。彭越之才只作相國殊屬過抑故反就彭越身上點一句以爲其自願如此耳極寫彭越與周市一樣。今西魏王豹亦魏王咎從弟也。眞魏後。乃拜彭越爲魏相國。擅將其兵略定梁地。一漢王之敗彭城解而西也。彭越皆復亡其所下城。獨將其兵北居河上。一漢王三年、彭越常往來爲漢游兵。擊楚。絕其後糧于梁地。一漢四年冬、項王與漢王相距滎陽。彭越攻下睢陽外黃十七城。項王聞之。乃使曹咎守成皐。自東收彭越所下城邑。皆復爲楚。越將其兵北走穀城。一漢五年秋、項王之南走陽夏。彭越復下昌邑旁二十餘城。得穀十餘萬斛。以給漢王食。一以上七段無所屬也略地也絕楚糧也得城而亡亡而復下下而復爲楚楚走而復下城也往來反復終是一支游兵然因楚爲漢正在此處。漢王敗使使召彭越幷力擊楚。越曰。魏地初定。尙畏楚。未可去。漢王追楚。爲項籍所敗固陵。乃謂留侯曰。諸侯兵不從。爲之奈何。留侯曰。齊王信之立。非君王之意。信亦不自堅。彭越本定梁地。功多。始君王以魏豹故拜彭越爲魏相國。今豹死。毋後。且越亦欲王。又點明彭越爲相國之不稱也而君王不蚤定。與此兩國約。卽勝楚。睢陽以北至穀城。皆以王彭相國。從陳以東傅海。與齊王信。齊王信家在楚。此其意欲復得故邑。君王能出捐此地許二人。二人今可致。卽不能。事未可知也。將齊王夾說比羽記更復多姿於是漢王乃發使使彭越。如留侯策。使者至。彭越乃悉引兵會垓下。遂破楚。上兼說韓信實事也此單接彭越傳體也五年、項籍已死。春立彭越爲梁王。都定陶。一六年、朝陳。一九年、十年、皆來朝長安。一十年秋、陳豨反代地。高帝自往擊。至邯鄲。徵兵梁王。梁王稱病。使將將兵詣邯鄲。高帝怒。使人讓梁王。梁王恐。欲自往謝。其將扈輒曰。王始不往。見讓而往。往則爲禽矣。不如遂發兵反。梁王不聽。稱病。兩稱病作兩頓寫梁梁王志不在反王怒其太僕。欲斬之。太僕亡走漢。告梁王與扈輒謀反。於是上使使掩梁王。梁王不覺。只四字便辨梁王之不反矣捕梁王。囚之雒陽。有司治反形已具。請論如法。上赦以爲庶人。傳處蜀青衣。西至鄭。逢呂后從長安來。欲之雒陽。道見彭王。彭王爲呂后泣涕。自言無罪。此寫彭王乞憐處頗爲不堪豈老而喪志耶願處故昌邑。呂后許諾。與俱東至雒陽。呂后白上曰。彭王壯士。今徙之蜀。此自遺患。不如遂誅之。妾謹與俱來。於是呂后乃令其舍人告彭越復謀反。信越布三人之死也越最無罪故史公直書不諱 廷尉王恬開奏請族之上乃可。遂夷越宗族國除。

太史公曰魏豹彭越雖故賤。然已席卷千里南面稱孤。喋血乘勝日有聞矣。一折 懷畔逆之意。及敗不死而虜囚身被刑戮。何哉。二折 中材以上且羞其行。況王者乎。三折 彼無異故。智略絕人。獨患無身耳。得攝尺寸之柄。其雲蒸龍變。欲有所會其度。以故幽囚而不辭云。贊語凡三折三折之後亦若雲蒸龍變另有一種氣勢〇老子曰吾之患在吾有身此則獨患無身同是一種妙理

魏豹爲魏王彭越爲魏相國同起魏地故作兩人合傳然魏豹有殊不足取故略具事體而已至韓信擊虜以後更復索然〇寫彭越老成練達堅忍不拔之志爲項羽所敗累仆累起雖非重瞳敵手然終以制重瞳之命寫來自是不凡〇彭越初起處雖未甚淋漓然百許人之中毅然行法便不是草竊規模寫彭越有老吏心胸老奸手段止是臨死一泣大減分數耳

黥布列傳

黥布者六人也、姓英氏。一以黥爲名倒出姓氏奇 秦時爲布衣。少年有客相之。曰。當刑而王及壯。坐法。句 黥。句 布欣然笑曰人相我當刑而王。幾是乎。人有聞者共俳笑之。一寫得英氣逼人俳卽戲意 布已論輸麗山。接坐法事 麗山之徒數十萬人。布皆與其徒長豪傑交通。迺率其曹偶亡之江中爲羣盜。一陳勝之起也。布傳卽借時事提序夾序不特時事明晰亦且熱鬧可觀〇陳勝之起一 布乃見

番君。與其衆叛秦。聚兵數千。番君以其女妻之。━章邯之滅陳勝。破呂臣軍。章邯滅陳勝破呂臣二布乃引兵北擊秦左右校。破之清波。引兵而東。━聞項梁定江東會稽。涉江而西。項梁定江東三陳嬰以項氏世爲楚將。迺以兵屬項梁。渡淮南。陳嬰屬項梁四英布蒲將軍。亦以兵屬項梁。━亦以字奇反若以布陪說項梁涉淮而西。擊景駒秦嘉等。項梁涉淮五布常冠軍。━項梁至薛。聞陳王定死。迺立楚懷王。項梁立懷王六項梁號爲武信君。英布爲當陽君。━項梁敗死定陶。懷王徙都彭城。項梁敗死懷王徙都七諸將英布亦皆保聚彭城。以上三節英布俱帶序當是時。秦急圍趙。趙數使人請救。懷王使宋義爲上將。范增爲末將。項籍爲次將。英布蒲將軍。皆爲將軍。悉屬宋義。北救趙。及項籍殺宋義於河上。懷王因立籍爲上將軍。項羽殺宋義八諸將皆屬項籍。項籍使布先涉渡河擊秦。布數有利。━籍乃悉引兵涉河從之。遂破秦軍。降章邯等。項羽破秦軍九楚兵常勝。功冠諸侯。諸侯兵皆以服屬楚者。以布數以少敗衆也。━一鎖〇一路寫項梁項羽而帶序布事至此點序數句歸功英布則以上寫梁羽處俱是寫布處也文章之妙項籍之引兵西至新安。項籍至新安十又使布等夜擊坑章邯秦卒二十餘萬人。━至關不得入。項籍至關十一又使布等先從間道破關下軍。遂得入至咸陽。布常爲軍鋒。━以兵屬項梁後常冠軍數有利以少敗衆常爲軍鋒極寫英布反借項羽寫英布看來反若英布高出項羽一頭借客形主之妙 項王封諸將。立布爲九江王。都六。一漢元年四月、以下用漢提綱諸侯皆罷戲下。各就國。項氏立懷王爲義帝。徙都長沙。迺陰令九江王布等行擊之、使布坑秦卒又使布破關令布擊義帝寫英布與項羽同功一體兩人一樣 其八月布使將擊義帝追殺之郴縣。一漢二年、齊王田榮畔楚。項王往擊齊。徵兵九江。九江王布稱病不往。遣將將數千人行。一漢之敗楚彭城。布又稱病不佐楚。項王由此怨布。前寫英布項羽同功同惡至此遂分數使使者誚讓召布。布愈恐。不敢往。項王方北憂齊趙。西患漢。所與者獨九江王。又多布材。欲親用之。以故未擊。二鎖又將時事提序一段且頓住眞如生龍活虎不可捉搦 漢三年、漢王擊楚。大戰彭城。不利。出梁地。至虞。謂左右曰。如彼等者。無足與計天下事。忽劈頭出一句使人不知所謂眞得躊躇四顧心口商度之態下乃接出隨何若從天而下其妙至此 謁者隨何進曰。不審陛下所謂。以下極寫隨何 漢王曰。孰能爲我使淮南。孰能正應如彼等句令之發兵倍楚。留項王於齊數月。我之取天下可以百全。隨何曰。臣請使之。只一句並不商度妙 迺與二十人俱使淮南。二十人伏至。句 因太宰主之。三日不得見。故作一頓 隨何因說太宰曰。王之不見。必以楚爲彊。以漢爲弱。此臣之所以爲使。一句瞥入矯健 使何得見。言之而是邪。是大王所欲聞也。言之而非邪。使何等二十人伏斧質淮南市。以明王倍漢而與楚也。忽作兩調以韻勝太宰乃言之王。王見之。隨何曰。漢王使臣敬進書大王御者。竊。怪。大。王。與。楚。何。親。也。亦一句暫入妙親字當作親密解卽欲親用之親字也正與上相應幷照上英布屬項羽項羽使英布等事也淮南王曰。寡人北向而臣事之。答曰爲臣事之所以不得不親密也隨何曰。大王與項王俱列爲諸侯。北向而臣事之。必以楚爲彊。可以託國也。項王伐齊。身負版築。以爲士卒先。大王宜悉淮南之衆。身自將之。爲楚軍前鋒。今乃發四千人以助楚。夫。北。面。而。臣。事。人。者。固。若。是。乎。夫漢王戰于彭城。項王未出齊也。大王宜騷淮南之兵渡淮。日夜會戰彭城下。大王撫萬人之衆。無一人渡淮者。垂拱而觀其孰勝。夫。託。國。於。人。者。固。若。是。乎。亦作兩調與前應北面臣事託國於人分借作兩調實互說也大王提空名以向楚。而欲厚自託。臣竊爲大王不取也。總收上兩段然。而。大王不背楚者。以漢爲弱也。又頓出一峯夫楚兵雖彊。天下負之以不義之名。以其背盟約而殺義帝也。然而楚王恃戰勝自彊。漢王收諸侯。還守成皋滎陽。下蜀漢之粟。深溝壁壘。分卒守徼乘塞。楚人還兵。間以梁地。深入敵國八九百里。欲戰則不得。攻城則力不能。老弱轉糧千里之外。楚兵至滎陽成皋。漢堅守而不動。進則不得攻。退則不能解。故曰楚兵不足恃也。一段說利害明晳使楚勝漢。則諸侯自危懼而相救夫楚之彊適足以致天下之兵耳（又一挽結其勢全其理密愈覺其妍）故楚不如漢其勢易見也（又一收）今大王不與萬全之漢而自託于危亡之楚臣竊爲大王惑之臣非以淮南之兵足以亡楚也（又一轉愈轉愈足）夫大王發兵而倍楚項王必留留數月漢之取天下可以萬全（方說正事）臣請與大王提劍而歸漢漢王必裂地而封大王又況淮南淮南必大王有也（英布已王淮陽矣何又裂地之有故又足一句益見縝密與上俱用一樣筆法）故漢王敬使使臣進愚計願大王之留意也淮南王曰請奉命陰許畔楚與漢未敢泄也（寫一時情事色態俱備○一節）楚使者在方急責英布發兵舍傳舍（二節）隨何直入坐楚使者上坐（三節眞入妙上坐尤妙）曰九江王已歸漢楚何以得發兵布愕然楚使者起何因說布曰事以搆可遂殺楚使者無使歸而疾走漢并力（一時匆忙中故只用短句妙）布曰如使者教因起兵而擊之耳於是殺使者因起兵而攻楚楚使項聲龍且攻淮南項王留而攻下邑數月龍且擊淮南破布軍布欲引兵走漢恐楚王殺之故間行與何俱歸漢（一完隨何使事）淮南王至上方踞牀洗召布入見布甚大怒悔來欲自殺出就舍帳御飲食從官如漢王居布又大喜過望（寫得頓挫有態聲色俱妙）於是乃使人入九江楚已使項伯收九江兵盡殺布妻子布使者頗得

故人幸臣將衆數千人歸漢。漢益分布兵。而與俱北收兵至成皐。四年七月、立布爲淮南王。與擊項籍。漢五年、布使人入九江。得數縣。六年、布與劉賈入九江。誘大司馬周殷。周殷反楚。遂舉九江兵。與漢擊楚。破之垓下。（以上散序英布事）項籍死。天下定。上置酒。上折隨何之功。謂何爲腐儒。爲天下安用腐儒。（兩腐儒聲色俱妙突然而起與如彼等者一樣筆法）隨何跪曰。夫陛下引兵攻彭城。楚王未去齊也。陛下發步卒五萬人騎五千。能以取淮南乎。上曰。不能。隨何曰。陛下使何與二十人使淮南。（應前二十人）至如陛下之意。是何之功賢於步卒五萬人騎五千也。然而陛下謂何腐儒。爲天下安用腐儒。何也。（又疊兩腐儒句聲色俱妙也）上曰。吾方圖子之功。迺以隨何爲護軍中尉。（一傳寫英布事而隨何無傳插序於此其文法之妙又不待言）布遂剖符爲淮南王。都六。九江廬江衡山豫章郡皆屬布。（又接入布事不見痕跡）七年、朝陳。八年、朝雒陽。九年、朝長安。十一年、高后誅淮陰侯。布因心恐。夏、漢誅梁王彭越。醢之。盛其醢。徧賜諸侯。至淮南。淮南王方獵。見醢。因大恐。陰令人部聚兵。候伺傍郡警急。（因心恐因大恐陰令聚兵事已搆矣偏頓住）布所幸姬疾。請就醫。醫家與中大夫賁赫對門。姬數如醫家。賁赫自以爲侍中。迺厚餽遺。從姬飲醫家。姬侍王。從容語次。譽赫長者也。王怒曰。汝安從知之。具說狀。王疑其與亂。赫恐。稱病。王愈怒。欲捕赫。（寫瑣細事曲折如見）赫言變事。乘傳詣長安。（因言變事故得乘傳耳此變事虛）布使人追不及。赫至上變。（至此乃上變耳實）言布謀反有端。可先未發誅也。（此即書語也下乃出書字）上讀其書。語蕭相國。相國曰。布不宜有此。恐仇怨妄誣之。請繫赫。使人微驗淮南王。（欲合未合間又作一縱）淮南王布見赫以罪亡。上變。固已疑其言國陰事。漢使又來。頗有所驗。遂族赫家。發兵反。（敘反因委曲有致）反書聞。上乃赦賁赫。以爲將軍。

上召諸將問曰。布反。爲之奈何。皆曰。發兵擊之。坑豎子耳。何能爲乎。（廷議如此下便應序滕公薦薛公事矣乃反放過倒插入滕公私議一段文法變幻）汝陰侯滕公。召故楚令尹問之。令尹曰。是固當反。（先作一縱）滕公曰。上裂地而王之。疏爵而貴之。南面而立萬乘之主。其反何也。令尹曰。往年殺彭越。前年殺韓信。言此三人者。同功一體之人也。自疑禍及身。故反耳。（只說反故並不說何以策英布留至上前方說文法之妙）滕公言之上曰。臣客故楚令尹薛公者。其人有籌筴之計。可問。（籌畫虛說妙蓋已爲滕公說一遍直述兩遍無此文法先於滕公前述過下無色澤故且藏過至下方說作文之法也）上乃召見問薛公。（此事則應接無能爲句下一時事耳滕公先問一段倒插法也）薛公對曰。布反不足怪也。（布反不足怪即殺彭越韓信云云也一篇說話上半節於滕公前述上前不序上計云云下半節於上前述滕公前不序文法互見之妙）使布出于上計。山東非漢之有也。出于中計勝敗之數未可知也出于下計陛下安枕而臥矣（先出上中下三計作一頓）上曰何爲上計令尹對曰東取吳西取楚幷齊取魯傳檄燕趙固守其所山東非漢之有也何謂中計（略上曰對省）東取吳西取楚幷韓取魏據敖倉之粟塞成皋之口勝敗之數未可知也何謂下計東取吳西取下蔡歸重于越身歸長沙陛下安枕而臥漢無事矣上曰是計將安出（上三計作兩段序妙矣此又閃出一段益奇）令尹對曰出下計（亦作一頓配上）上曰何謂廢中上計而出下計令尹曰布故麗山之徒也自致萬乘之主此皆爲身不顧後爲百姓萬世慮者也故曰出下計上曰善封薛公千戶迺立皇子長爲淮南王（間插一句）上遂發兵自將東擊布（遂字緊接）布之初反謂其將曰上老矣厭兵必不能來使諸將諸將獨患淮陰彭越今皆已死餘不足畏也故遂反（正忙中又插出反前一段妙）果如薛公籌之（間接）東擊荊荊王劉賈走死富陵盡劫其兵渡淮擊楚楚發兵與戰徐僮閒爲三軍欲以相救爲奇或說楚將曰布善用兵民素畏之且兵法諸侯戰其地爲散地今別爲三彼敗吾一軍餘皆走安能相救（兩相救應）不聽布果破其一軍其二軍散走遂西與上兵遇蘄西會甀布兵精甚上乃壁庸城望布軍置陳如項籍軍上惡之（極寫英布之能仍帶定項）

籍以應上半篇與布相望見。遙謂布曰。何苦而反。布曰。欲爲帝耳。此時布訴功訴寃俱屬孱弱只作倔彊一語不特時事固爾而英布身分俱現上怒。罵之。遂大戰。布軍敗。走渡淮。數止戰。不利。寫英布倔彊與百餘人走江南。一布故與番君婚。應前番君以女妻之以故長沙哀王使人紿布。僞與亡。誘走越。故信而隨之番陽。番陽人殺布茲鄉民田舍。遂滅黥布。完布一事立皇子長爲淮南王。封賁赫爲期思侯。諸將率多以功封者。復以閒事作波并結完賁赫

太史公曰。英布者。其先豈春秋所見楚滅英六。皋陶之後哉。身被刑法。何其拔興之暴也。項氏之所坑殺人以千萬數。而布常爲首虐。功冠諸侯。用此得王。亦不免于身爲世大僇。禍之興。自愛姬。殖妒媢。生患。竟以滅國。贊語若斷若續或韻或否另有一種風神

文章之妙不在字句之內如花之有光另有一種妍妙而非房蕊鬚瓣也如山之有色另有一種輝潤而非烟嵐樹石也語此方可與言文矣讀英布傳不過逐段敘事亦若另有一種銛鋒利亦犀利觸目不可解也○項羽一時英雄英布亦一時英雄兩人一時同事故夾寫項羽之英雄止是寫英布之英雄也借英筆反襯益見其妍○乘說英布事便插入隨何因隨何之說便插入隨何敍功一段絕無痕跡固是妙手○隨何之後又插入一辭公俱以閒人照耀而策英布一段分作兩下妙甚

淮陰侯列傳

淮陰侯韓信者、淮陰人也、始爲布衣時。貧無行。不得推擇爲吏。又不能治生商賈。（不衫不履、又是一種寫法）常從人寄食飲。人多厭之者。一（寫英雄失路）常數從其下鄉南昌亭長寄食數月。亭長妻患之。乃晨炊、蓐食。食時。信往。不爲具食。信亦知其意。怒。竟絕去。一（只此是英雄本色、不是沿門乞食一流也）信釣於城下。諸母漂。有一母見信饑。飯信。竟漂數十日。（側句直至漂完數十日皆飯信也）信喜。（應前怒）謂漂母曰。吾必有以重報母。母怒曰。大丈夫不能自食。吾哀王孫而進食。豈望報乎。一（乞食而重報、便有齊王在其意中、然寫漂母更高一層、妙。〇一反一正章法）淮陰屠中少年有侮信者曰。若雖長大。好帶刀劍。中情怯耳。衆辱之曰。（前乃私言、此則衆中辱之、是小人形狀）信能死。刺我。不能死。出我袴下。於是信孰視之。俛出袴下。蒲伏。（出袴下辱矣、下益蒲伏二字、寫袴下之狀、極其不堪辱、然上有孰視之三字、而信之籌畫已定、豈孟浪哉）一市人皆笑信。以爲怯。一（三段極寫英雄失路）及項梁渡淮。信仗、劍、從之。（方爲帶刀劍出色）居戲下。無所知名。一（一頓）項梁敗。又屬項羽。羽以爲郎中。數以策干項羽。羽不用。一（又一頓）漢王之入蜀。信亡楚歸漢。未得知名。爲連敖。坐法當斬。（三頓寫英雄失路、無事可做、無地自容、至今讀之、尚爲淚下）其輩十三人皆已斬。次至信。（故作危語）信乃仰視。適見滕公。曰。上不欲就天下乎。何爲斬壯士。（故作奇語）滕公奇。其言。壯其貌。釋而不斬。與語。大說之。（先作一挑、漸漸引入）言于上。上拜

以爲治粟都尉上未之奇也 臨時又一頓颺開 信數與蕭何語何奇之 前滕公奇之上未之奇也而蕭何奇之欲
合未合之間多少轉折 至南鄭諸將行道亡者數十人信度何等已數言上上不我用卽亡何
聞信亡不及以聞自追之 度何已言而亡不及以聞而追寫兩人權術相照處 人有言上曰丞相何亡上大怒
如失左右手 又反寫一筆妙甚非寫蕭何也正寫漢王極重蕭何而蕭何極重韓信則信爲何如人哉是固加一倍法也 居一二日何來
謁上上且怒且喜罵何曰若亡何也 借何以寫韓信恐人易曉故就何再逼入一步然後挑剔出來 何曰臣不敢亡
也臣追亡者上曰若所追者誰何曰韓信也上復罵曰諸將亡者以十數公無所追
追信詐也 既說韓信漢王又復颺開 何曰諸將易得耳至如信者國士無雙 只四字極贊韓信然他人所不能當 王
必欲長王漢中無所事信 先挑一句 必欲爭天下非信無所與計事者 後跌入一句 顧王策安
所決耳王曰吾亦欲東耳安能鬱鬱久居此乎何曰王計必欲東 必欲亦欲照應生情 能用信
信卽留不能用信終亡耳 又要挾一句 王曰吾爲公以爲將 爲公是面情之語正寫漢王尚未之信 何曰雖
爲將信必不留王曰以爲大將何曰幸甚 蕭何以漢王未信故又要挾一句然後逼出大將二字小小數語用幾許心思文章
夫豈易事 於是王欲召信拜之何曰王素慢無禮今拜大將如呼小兒耳此乃信所以去
也王必欲拜之擇良日齋戒設壇場具禮乃可耳 至此已盡致矣又起一峯再要挾一句再叮嚀一番眞文思飄渺

王許之。諸將皆喜。人人各自以爲得大將。至拜大將。乃信也。一軍皆驚。（信之拜將千穩萬妥矣乃從四旁寫來故作驚疑然後推出韓信遂令直至追信一段文章陡然生色）信拜禮畢。上坐。王曰。丞相數言將軍。將軍何以敎寡人計策。信謝。因問王曰。今東鄉爭權天下。豈非項王邪。（已將天下大勢一語斷定所謂餘子碌碌不足數也）漢王曰。然。曰。大王自料勇悍仁彊。孰與項王。（提出四字反問一句字字刻入漢王心中故使開口不得四字作三段應）漢王默然良久曰。不如也。信再拜賀曰。惟信亦以爲大王不如也。然臣嘗事之。請言項王之爲人也。項王喑噁叱咤。（四字雖費解然不必作何解說來自然是一項王妙甚）千人皆廢。然不能任屬賢將。此特匹夫之勇耳。（應勇悍字）項王見人。恭敬慈愛。言語嘔嘔。人有疾病。涕泣分食飮。至使人有功。當封爵者。印刓弊。忍不能予。此所謂婦人之仁也。（應仁字）項王雖霸天下而臣諸侯。不居關中而都彭城。（一層）有背義帝之約。（二層）而以親愛王諸侯。不平。（三層）諸侯之見項王遷逐義帝置江南。亦皆歸逐其主而自王善地。（四層）項王所過。無不殘滅者。（五層）天下多怨。百姓不親附。特劫於威彊耳。名雖爲霸。實失天下心。故曰其彊易弱。（應彊字）今大王誠能反其道。任天下武勇。何所不誅。以天下城邑封功臣。何所不服。以義兵從思東歸之士。何所不散。（前以三段應前四字此又以三段緊頂上三節一繁一簡前緩此急正是節奏）且三秦王爲秦將將秦子弟數歲矣所殺亡不可勝計又欺其衆降諸侯至新安項王詐坑秦降卒二十餘萬唯獨邯欣翳得脫秦父兄怨此三人痛入骨髓今楚彊以威王此三人秦民莫愛也（此時之勢先定三秦則項羽之下邯等三人爲急故又提出一對論之）大王之入武關秋毫無所害除秦苛法與秦民約法三章耳秦民無不欲得大王王秦者於諸侯之約大王當王關中關中民咸知之大王失職入漢中秦民無不恨者（知彼必先知己故又內揣一句）今大王舉而東三秦可傳檄而定也（謀成勢便一句斷定天下事在掌握矣豈非國士無雙）於是漢王大喜自以爲得信晚—（至此才心服具禮築壇時猶疑信半耳）遂聽信計部署諸將所擊（虛寫）八月漢王舉兵東出陳倉定三秦—（插漢事略）漢二年出關收魏河南韓殷王皆降合齊趙共擊楚—（插漢事略）四月至彭城漢兵敗散而還信復收兵與漢王會陽滎復擊破楚京索之間以故楚兵卒不能西—（信擊楚事略）漢之敗卻彭城塞王欣翟王翳亡漢降楚齊趙亦反漢與楚和—（插漢事略）六月魏王豹謁歸視親疾至國即絕河關反漢與楚約和漢王使酈生說豹不下—（插漢魏事略）其八月以信爲左丞相擊魏魏王盛兵蒲坂塞臨晉信乃益爲疑兵陳船欲渡臨晉而伏兵從夏陽以木罌缻渡軍襲安邑魏王豹驚引兵迎信信遂虜豹定魏爲河東郡

信擊鹵魏王事亦略其大槩蓋後欲詳者前不得不略法當如是也漢王遣張耳與信俱引兵東北擊趙代。後九月、破代兵禽夏說閼與。一信擊趙代事略信之下魏破代。漢輒使人收其精兵詣滎陽以距楚。一又總結信之與漢一體如此。信與張耳以兵數萬。欲東下井陘擊趙。至此始詳序起趙王成安君陳餘聞漢且襲之也。聚兵井陘口。號稱二十萬。廣武君李左車說成安君曰。聞漢將韓信涉西河。鹵魏王。禽夏說。新喋血閼與。今乃輔以張耳。議欲下趙。此乘勝而去國遠鬭。其鋒不可當。臣聞千里餽糧。士有饑色。樵蘇後爨。師不宿飽。忽下成語四句精鍊有色今井陘之道。車不盡方軌。騎不得成列。行數百里。其勢糧食必在其後。願足下假臣奇兵三萬人。從間路絕其輜重。足下深溝高壘。堅營勿與戰。彼前不得鬭。退不得還。吾奇兵絕其後。又重說一句是得意之作使野無所掠。不至十日。而兩將之頭可致於戲下。願君留意臣之計。否必爲二子所禽矣。成安君儒者也。寫得儒者一無所用如此常稱義兵不用詐謀奇計。曰吾聞兵法。十則圍之。倍則戰之。泥定兵法絕無權變眞儒者也今韓信兵號數萬。其實不過數千。能千里而襲我。亦已罷極。今如此避而不擊。後有大者。何以加之。則諸侯謂吾怯。而輕來伐人不聽廣武君策。廣武君策不用。韓信使人間視。知其不用。前極寫廣武君不得不少抑韓信此又寫韓信

中華書局印行

用間窺破卻用廣武君之策必別有那移變化必不至爲李左車所禽正極揚韓信處低昂互用具見文心還報。則大喜。乃敢。引。兵。遂。下。大喜乃敢又極寫李左車也未至井陘口三十里。止舍。夜半傳發。選輕騎二千人。人持一赤幟。從間道萆山而望趙軍。誡曰。趙見我走。必空壁逐我。若疾入趙壁。拔趙幟。立漢赤幟。一段選騎是明寫然故作奇語不了了如持赤幟奇。望趙軍奇入趙壁奇拔幟立幟奇令其裨將傳飱曰。今日。破。趙。會。食。諸將皆莫信。佯應曰諾。一段傳飱是暗寫先作一決一復作一疑分外著色謂軍吏曰。趙已先據便地爲壁。且彼未見吾大將旗鼓。未肯擊前行。恐吾至阻險而還。信乃使萬人先行。一段旗鼓是明寫出背水陣。趙軍望見而大笑。一段背水陣是暗寫兩明兩暗裝點鋪排如優人私講劇戲介白已定但未知當場演出如何令人心癢平旦。信建大將之旗鼓。鼓行出井陘口。想士馬雄靜旗鼓穆淵韓信於中精神萬倍殊可觀也此應還旗鼓段趙開壁擊之。大。戰。良。久。戰作一層寫於是信張耳佯棄鼓旗。走水上軍。水上軍開入之。復。疾。戰。戰作兩層寫趙果空壁爭漢鼓旗。逐韓信張耳。韓信張耳已入水上軍。軍。皆。殊。死。戰。不。可。敗。戰作三層寫不可敗正見其殊死戰也此應還水上軍段信所出奇兵二千騎。應選騎共侯趙空壁逐利。應還趙軍則馳入趙壁。皆拔趙旗。立漢赤幟二千。應入趙壁拔幟立幟見令明卒勇一絲不亂赤幟下再著二千字見繽紛滿天耳目皆亂○趙軍已不勝。不能得信等。欲還歸壁。壁皆漢赤幟。而大驚。總收上段以爲漢皆已得趙王將矣。又補一句立赤幟之

（故趙軍大驚之故）兵遂亂。遁走。趙將雖斬之。不能禁也。（一寫得整暇一寫得靡亂各得其妙）於是漢兵夾擊。（一面水上軍一面赤幟軍也）大破虜趙軍。斬成安君泜水上。禽趙王歇。—信乃令軍中毋殺廣武君。有能生得者。購千金。於是有縛廣武君而致戲下者。信乃解其縛。東鄉坐。西鄉對。師事之。—（上詳寫戰事然一直而來若再一直寫下便如帳簿矣故頓住下閃出別事少間隔之）諸將効首虜休。畢賀。因問信曰。兵法右倍山陵。前左水澤。（泥拘兵法便與成安君一樣）今者將軍令臣等反背水陳。曰破趙會食。（前四段止應其三忘卻傳殆卻于此點出）臣等不服。然竟以勝。此何術也。信曰。此在兵法。顧諸君不察耳。兵法不曰陷之死地而後生。置之亡地而後存。（答還兵法卻不是成安君與諸將之兵法也）且信非得素拊循士大夫也。此所謂驅市人而戰之。其勢非置之死地。使人人自爲戰。今予之生地。皆走。寧尚可得而用之乎。（變化之妙存乎一心信之謂也）諸將皆服。曰。善。非臣所及也。—（又將水上軍再解一番疑案皆自照應已完）於是信問廣武君。（間接）曰。僕欲北攻燕。東伐齊。何若而有功。廣武君辭謝曰。臣聞敗軍之將。不可以言勇。亡國之大夫。不可以圖存。今臣敗亡之虜。何足以權大事乎。—（故作一頓）信曰。僕聞之。百里奚居虞而虞亡。在秦而秦霸。非愚於虞而智於秦也。用與不用。聽與不聽也。誠令成安君聽足下計。若信者。亦已爲禽矣。（應兩將之頭致戲下）以不足用下故信得侍耳又一頓因固問曰又一促如面談僕委心歸計願足下勿辭廣武君曰臣聞智者千慮必有一失愚者千慮必有一得故曰狂夫之言聖人擇焉顧恐臣計未必足用願効愚忠又一謙正為敗軍之將也夫成安君有百戰百勝之計譽成安君反襯韓信也一旦而失之軍敗鄗下身死泜上今將軍涉西河虜魏王禽夏說閼與一舉而下井陘不終朝破趙二十萬衆誅成安君名聞海內威震天下魏趙夾序農夫莫不輟耕釋耒褕衣甘食傾耳以待命者又下姿致語若此將軍之所長也先揚之然而衆勞卒罷其實難用今將軍欲舉倦罷之兵頓之燕堅城之下欲戰恐久力不能拔情見勢屈曠日糧竭而弱燕不復齊必距境以自彊也燕齊夾序燕齊相持而不下則劉項之權未有所分也若此者將軍所短也後抑之說得情事如見必然之理臣愚竊以為亦過矣故善用兵者不以短擊長而以長擊短兩段竟住故作搖曳以盡文情韓信曰然則何由廣武君對曰方今為將軍計莫如案甲休兵鎮趙撫其孤百里之內牛酒日至以饗士大夫醳兵北首燕路而後遣辯士奉咫尺之書暴其所長於燕應將軍所長燕必不敢不聽從燕已從使諠言者東告齊暗伏酈生齊必從風而服雖有智者亦不知為齊計矣如是則天下事皆可圖也兵固有先聲

而後實者此之謂也事勢已明必又找一句以明理之確然無足疑者　韓信曰善從其策發使使燕燕從風
而靡—廣武君一段已多故說燕事畧　乃遣使報漢因請立張耳爲趙王以鎮撫其國漢王許之乃
立張耳爲趙王—請立張耳自欲得王可知何待躡足附耳時乎　楚數使奇兵渡河擊趙趙王耳韓信往來
救趙因行定趙城邑發兵詣漢—又虛寫一段　楚方急圍漢王於滎陽漢王南出之宛葉
間得黥布走入成皋楚又復急圍之—插入漢事畧　六月、漢王出成皋東渡河獨與滕公
俱從張耳軍脩武至宿傳舍晨自稱漢使馳入趙壁張耳韓信未起卽其臥內上奪
其印符以麾召諸將易置之信耳起乃知漢王來大驚寫得信耳如此之疎正所謂退一步法讓漢王出一頭地
也　漢王奪兩人軍卽令張耳備守趙地拜韓信爲相國收趙兵未發者擊齊—信引
兵東未渡平原聞漢王使酈食其已說下齊韓信欲止范陽辨士蒯通說信曰後云齊人
高祖亦曰齊辨士此云范陽恐誤也○先出蒯通遙伏後脈　將軍受詔擊齊而漢獨發間使下齊寧有詔止將軍
乎何以得毋行也且酈生一士伏軾掉三寸之舌下齊七十餘城將軍將數萬衆歲
餘乃下趙五十餘城爲將數歲反不如一豎儒之功乎兩兩對形且七十餘城五十餘城自令韓信短氣　於
是信然之從其計遂渡河齊已聽酈生卽留縱酒罷備漢守禦信因襲齊歷下軍遂

至臨菑。亦畧寫齊王田廣以酈生賣已。乃烹之而走高密。使使之楚請救。韓信已定臨菑。遂東追廣至高密西。楚亦使龍且將。號稱二十萬救齊。齊王廣龍且并軍與信戰。未合。人或說龍且曰。漢兵遠鬬窮戰。字字奇其鋒不可當。齊楚自居其地戰。語奇兵易敗散。不如深壁。令齊王使其信臣招所亡城。亡城聞其王在楚來救。必反漢。漢兵二千里客居。齊城皆反之。其勢無所得食。可無戰而降也。與李左車之意合正與李左車相照耀龍且曰。吾平生知韓信為人易與耳。且夫救齊不戰而降之。吾何功。今戰而勝之。齊之半可得。何為止。亦與陳餘一樣兩邊對照遂戰與信夾濰水陳。韓信乃夜令人為萬餘囊。滿盛沙。壅水上流。引軍半渡擊龍且。佯不勝還走。龍且果喜曰。固知信怯也。遂追信渡水。信使人決壅囊。水大至。龍且軍大半不得渡。即急擊殺龍且。龍且水東軍散走。背水陣太詳而此又不得畧故只得以短語促節而情致已盡另一妙也齊王廣亡去。信遂追北至城陽。皆虜楚卒。漢四年。遂皆降平齊。一使人言漢王曰。齊偽詐多變。反覆之國也。南邊楚。不為假王以鎮之。其勢不定。願為假王便。當是時。楚方急圍漢王於滎陽。又點漢王一筆乘其急而要之故所恨獨深不然張耳何以先王趙乎韓信使者至。發書。漢王大怒。罵曰。吾困於此。旦暮望若來佐我。乃欲自立為王。張良陳平躡漢王足。因附耳語曰。漢方不利。寧能禁信之王乎。不如因而立善遇之。使自爲守。不然變生。（只此妙附耳急語固宜如此）漢王亦悟。因復罵曰。大丈夫定諸侯。卽爲眞王耳。何以假爲。乃遣張良往。立信爲齊王。徵其兵擊楚。

▬楚已亡龍且。項王恐。使盱眙人武涉往說齊王信曰。天下共苦秦久矣。相與戮力擊秦。秦已破。計功割地。分土而王之。以休士卒。（項羽說自己心事）今漢王復興兵而東。侵人之分。奪人之地。已破三秦。引兵出關。收諸侯之兵。以東擊楚。其意非盡吞天下者不休。其不知厭足如是甚也。（就天下說一遍）且漢王不可必。身居項王掌握中數矣。項王憐而活之。然得脫。輒倍約。復擊項王。其不可親信如此。（就自己身上說一遍評漢王亦甚明確）今足下雖自以與漢王爲厚交。爲之盡力用兵。終爲之所禽矣。（就韓信說一遍）足下所以得須臾至今者。以項王尙存也。（又逼入一步）當今二王之事。權在足下。足下右投。則漢王勝。左投。則項王勝。項王今日亡。則次取足下。（又卽須臾二句以暢言之深動）足下與項王有故。何不反漢與楚連和。三分天下王之。（接右投左投句）今釋此時。而自必於漢以擊楚。（接漢王厚交句）且爲智者固若此乎。韓信謝曰。臣事項王。官不過郎中。位不過執戟。言不聽。畫不用。故倍楚而歸漢。（只答他項王有故一句餘不足動韓信也）漢王授我上將軍印。予我數萬衆。解衣衣我。推食食我。言聽計用。故吾得以至於此。（是不倍本之言）夫人深親信我。我倍之不祥。雖死不易。幸爲信謝項王。一（武涉一篇後接寫蒯通一篇說詞一詳一畧故以相犯見奇）武涉已去。齊人蒯通。（附傳）知天下權在韓信。（極寫韓信）欲爲奇策而感動之。以相人說韓信曰。僕嘗受相人之術。韓信曰。先生相人何如。對曰。貴賤在於骨法。憂喜在於容色。成敗在於決斷。（雙關語）以此參之。萬不失一。韓信曰。善。先生相寡人何如。對曰。願少間。信曰。左右去矣。通曰。相君之面。不過封侯。又危不安。相君之背。貴乃不可言。（雙關語妙）韓信曰。何謂也。蒯通曰。天下初發難也。俊雄豪傑。建號一呼。天下之士。雲合霧集。魚鱗雜遝。熛至風起。（疊三句有氣勢）當此之時。憂在亡秦而已。今楚漢分爭。使天下無罪之人。肝膽塗地。父子暴骸骨於中野。不可勝數。楚人起彭城。轉鬬逐北。至於滎陽。乘利席卷。威震天下。然兵困於京索之間。迫西山而不能進者。三年於此矣。（一邊抹殺項羽）漢王將數十萬之衆。距鞏雒。阻山河之險。一日數戰。無尺寸之功。折北不救。敗滎陽。傷成皐。遂走宛葉之間。（一邊抹殺漢王）此所謂智勇俱困者也。（此句雙結智則漢王勇乃項羽）夫銳氣挫於險塞。而糧食竭於內府。百姓疲極。怨望、容容、無所倚。以臣料之。其勢非天下之賢聖。固不能息天下之禍。（抹殺楚漢）

（卽推出韓信）當今兩主之命縣於足下。足下爲漢則漢勝。與楚則楚勝。臣願披腹心輸肝膽。効愚計。恐足下不能用也。誠能聽臣之計。莫若兩利而俱存之。三分天下。鼎足而居。其勢莫敢先動。（卽左投右投之說而申言之）夫以足下之賢聖。（接上賢聖）有甲兵之衆。據彊齊。從燕趙。出空虛之地而制其後。因民之欲西鄉爲百姓請命。則天下風走而響應矣。孰敢不聽。（卽韓信登壇之語而反用之者也）割大弱彊以立諸侯。諸侯已立。天下服聽而歸德於齊。案齊之故。有膠泗之地。懷諸侯之德。深拱揖讓。則天下之君王相率而朝於齊矣。（與三分之說更進一層）蓋聞天與弗取。反受其咎。時至不行。反受其殃。願足下孰慮之。韓信曰。漢王遇我甚厚。載我以其車。衣我以其衣。食我以其食。（連出三句）吾聞之。乘人之車者。載人之患。衣人之衣者。懷人之憂。食人之食者。死人之事。（連應三句）吾豈可以鄉利倍義乎。（還是對武涉之言。前序漢王之不可信而韓信言其不倍此則韓信先明其不倍而後言漢王之不可信作兩節寫又是一樣文法）蒯生曰。足下自以爲善漢王。欲建萬世之業。臣竊以爲誤矣。始常山王成安君爲布衣時。相與爲刎頸之交。後爭張黶陳澤之事。二人相怨。常山王背項王。奉項嬰頭而竄。逃歸於漢王。漢王借兵而東下。殺成安君泜水之南。頭足異處。卒爲天下笑。此二人相與。天下至驩也。然而卒相禽者何也。一頓患生於多欲。而人心難測也。一束今足下欲行忠信。以交於漢王。必不能固於二君之相與也。一折而事多大於張黶陳澤。故臣以爲足下必漢王之不危已亦誤矣。大夫種范蠡存亡越霸句踐。立功成名而身死亡。野獸已盡而獵狗烹。陳餘一段已爲盡矣又引出種蠡不作兩對以錯落作致夫以交友言之。則不如張耳之與成安君者也。以忠信言之。則不過大夫種范蠡之於句踐也。此二人者。足以觀矣。願足下深慮之。又將耳餘種蠡作雙結且臣聞勇畧震主者身危。而功蓋天下者不賞。臣請言大王功畧。又起一頭前說漢王此說韓信合而言之情事愈顯足下涉西河。虜魏王。禽夏說。引兵下井陘。誅成安君。徇趙。脅燕。定齊。南摧楚人之兵二十萬。東殺龍且。西鄉以報。此所謂功無二於天下。應功而畧不世出者也。應畧今足下戴震主之威。挾不賞之功。歸楚。楚人不信。歸漢。漢人震恐。足下欲持是安歸乎。昔所謂爲漢漢勝爲楚楚勝者今乃兩無著落天地茫茫此身靡托說得韓信聳然夫勢在人臣之位。而有震主之威。名高天下。竊爲足下危之。韓信謝曰。先生且休矣。吾將念之。後數日。蒯通復說。急忙之中又作一颺不作一起說完所以涵養文情也曰。夫聽者事之候也。計者事之機也。聽過計失而能久安者鮮矣。聽不失一二者。不可亂以言。計不失本末者。不可紛以辭。夫隨廝養之役者。失萬乘之權守儋石之祿者闕卿相之位故知者決之斷也疑者事之害也審毫釐之小計遺天下之大數智誠知之決弗敢行者百事之禍也故曰猛虎之猶豫不若蜂蠆之致螫騏驥之跼躅不如駑馬之安步孟賁之狐疑不如庸夫之必至也雖有舜禹之智吟而不言不如瘖聾之指麾也第四句另出不排板此言貴能行之夫功者難成而易敗時者難得而易失也時乎時不再來又作反振一願足下詳察之前文長辭繁恐其嫋散又垂此長尾鏗鏘振響韓信猶豫不忍倍漢又自以爲功多漢一氣瀉下卽一氣卷上又借時事一激掉轉收盡前篇如黃河東注必有大海以受之也終不奪我齊三句正寫猶豫遂謝蒯通蒯通說不聽已佯狂爲巫一漢王之困固陵用張良計召齊王信遂將兵會垓下一待分地而後會兵是韓信失著故回護之止略寫項羽已破高祖襲奪齊王軍漢五年正月、徙齊王信爲楚王都下邳信至國召所從食漂母賜千金及下鄉南昌亭長賜百錢曰公小人也爲德不卒召辱己之少年令出袴下者以爲楚中尉恩酬怨報歷歷分明英雄至此已無遺憾然今日則漂母固不可得而韓信復何人哉告諸將相曰此壯士也方辱我時我寧不能殺之邪殺之無名故忍而就於此一又獨注一段承明熟視之之心事項王亡將鍾離眛家在伊廬素與信善項王死後亡歸信漢王怨眛聞其在楚詔楚捕眛信初之國行縣邑陳兵出入漢六年、人有上書告楚王信反。高帝以陳平計。天子巡狩會諸侯。南方有雲夢。發使告諸侯會陳吾將游雲夢。實欲襲信。信弗知。高祖且至楚。信欲發兵反。自度無罪。欲謁上。恐見禽。先作兩路擒縱人或說信曰。斬眛謁上。上必喜無患。信見眛計事。眛曰。漢所以不擊取楚。以眛在公所。若欲捕我以自媚於漢。吾今日死。公亦隨手亡矣。乃罵信曰。公非長者。又出一鍾離眛爲漂母亭長作襯蓋恩仇太明即非長者之事也卒自剄。信持其首謁高祖於陳。上令武士縛信。載後車。信曰。果若人言。狡兔死。良狗亨。高鳥盡。良弓藏。敵國破。謀臣亡。即蒯通之說而衍之直至死時固未嘗一日忘通也天下已定。我固當亨。只就成語之下點一句別不一辨而情事已明怨憤百出妙甚上曰。人告公反。遂械繫信。至雒陽。赦信罪。以爲淮陰侯。信知漢王畏惡其能。常稱病不朝從。信由此日怨望。居常鞅鞅。羞與絳灌等列。寫韓信憤懣抑鬱殊不可堪信常過樊將軍噲。噲跪拜送迎。言稱臣。曰。大王乃肯臨臣。信出門。笑曰。生乃與噲等爲伍。此發明羞與絳灌等列也上常從容與信言諸將能不各有差。上問曰。如我能將幾何。信曰。陛下不過能將十萬。上曰。於君何如。曰。臣多多而益善耳。語新上笑曰。多多益善。何爲爲我禽。信曰。陛下不能將兵。而善將將。將將字亦新此乃信之所以爲陛下禽也。且陛下所謂天授。非人力也。一此節發明上一段惡其能陳豨拜爲鉅鹿守。辭於淮陰侯。淮陰侯挈其手。辟左右。與之步於庭。仰天歎曰。悄悄冥冥情事如見子可與言乎。欲與子有言也。欲說不可不說不能先鈎一句即接一句妙甚然屛人私語何由知之千古之事大率如此豨曰。唯將軍令之。淮陰侯曰。公所居。天下精兵處也。而公陛下之信幸臣也。兩句兩折人言公之畔。陛下必不信。再至。陛下乃疑矣。三至。必怒而自將。吾爲公從中起。天下可圖也。說得如此之易韓信恐不若是之孟浪陳豨素知其能也。遙接上段惡其能信之曰。謹奉教。漢十一年、陳豨果反。上自將而往。信病不從。陰使人至豨所。曰。第舉兵。吾從此助公。信乃謀與家臣。夜詐詔赦諸官徒奴。欲發以襲呂后太子。部署已定。待豨報。以上一段即上變之言也然赦官徒襲呂后韓信必不如此孟浪其舍人得罪於信。信囚欲殺之。舍人弟上變。告信欲反狀於呂后。呂后欲召。恐其黨不就。乃與蕭相國謀。詐令人從上所來。言豨已得死。列侯群臣皆賀。相國紿信曰。雖疾。彊入賀。信入。呂后使武士縛信。斬之長樂鍾室。信方斬之。曰。吾悔不用蒯通之計。乃爲兒女子所詐。豈非天哉。遂夷信三族。一信事已完後乃借蒯通作徐波作掉尾。高祖已從豨軍來。句至。句見信死。且喜且憐之。五字寫盡漢王心事問信死亦何言。呂后曰。信言恨不用蒯通計。高祖曰。是齊辯士也。乃詔齊捕蒯通。蒯通至。上曰。若敎淮陰侯反乎。對曰。然。臣固敎之。豎子不用臣之策。故令自夷於此。如彼豎子用臣之計。陛下安得而夷之乎。（妙固作快語是辨士聲口）上怒曰。亨之通曰。嗟乎。寃哉亨也。（又一反振作態妙）上曰。若敎韓信反。何寃。對曰。秦之綱絕而維弛。山東大擾。異姓並起。英俊烏集。秦失其鹿。天下共逐之。於是高材疾足者先得焉。（一喩頓住）跖之狗吠堯。堯非不仁。狗固吠非其主。（兩喩秦鹿跖狗照應頗工）當是時。臣惟獨知韓信。非知陛下也。（應跖狗段）且天下銳精持鋒欲爲陛下所爲者甚衆。顧力不能耳。又可盡亨之邪。（應秦鹿段）高帝曰。置之。乃釋通之罪。

太史公曰。吾如淮陰。淮陰人爲余言。韓信雖爲布衣時。其志與衆異。其母死。貧無以葬。然乃行營高敞地。令其旁可置萬家。余視其母冢。良然。（借軼事出色是史公長技）假令韓信學道謙讓。不伐己功。不矜其能。則庶幾哉。於漢家勳。可以比周召太公之徒。後世血食矣。不務出此。而天下已集。乃謀畔逆。夷滅宗族。不亦宜乎。

文章家逐段鋪排絕無裁剪則數一二而已何以爲文故韓信一傳前半於追亡登壇詳序之後大如擊楚擊魏擊趙代奇如木罌渡軍只用略寫虛寫至李左車井陘一說方始詳正虛實相參疎密互見之妙也○凡人之才獨運中易重發則難蓋其才易盡也史公於武涉之後接入蒯通使他人遇此如果雷同固非佳士即別有妙解亦是一文詞他偏用一樣見解一樣詞氣而仔細看來一士則句句是爲項王一則句句是爲韓信寧可以道里計哉

韓王信盧綰列傳

韓王信者、故韓襄王孽孫也。長八尺五寸、及項梁之立楚後懷王也。燕齊趙魏皆已前王。唯韓無有後。故立韓諸公子橫陽君成爲韓王。欲以撫定韓故地。項梁敗死定陶。成犇懷王。沛公引兵擊陽城。使張良以韓司徒降下韓故地。以上虛序 得信以爲韓將。將其兵從沛公入武關。序法明簡曲折 沛公立爲漢王。韓信從入漢中。迺說漢王曰。項王王諸將近地。而王獨遠居此。此左遷也。士卒皆山東人。跂而望歸。及其鋒東鄉。可以爭天下。此淮陰登壇語或以同名誤耶 漢王還定三秦。迺許信爲韓王。先拜信爲韓太尉。將兵略韓地。終不脫韓地 項籍之封諸王。皆就國。韓王成以不從無功。不遣就國。更以爲列侯。應完韓王成 及聞漢遣韓信略韓地。迺令故項籍游吳時吳令鄭昌爲韓王以距漢。更以及聞乃以俱用虛字 神動 漢二年。韓信略定韓十餘城。漢王至河南。韓信急擊韓王昌陽城。昌降漢。漢王乃立韓信爲韓王。乃許乃立照應 常將韓兵從。終不脫韓事 三年。漢王出滎陽。韓王信周苛等守滎陽。及楚敗滎陽。信降楚。已而得亡。復歸漢。漢復立以爲韓王。竟從擊破項籍。天下定。五年春。遂與剖符爲韓王。王潁川。數節只實序 明年春。上以韓信材武。以前只序事信之爲人反從此點出所王。北近鞏洛。南迫宛葉。東有淮陽。皆天下勁兵處。迺詔徙韓王信王太原。以北備禦胡。都晉陽。信上書曰。國被邊。匈奴數入。晉陽去塞遠。請治馬邑。上許之。信乃徙治馬邑。秋。匈奴冒頓大圍信。信數使使胡求和解。漢發兵救之。疑信數間使。有二心。使人責讓信。信恐誅。因與匈奴約共攻漢。句反。句以馬邑降胡。擊太原。七年冬。上自往擊破信軍銅鞮。斬其將王喜。信亡走匈奴。與其將白土人曼丘臣王黃等立趙苗裔趙利為王。復收信敗散兵。而與信及冒頓謀攻漢。匈奴使左右賢王將萬餘騎與王黃等屯廣武以南。至晉陽。與漢兵戰。漢大破之。追至於離石。後復破之。匈奴復聚兵樓煩西北。漢令車騎擊破匈奴。匈奴常敗走。（大破之復破之常敗走一路實寫漢之得勝孰知為平城之誘哉欲擒故縱之法兵法如是文法亦如是）漢乘勝追北。（一句結上起）聞冒頓居代上谷。高皇帝居晉陽。使人視冒頓。還報曰。可擊。上遂至平城。上出白登。匈奴騎圍上。上乃使人厚遺閼氏。閼氏乃說冒頓曰。今得漢地。猶不能居。且兩主不相厄。居七日。胡騎稍引去。（只約略寫簡淨）時天大霧。漢使人往來。胡不覺。（又周旋一句為被解圍）護軍中尉陳平言上曰。胡者全兵。請令彊弩傅兩矢外嚮。徐行出圍。（蓋曰匈奴全軍在此難與爭鋒惟有彊弩持滿徐行弗怯庶可出圍耳解者恐悞）入平城。漢救兵亦到。胡騎遂解去。

漢亦罷兵歸韓信爲匈奴將兵往來擊邊。頓往漢十年。信令王黃等說悞陳豨。悞好字十一年春。故韓王信復胡與騎人居參合。距漢。漢使柴將軍擊之。遺信書曰。陛下寬仁。諸侯雖有畔亡。而復歸。輒復故位號。不誅也。大王所知。今王以敗亡走胡。非有大罪。急自歸。韓王信報曰。陛下擢僕起閭巷。南面稱孤。此僕之幸也。滎陽之事。僕不能死。囚於項籍。此一罪也。及寇攻馬邑。僕不能堅守。以城降之。此二罪也。今反爲寇將兵。與將軍爭一旦之命。此三罪也。夫種蠡無一罪。身死亡。今僕有三罪於陛下。而欲求活於世。此伍子胥所以僨於吳也。一段今僕亡匿山谷間。旦暮乞貸蠻夷。僕之思歸。如痿人不忘起。盲者不忘視也。勢不可耳。兩段詞命簡當遂戰。柴將軍屠參合。斬韓王信。完信事

信之入匈奴。與太子俱。及至穨當城。生子。因名曰穨當。韓太子亦生子。命曰嬰。至孝文十四年。穨當及嬰率其衆降漢。漢封穨當爲弓高侯。嬰爲襄城侯。吳楚軍時。弓高侯功冠諸將。傳子至孫。孫無子。失侯。嬰孫以不敬失侯。穨當孽孫韓嫣。貴幸。名富顯於當世。其弟說。再封。數稱將軍。卒爲案道侯。子代。歲餘坐法死。後歲餘。說孫曾拜爲龍頟侯。續說後。一

盧綰者。豐人也。與高祖同里。盧綰親與高祖太上皇相愛。及生男

高祖盧綰同日生。里中持羊酒賀兩家。一段 及高祖盧綰壯。俱學書。又相愛也。里中嘉
兩家親相愛。生子同日。壯又相愛。復賀兩家羊酒。二段序初生瑣細事極爲濃郁〇兩節對寫句法各變 高祖
爲布衣時。有吏事辟匿。盧綰常隨出入上下。一節 及高祖初起沛。盧綰以客從。入漢中。
爲將軍。常侍中。二節 從東擊項籍。以太尉常從。出入臥內。三節 衣被飲食賞賜。羣臣莫敢
望。雖蕭曹等。特以事見禮。至其親幸。莫及盧綰。四節 綰封爲長安侯。長安。故咸陽也。五節
長安復解一句正見帝都重地不惜與之極寫親幸〇以上寫盧綰親幸正爲後文一嘆也 漢五年冬。以破項籍。乃使盧綰別將
與劉賈擊臨江王共尉。破之。乃使者向來親從侍中至此始別將耳 七月還。從擊燕王臧荼。臧荼降。高
祖已定天下。諸侯非劉氏而王者七人。欲王盧綰。爲羣臣觖望。及虜臧荼。迺下詔諸
將相列侯。擇羣臣有功者。以爲燕王。羣臣知上欲王盧綰。皆言曰。太尉長安侯盧綰
常從平定天下。功最多。可王燕。詔許之。漢五年八月。迺立盧綰爲燕王。諸侯王得幸
莫如燕王。又點一句此固親幸之終而違忤之始也 漢十一年秋。陳豨反代地。高祖如邯鄲擊豨兵。燕王
綰亦擊其東北。當是時。陳豨使王黃求救匈奴。燕王綰亦使其臣張勝於匈奴。言豨
等軍破。所以沮王黃也 張勝至胡。故燕王臧荼子衍出亡在胡。見張勝曰。公所以重於燕者。

以習胡事也。燕所以久存者。以諸侯數反。兵連不決也。一節正由勝說到燕今公爲燕欲急滅豨等。已盡。次亦至燕。公等亦且爲虜矣。二節反由燕說到勝公何不令燕且緩陳豨。而與胡和。事寬。得長王燕。卽有漢急。可以安國。兩節後緊淨明快張勝以爲然。迺私令匈奴助豨等擊燕。燕王綰疑張勝與胡反。上書請族張勝。勝還。具道所以爲者。燕王寤。迺詐論他人脫勝家屬。使得爲匈奴間。而陰使范齊之陳豨所。欲令久亡連兵勿決。又卽燕王跳脫一番且頓住

漢十二年。東擊黥布。豨常將兵居代。漢使樊噲擊斬豨。其裨將降。言燕王綰使范齊通計謀於豨所。高祖使使召盧綰。綰稱病。一節上又使辟陽侯審食其御史大夫趙堯往迎燕王。因驗問左右。綰愈恐。閉匿。二節謂其幸臣曰。非劉氏而王。獨我與長沙耳。往年春。漢族淮陰。夏誅彭越。皆呂后計。今上病。屬任呂后。呂后婦人。專欲以事誅異姓王者及大功臣。迺遂稱病不行。其左右皆亡匿。語頗泄。三節辟陽侯聞之。歸具報上。上益怒。又得匈奴降者。降者言張勝亡在匈奴。爲燕使。四節節節寫來由寬入緊於是上曰。盧綰果反矣。緊接一句收上四節使樊噲擊燕。燕王綰悉將其宮人家屬騎數千居長城下。伺候幸上病愈。自入謝。四月。高祖崩。盧綰遂將其衆亡入匈奴。匈奴以爲東胡盧王。綰爲蠻

彝所侵奪。常思復歸。居歲餘。死胡中。一節 高后時。盧綰妻子亡降漢。會高后病不能見。

舍燕邸。爲欲置酒見之。高后竟崩。不得見。盧綰妻亦病死。二節前寫處處親幸此寫事事不偶 孝景中

六年。盧綰孫他之以東胡王降。封爲亞谷侯。一 陳豨者。宛朐人也。不知始所以得從。

及高祖七年冬。韓王信反入匈奴。上至平城還。迺封豨爲列侯。以趙相國將監趙代

邊兵。邊兵皆屬焉。寫陳豨簡畧之甚 豨常告歸過趙。趙相周昌見豨賓客隨之者千餘乘。邯

鄲官舍皆滿。豨所以待賓客如布衣交。皆出客下。陳豨待客從周昌目中寫出妙 豨還之代。周昌乃

求入見。見上。具言豨賓客盛甚。擅兵於外數歲。恐有變。上乃令人覆案豨客居代者

財物諸不法事。多連引豨。豨恐。陰令客通使王黃曼丘臣所。及高祖七年七月。太上

皇崩。使人召豨。豨稱病甚。九月。遂與王黃等反。自立爲代王。刦略趙代。寫陳豨反事甚草草 上

聞。乃赦趙代吏人爲豨所詿誤刦略者。皆赦之。上自往至邯鄲。喜曰。豨不南據漳水。

北守邯鄲。知其無能爲也。陳豨無能爲從高帝口中說出妙 趙相奏斬常山守尉。曰常山二十五城。

豨反。亡其二十城。上問曰。守尉反乎。對曰不反。上曰是力不足也。赦之。復以爲常山

守尉。一節 上問周昌曰。趙亦有壯士可令將者乎。對曰有四人。四人謁。上慢罵曰豎子

能爲將乎。四人慙伏。上封之各千戶。以爲將。左右諫曰。從入蜀漢伐楚。功未徧行。今此何功而封。上曰。非若所知。陳豨反。邯鄲以北皆豨有。吾以羽檄徵天下兵。未有至者。今唯獨邯鄲中兵耳。吾胡愛四千戶。封四人以慰趙子弟。皆曰善。二節插入傳外閒事作勝亦以陳豨無可寫耳於是上曰。陳豨將誰。曰王黃曼丘臣。皆故賈人。上曰。吾知之矣。迺各以千金購黃臣等。頓住後應十一年冬。漢兵擊斬陳豨將侯敞王黃於曲逆下。下云生得此悞破豨將張春於聊城。斬首萬餘。太尉勃入定太原代地。十二月。上自擊東垣。東垣不下。卒罵上。東垣降。卒罵者斬之。不罵者黥之。更命東垣爲眞定。傳外閒事王黃曼丘臣其麾下受購賞之。皆生得。以故陳豨軍遂敗。找明應上上還至洛陽。上曰。代居常山北。趙乃從山南有之。句遠。句法佳迺立子恆爲代王。都中都。代鴈門皆屬代。高祖十二年冬。樊噲軍卒追斬豨於靈丘。

太史公曰。韓信盧綰。非素積德累善之世。徼一時權變。以詐力成功。遭漢初定。故得列地南面稱孤。內見疑彊大。外倚蠻貊以爲援。是以日疏自危。事窮智困。卒赴匈奴。豈不哀哉。一節陳豨。梁人。其少時數稱慕魏公子。及將軍守邊。招致賓客而下士。名聲過實。陳豨事反從贊中找出奇周昌疑之。瑕疵頗起。懼禍及身。邪人進說。遂陷無道。二節於戲悲夫。夫計之生孰成敗於人也。深矣。總收

此不過以三叛將合作一傳絕無關合處○韓王信傳只寫大節初不過將韓兵畧韓地後不過投匈奴等事疎枝大葉布置謹密而已○盧綰傳前半極寫其親幸後半極寫其齟齬愛憎知遇眞有如是者可爲三嘆世間深仇積怨往往從極相知而起豈特一齬耳餘哉○寫陳豨絕無好處不過好客一節耳忽然而來無端而反千古而下想之不過一孟浪豎子耳而淮陰豈足與謀哉故握手仰天諸語傳中不入史公身在漢世目擊其寃故於此見意也

田儋列傳

田儋者、狄人也。故齊王田氏族也。儋從弟田榮。榮弟田橫。以田儋立名是三人合傳起處先總提皆豪。句宗。彊。句能。得。人。一句能得人是主直照至篇末陳涉之初起王楚也。直起一峯使周市畧定魏地。北至狄。狄城守。田儋佯爲縛其奴。從少年之廷。欲謁殺奴。見狄令。因擊殺令。而召豪吏子弟曰。諸侯皆反秦自立。齊句古之建國。句儋。句田氏。句當王。十一字分四句兩對屹然竟住妙遂自立爲齊王。發兵以擊周市。周市軍還去。田儋因率兵東畧定齊地。一頓住下又起一峯秦將章邯圍魏王咎於臨濟。句急。句魏王請救於齊。齊王田儋。大書齊王爲田儋吐氣將兵救魏。章邯夜銜枚擊。大破齊魏軍。殺田儋於臨濟下。一完田儋傳儋弟田榮。收儋餘兵。走東阿。

頓住齊人聞王田儋死。迺立故齊王建之弟田假爲齊王。田角爲相。田間爲將。以距諸侯。又出一峯又頓住田榮之走東阿。間接章邯追圍之。項梁聞田榮之急。迺引兵擊破章邯軍東阿下。章邯走而西。項梁因追之。頓住且颺開○項梁有德於齊齊背之此種怨之根而田榮怒齊之立假。而字接得不即不離妙迺引兵歸擊逐齊王假。假亡走楚。齊相角亡走趙。角弟田間前求救趙。插出因留不敢歸。田榮乃立田儋子市爲齊王。榮相之。田橫爲將。平齊地。頓住項梁既追章邯。間接章邯兵益盛。項梁使使告趙齊。發兵共擊章邯。田榮曰。使楚殺田假。趙殺田角田間。迺肯出兵。楚懷王曰。田假與國之王。窮而歸我。殺之不義。趙亦不殺田角田間。以市於齊。楚趙一詳一略有筆法齊曰。蝮螫手則斬手。螫足則斬足。何者。爲害於身也。一轉今田假田角田間於楚趙。非直手足戚也。何故不殺。二轉且秦復得志於天下。則齮齕用事者墳墓矣。轉得明快楚趙不聽。齊亦怒。終不肯出兵。章邯果敗殺項梁。破楚兵。楚兵東走。而章邯渡河圍趙於鉅鹿。插入章邯用而字便極項羽往救趙。由此怨田榮。且頓住作一結項羽既存趙。降章邯等。西屠咸陽。滅秦而立侯王也。既住又起蛛絲馬跡之妙迺徙齊王田市更王膠東。治卽墨。齊將田都。從共救趙。因入關。故立都爲齊王。治臨淄。故齊王建孫田

安項羽方渡河救趙田安下濟北數城引兵降項羽項羽立田安爲濟北王治博陽
田榮以負項梁不肯出兵助楚趙攻秦故不得王（點明上節作結）趙將陳餘亦失職不得王
（插入）二人俱怨項王（怨字根）項王既歸諸侯各就國田榮使人將兵助陳餘令反趙地而
榮亦發兵以距擊田都（插陳餘一筆用而字收轉）田都亡走楚田榮留齊王市無令之膠東市之
左右曰項王彊暴而王當之膠東不就國必危市懼迺亡就國田榮怒追擊殺齊王
市於卽墨還攻殺濟北王安於是田榮乃自立爲齊王盡并三齊之地（收完上段簡淨）項王
聞之大怒迺北伐齊齊王田榮兵敗走平原平原人殺榮一（完田榮傳）項王遂燒夷齊城
郭所過者盡屠之齊人相聚畔之榮弟橫收齊散兵得數萬人反擊項羽於城陽而
漢王率諸侯敗楚入彭城（間插入漢王亦用而字）項羽聞之乃釋齊而歸擊漢於彭城因連與
漢戰相距滎陽以故田橫復得收齊城邑（以故二字點得明快）立田榮子廣爲齊王而橫相之
專國政政無巨細皆斷於相一（頓住）橫定齊三年（大書一筆見橫之功）漢王使酈生往說下齊王
廣及其相國橫橫以爲然解其歷下軍漢將韓信引兵且東擊齊齊初使華無傷田
解軍於歷下以距漢漢使至乃罷守戰備縱酒（倒序解明解歷下軍之故）且遣使與漢平漢將韓

信已平趙燕。用蒯通計。度平原。襲破齊歷下軍。三點歷下軍詳因入臨淄。齊王廣相橫怒。以酈生賣己。而亨酈生。齊王廣東走高密。相橫走博陽。守相田光走城陽。將軍田既軍於膠東。楚使龍且救齊。齊王與合軍高密。漢將韓信與曹參破殺龍且。虜齊王廣。漢將灌嬰追得齊守相田光。至博陽。而橫聞齊王死。自立為齊王。插入橫王事仍用而字妙還擊嬰。嬰敗橫之軍於嬴下。田橫亡走梁。歸彭越。彭越是時居梁地。中立。且為漢。且為楚。一閒中插入梁事且兜住韓信已殺龍且。間接因令曹參進兵破殺田既於膠東。使灌嬰破殺齊將田吸於千乘。韓信遂平齊。乞自立為齊假王。漢因而立之。一因齊事插入韓信一段因非本傳故一氣滾過後歲餘。漢滅項籍。漢王立為皇帝。以彭越為梁王。接上田橫走梁事越昔中立故可依今歸漢故不得不去也田橫懼誅。而與其徒屬五百餘人入海。居島中。高帝聞之。以為田橫兄弟本定齊。齊人賢者多附焉。今在海中不收。後恐為亂。三人事一路分敘借高帝口中一總出色一番迺使使赦田橫罪而召之。田橫因謝曰。臣亨陛下之使酈生。今聞其弟酈商為漢將而賢。臣恐懼。不敢奉詔。請為庶人。守海島中。使還報。高皇帝迺詔衛尉酈商曰。齊王田橫卽至。人馬從者敢動搖者。致族夷。又為田橫出色一番田橫上加齊王二字壯甚迺復使使持節具告以詔商狀。曰。田橫來。

大者王。小者迺侯耳。不來。且舉兵加誅焉。田橫乃與其客二人乘傳詣雒陽。未至三十里。至尸鄉廐置。橫謝使者曰。人臣見天子當洗沐。止留。（且一頓若眞爲洗沐留者）謂其客曰。橫始與漢王俱南面稱孤。今漢王爲天子。而橫乃爲亡虜而北面事之。其恥固已甚矣。（一轉）且吾烹人之兄。與其弟併肩而事其主。縱彼畏天子之詔。不敢動我。我獨不媿於心乎。（二轉）且陛下所以欲見我者。不過欲一見吾面貌耳。今陛下在洛陽。今斬吾頭。馳三十里間。形容尙未能敗。猶可觀也。（一段奇事寫得明白千古如新令人擊節）遂自剄。令客奉其頭從使者馳奏之高帝。高帝曰。嗟乎。有以也夫。（只一句寫得心折）起自布衣。兄弟三人更王。豈不賢乎哉。（又將兄弟三人一提）爲之流涕。而拜其二客爲都尉。發卒二千人。以王者禮葬田橫。既葬。二客穿其家旁孔。皆自剄。下從之。（又借二客出色句）高帝聞之。迺大驚。以田橫之客皆賢。吾聞其餘尙五百人在海中。使使召之。至。則聞田橫死。亦皆自殺。（又借五百人出色事固奇而文章家寫此助色如餘波欲平而兩峯傑出豈非樂事）於是乃知田橫兄弟能得士也。（只一句收完三傳直照至篇首能得士句截然竟住妙甚）

太史公曰。甚矣蒯通之謀。亂齊驕淮陰。其卒亡此兩人。蒯通者。善爲長短說。論戰國之權變。爲八十一首。通善齊人安期生。安期生嘗干項羽。項羽不能用其筴。已而項羽欲封此兩人。兩人終不肯受。亡去。忽然出一蒯通又忽然出一安期生而田橫只就篇末一點奇甚田橫之高節。賓客慕義而從橫死。豈非至賢。余因而列焉。無不善畫者。莫能圖何哉。

原是三人合傳而處處關合首尾照映此乃史公極有行列文字中間寫田橫自剄一段尤慷慨明淨○中間接處插處凡四用而字字字妙絕讀者詳之○贊中忽寫蒯通又傳外插出一安期生非孟浪也蓋因田橫兄弟能得士一句因思天下士如二客如五百人皆得因田橫而見此外如蒯通如安期生者不知埋沒幾何遂與草木同腐故不覺爲之三嘆而附之傳末也史公誠好士哉

樊酈滕灌列傳

舞陽侯樊噲者。沛人也。以屠狗爲事。與高祖俱隱。俱以高祖提綱以下同初從高祖起豐。攻下沛。一戰功高祖爲沛公。以噲爲舍人。一爵賞從攻胡陵方與。二戰功還守豐。擊泗水監豐下。破之。三戰功復東定沛。破泗水守薛西。四戰功與司馬尼戰碭東。卻敵。斬首十五級。賜爵國大夫。五戰功二爵賞常從。沛公擊章邯軍濮陽。攻城先登。斬首二十三級。賜爵列大夫。六戰功三爵賞復常從。樊噲高祖親臣戰功從高祖處爲多故又點此三字即無功之時亦常從也從攻城陽。先登。七戰功下戶牖。破李由軍。斬首十六級。賜上間爵。八戰功四爵賞從攻圍東郡守尉於城武。卻敵。斬首十四級。捕虜十一人。賜爵五大夫。戰功九爵賞五從擊秦軍出亳南河間守軍於扛里。破之。戰功十擊破趙賁軍開封北。以卻敵先登斬侯一人。首六十八級。捕虜二十七人。賜爵卿。戰功十一爵賞六從、攻破楊熊軍於曲遇。戰功十二攻宛陵。先登。斬首八級。捕虜四十四人。賜爵封號賢成君。戰功十三爵賞七從、攻長社轘轅。絕河津。戰功十四東攻秦軍於尸南。戰功十五攻秦軍於犨。戰功十六破南陽守齮於陽城東。戰功十七攻宛城。先登。戰功十八西至酈。以卻敵。斬首二十四級。捕虜四十人。賜重封。戰功十九爵賞八攻武關。至霸上。斬都尉一人。首十級。捕虜百四十六人。降卒二千九百人。戰功二十項羽在戲下。欲攻沛公。沛公從百餘騎因項伯面見項羽。謝無有閉關事。略得妙項羽既饗軍士。中酒。飲酒中閒也亞父謀欲殺沛公。令項莊拔劍舞坐中。欲擊沛公。項伯常肩、蔽、之。略得妙時獨沛公與張良得入坐。樊噲在營外。始入噲事聞事急。乃持鐵盾入到營。營衛止噲。噲直撞入。立帳下。項羽目之。問爲誰。張良曰。沛公參乘樊噲。項羽曰。壯士。賜之卮酒彘肩。噲既飲酒。拔劍切肉食盡之。略序處更覺色壯項羽曰。能復飲乎。噲曰。臣死且不辭。豈特卮酒乎。且、沛公先入定咸陽。暴師霸上。以待大王。大王今日至。聽小人之言。與沛公有隙臣恐天下解心疑大王也（與項紀不同而情事更明淨）項羽默然（寫項羽心服）沛公如廁麾樊噲去既出沛公留車騎獨騎一馬與樊噲等四人步從從間道山下歸走霸上軍而使張良謝項羽（謝羽帶敘）項羽亦因遂已無誅沛公之心矣是日微樊噲犇入營誚讓項羽沛公事幾殆（復綴數語歸功樊噲是噲傳體也）明日項羽入屠咸陽立沛公為漢王漢王賜噲爵為列侯號臨武侯（爵賞九）遷為郎中從入漢中（爵賞十）還定三秦別擊西丞白水北雍輕車騎於雍南破之（戰功二十一）從攻雍斄城先登（戰功二十二）擊章平軍好畤攻城先登陷陣斬縣令丞各一人首十一級虜二十人遷郎中騎將（戰功二十三　爵賞十一）從擊秦軍騎壤東卻敵遷為將軍（戰功二十四　爵賞十二）攻趙賁下郿槐里柳中咸陽灌廢丘最至櫟陽賜食邑杜之樊鄉（戰功二十五　爵賞十三）從攻項籍屠煮棗（戰功二十六）擊破王武程處軍于外黃（戰功二十七）攻鄒魯瑕丘薛（戰功二十八）項羽敗漢王於彭城盡復取魯梁地噲還至滎陽益食平陰二千戶（爵賞十四）以將軍守廣武一歲項羽引而東從高祖擊項籍下陽夏虜楚周將軍卒四千人圍項籍於陳大破之屠胡陵（戰功二十九）項籍既死漢王為帝以噲堅守戰有功益食八百戶（爵賞十五）從高帝攻反燕王臧荼虜荼定燕

地。一戰功三十楚王韓信反。噲從至陳取信。定楚。戰功三十一更賜爵列侯。與諸侯剖符。世世勿絕。食舞陽。號爲舞陽侯。除前所食。一爵賞十六以將軍從高祖攻反韓王信于代。自霍人以往。至雲中。與絳侯等共定之。益食千五百戶。一戰功三十二爵賞十七因擊陳豨與曼丘臣軍。戰襄國。破柏人。先登。降定清河常山凡二十七縣。殘東垣。戰功三十三遷爲左丞相一爵賞十八破得綦毋卬尹潘軍於無終廣昌。一戰功三十四破豨別將胡人王黃軍於代南。一戰功三十五因擊韓信軍於叅合。軍、所、將卒、斬韓信。一戰功三十六破豨胡騎橫谷。斬將軍趙既。鹵代丞相馮梁。守孫奮。大將王黃。將軍太卜。太僕解福等十人。與諸將共定代鄉邑七十三。一戰功三十七其後燕王盧綰反。噲以相國擊盧綰。破其丞相抵薊南。定燕地。凡縣十八。鄉邑五十一。益食邑千三百戶。定食舞陽五千四百戶。戰功三十八爵賞十九從斬首百七十六級。碭東十五濮陽二十三李由軍十六城武十四趙賁軍六十八宛陵八鄜二十四霸上十好時十一鹵二百八十八人。城武十一趙賁軍二十七宛陵四十四鄜四十霸上一百六十四好時二十別。破軍七。李由軍趙賁軍章平軍王武程處軍曼丘臣軍綦毋卬尹潘軍王黃軍下城五。定郡六。縣五十二。戶牖宛鄜清河等得丞相一人。代馮梁將軍十二人。豨將趙既王黃及解福等十人二千石已下至三百石十一人。孫奮等〇總敘戰功以從與別兩項分敘變法噲以呂后女弟呂須爲婦生子伉故其比諸將最親—先點明呂須先黥布反時前戰功直叙至盧綰反時已在黥布反後矣此倒插法也故著先字高祖嘗病甚惡見人臥禁中詔戶者無得入羣臣羣臣絳灌等莫敢入十餘日噲乃排闥直入大臣隨之正寫其最親也上獨枕一宦者臥噲等見上流涕曰始陛下與臣等起豐沛定天下何其壯也今天下已定又何憊也兩也字一疊且陛下病甚大臣震恐不見臣等計事顧獨與一宦者絕乎且陛下獨不見趙高之事乎兩且字兩乎字以兩轉作兩疊直淨而宛折眞淨者樊噲之語宛折者史公之文也高帝笑而起—一先一後作兩節對照其後盧綰反高帝使噲以相國擊燕是時高帝病甚人有惡噲黨於呂氏卽上一日宮車晏駕則噲欲以兵盡誅滅戚氏趙王如意之屬高帝聞之大怒不問所由來是高帝意中故大怒也乃使陳平載絳侯代將而卽軍中斬噲陳平畏呂后執噲詣長安至則高祖已崩呂后釋噲使復爵邑—孝惠六年樊噲卒諡爲武侯子伉代侯而伉母呂須亦爲臨光侯而字亦字妙女子封侯故爲一笑高后時用事崇權大臣盡畏之—伉代侯九歲伉代侯前已著明此乃伉代侯後之九年耳作一句讀高后崩大臣誅諸呂呂須婘屬因誅伉因字好以明非伉之罪也舞陽侯中絕數月孝文帝既立乃復封噲他庶子市人爲舞陽侯復故爵邑—市人立二十九歲卒諡爲荒侯子他廣代侯六歲侯家

舍人得罪他廣。怨之。乃上書曰。荒侯市人病。不能爲人。奇語 令其夫人與其弟亂而生
他廣。他廣實非荒侯子。不當代後。詔下吏。孝景中六年。他廣奪侯爲庶人。國除。一曲
周侯酈商者。高陽人。陳勝起時。商聚少年東西略人。得數千。沛公略地至陳。留六月
餘。商以將卒四千人屬沛公於岐。一初見 從攻長社。先登。一戰功一 賜爵封信成君。一爵賞
一從沛公攻緱氏。絕河津。破秦軍洛陽東。戰功二 從攻下宛穰。定十七縣。戰功三 別將攻
旬關。定漢中。一戰功四 項羽滅秦。立沛公爲漢王。漢王賜商爵信成君。一爵賞二○下每節皆舉官
名用以字貫下 以將軍爲隴西都尉。別將定北地上郡。破雍將軍烏氏周類軍栒邑蘇駔軍
於泥陽。賜食邑武成六千戶。一戰功五爵賞三 以隴西都尉從擊項籍軍。五月出鉅野。與鍾
離昧戰疾鬬。字法異戰功六 ○受梁相國印。益食邑四千戶。一爵賞四 以梁相國將從擊項羽
二歲三月。攻胡陵。一戰功七 項羽既已死。漢王爲帝。其秋燕王臧荼反。商以將軍從擊
荼。戰龍脫。先登陷陣。破荼軍易下。卻敵。戰功八 遷爲右丞相。賜爵列侯。與諸侯剖符。世
世勿絕。食邑涿五千戶。號曰涿侯。一爵賞五 以右丞相別定上谷。因攻代。受趙相國印。
一戰功九爵賞六 以右丞相趙相國別與絳侯等定代鴈門。得代丞相程縱。守相郭同。將軍

已下至六百石十九人。一戰功十還。以、將軍、爲太上皇衞。一歲七月。以、右丞、相、擊陳、豨。殘東垣。一戰功十一又、以、右、丞、相。從、高帝擊黥布。攻其前拒。陷兩陣。得以破布軍。戰功十二更食曲周五千一百戶。除前所食。一爵賞七凡別、破軍三雍將軍周類軍蘇駔軍降定郡六。縣七十三。北地上郡宛穰等得丞相。代程縱守相。代郭同大將。各一人。小將二人。無名二千石已下至六百石十九人。一無名商事孝惠高后時。商病不治。一酈商戰功俱在高帝時此結住下入酈寄傳其子寄字況。酈寄附傳與呂祿善。及高后崩。大臣欲誅諸呂。呂祿爲將軍。軍於北軍。太尉勃不得入北軍。於是乃使人劫酈商。令其子況紿呂祿。呂祿信之。故與出游。而太尉勃乃得入據北軍。遂誅諸呂。紿呂事略寫以高后紀已詳也是歲商卒。謚爲景侯。子寄代侯。天下稱酈況賣交也。一孝景前三年、吳楚齊趙反。上以寄爲將軍。圍趙城。十月不能下。得俞侯欒布自平齊來。乃下趙城。滅趙。王自殺。除國。孝景中二年、寄欲取平原君爲夫人。景帝怒。下寄吏。有罪奪侯。景帝乃以商他子堅封爲繆侯。續酈氏後。繆靖侯卒。子康侯遂成立。遂成卒。子懷侯世宗立。世宗卒。子侯終根立。爲太常。坐法國除。一汝陰侯夏侯嬰沛人也、爲沛廄司御。每送使客還。過沛泗上亭。與高祖語。未嘗不移日也。一先寫親密嬰已而試補縣吏。與高祖相愛。高祖戲而傷嬰。人有告高祖。高祖時爲亭長。重坐傷人。告故不傷嬰。嬰證之。（證其不傷也）後獄覆。（覆按也）嬰坐高祖繫歲餘。掠笞數百。終以是脫高祖一（玩此則證其不傷爲是）高祖之初與徒屬欲攻沛也。嬰時以縣令史爲高祖使。上降沛。一日高祖爲沛公。賜嬰爵七大夫。以爲太僕。一（爵賞一）從攻胡陵。嬰與蕭何降泗水監平。平以胡陵降。賜嬰爵五大夫。一（戰功一爵賞二）從擊秦軍碭東。攻濟陽。下戶牖。破李由軍雍丘下。以兵車趣攻戰疾。（戰功二〇此又多用兵車趨功戰疾字）賜爵執帛。一（爵賞三）常以太僕奉車。（既爲太僕自是奉車下節以奉車冠節）從擊章邯軍東阿濮陽下。以兵車趣攻戰疾。破之。賜爵執珪。一（戰功三爵賞四）復常奉車。從擊趙賁軍開封。楊熊軍曲遇。嬰從。捕鹵六十八人。降卒八百五十人。得印一匱。一（戰功四）因復常奉車。從擊秦軍雒陽東。以兵車趣攻戰疾。賜爵封。轉爲滕公。一（戰功五爵賞五）因復奉車。從攻南陽。戰于藍田芷陽。以兵車趣攻戰疾。（戰功六）至霸上。項羽至。滅秦。立沛公爲漢王。漢王賜嬰爵列侯。號昭平侯。一（爵賞六）復爲太僕。從入蜀漢。還定三秦。從擊項籍。至彭城。（戰功七）項羽大破漢軍。漢王敗。不利。馳去。見孝惠魯元。載之。漢王急。馬罷。鹵在後。常蹶。（疊寫三句正見其急）兩兒欲棄之。嬰常收。竟載之。徐行。面雍樹。乃馳。

極急之時寫得極從容○面雍樹三字不可解數千載流傳之書豈無脫誤闕疑可也諸解恐鑿漢王怒。行欲斬嬰者十餘。非眞欲斬嬰也寫其急極之時不能顧兩兒後并恨滕公也急時爲人纔絆眞有此意至事定而思乃爲可笑耳卒得脫。而致孝惠魯元於豐。漢王既至滎陽。收散兵復振。賜嬰食祈陽。爵賞七爲其收兩兒也復常奉車。從擊項籍。追至陳。卒定楚。至魯。戰功八益食茲氏。爵賞八漢王立爲帝。其秋燕王臧荼反。嬰以太僕從擊荼。戰功九明年。從至陳。取楚王信。戰功十更食汝陰。剖符世世勿絕。爵賞九以太僕從擊代。至武泉雲中。益食千戶。戰功十一爵賞十因從擊韓信軍胡騎晉陽旁。大破之。追北至平城。爲胡所圍。七日不得通。高帝使使厚遺閼氏。冒頓開圍一角。高帝出欲馳。嬰固徐行。弩皆持滿外向。卒得脫。益食嬰細陽千戶。戰功十二爵賞十一復以太僕從擊胡騎句注北。大破之。戰功十三以太僕擊胡騎平城南。三陷陳。功爲多。戰功十四賜所奪邑五百戶。爵賞十二以太僕擊陳豨鯨布軍。陷陳。卻敵。益食千戶。定食汝陰六千九百戶。除前所食。戰功十五爵賞十三○此兩陷陣似自立功非爲帝御也嬰自上初起沛。常爲太僕。竟高祖崩。以太僕事孝惠。滕公一生功業是爲太僕奉車一路敘明此又一總結孝惠帝及高后德嬰之脫孝惠魯元於下邑之間也。乃賜嬰北縣第第一。曰近我。以尊異之。繳完載兩兒事孝惠帝崩。以太僕事高后。太僕餘波高后

崩。代王之來。嬰以太僕、與東牟侯入清宮。廢少帝。以天子法駕。迎代王代邸。太僕餘波 與
大臣共立爲孝文皇帝。復爲太僕。—八歲卒。謚爲文侯。—子夷侯竈立七年卒。子共
侯賜立。三十一年卒。子侯頗尚平陽公主。立十九歲。元鼎二年。坐與父御婢姦罪自
殺。國除。—潁陰侯灌嬰者、睢陽販繒者也。高祖之爲沛公。略地至雍丘下。章邯敗殺
項梁。而沛公、還軍於碭。嬰初以中涓從。擊破東郡尉於成武。及秦軍於扛里。疾鬬賜
爵七大夫。—戰功一 爵賞一 從、攻秦軍亳南開封曲遇。戰疾力賜爵執帛號宣陵君。—戰功二 爵
賞二 從、攻陽武以西至雒陽。破秦軍尸北。北絕河津。南破南陽守齮陽城東。遂定南陽
郡。—戰功三 西入武關。戰于藍田。疾力。—戰功四 至霸上。賜爵執珪。號昌文君。—爵賞三 沛
公立爲漢王。拜嬰爲郎中。—爵賞四 從、入漢中。十月。拜爲中謁者。—爵賞五 從、還定三秦
下櫟陽。降塞王。—戰功五 還。圍章邯於廢丘。未拔。從、東出臨晉關。擊降殷王。定其地。—
戰功六 擊項羽將龍且魏相項他軍定陶南。疾戰破之。賜嬰爵列侯。號昌文侯。食杜平
鄉。—戰功七 爵賞六 復以中謁者從降下碭。以至彭城。項羽擊。大破漢王。漢王遁而西。嬰從、
還軍於雍丘。—戰功八 王武魏公申徒反。從、擊破之。攻下黃。—戰功九〇 以上俱從 西收兵。軍於

滎陽。楚騎來衆。漢王乃擇軍中可爲車騎將者。皆推故秦騎士重泉人李必駱甲習騎兵。今爲校尉。可爲騎將。漢王欲拜之。必甲曰。臣故秦民。恐軍不信臣。臣願得大王左右善騎者傅之。灌嬰雖少。然數力戰。乃拜灌嬰爲中大夫。（爵賞七）令李必駱甲爲左右校尉。將郎中騎兵擊楚騎於滎陽東。大破之。（戰功十〇以下俱別將）受詔別擊楚軍後。絕其餉道。起陽武至襄邑。（戰功十一〇以下功用所將卒多蓋潁陰已爲大將也）擊項羽之將項冠於魯下。破之。所將卒斬右司馬騎將各一人。（戰功十二）擊破柘公王武軍於燕西。所將卒斬樓煩將五人。連尹一人。（戰功十三）擊王武別將桓嬰白馬下。破之。所將卒斬都尉一人。（戰功十四）以騎渡河南。送漢王到雒陽。使北迎相國韓信軍於邯鄲。還至敖倉。嬰遷爲御史大夫。（戰功十五　爵賞八）三年。以列侯食邑杜平鄉。（爵賞九〇以下屬韓信）以御史大夫受詔將郎中騎兵東屬相國韓信。擊破齊軍於歷下。所將卒虜車騎將軍華毋傷及將吏四十六人。降下臨菑。得齊守相田光。追齊相田橫至嬴博。破其騎。所將卒斬騎將一人。生得騎將四人。攻下嬴博。破齊將軍田吸於千乘。所將卒斬吸。（戰功十六）東從韓信攻龍且留公於高密。卒斬龍且。生得右司馬連尹各一人。樓煩將十人。身生得亞將周蘭。—

戰功十七前多用所將卒故此用身字齊地已定。韓信自立爲齊王。使嬰別將擊楚將公杲於魯北破之。一戰功十八轉南破薛郡長。身、鹵騎將一人。一戰功十九攻博陽。前至下相以東南僮取慮徐。度淮。盡降其城邑。至廣陵。一戰功二十項羽使項聲薛公郯公復定淮北。嬰度淮北擊破項聲郯公下邳。斬薛公。下下邳。擊破楚騎於平陽。遂降彭城。鹵柱國項佗。降留薛沛鄼蕭相。攻苦譙。復得亞將周蘭。一戰功二十一與漢王會頤鄉。從復從漢王擊項籍軍於陳下。破之。所將卒斬樓煩將二人。鹵騎將八人。賜益食邑二千五百戶。一戰功二十二爵賞十項籍敗垓下去也。嬰以御史大夫受詔將車騎別追項籍至東城。又別將破之。所將卒五人共斬項籍。皆賜爵列侯。降左右司馬各一人。卒萬二千人。盡得其軍將吏。下東城歷陽。渡江。破吳郡長吳下。得吳守。遂定吳豫章會稽郡。還定淮北。凡五十二縣。一戰功二十三漢王立爲皇帝。賜嬰邑三千戶。一爵賞十一其秋以車騎將軍從擊破燕王臧荼。戰功二十四〇以下或從或別明年。從至陳。取楚王信。還。剖符世世勿絕。食潁陰二千五百戶。號曰潁陰侯。一戰功二十五爵賞十二以車騎將軍從擊反韓王信於代。至馬邑。受詔別降樓煩以北六縣。斬代左相。破胡騎於武泉北。一戰功二十六復從擊韓信胡騎晉陽下。所將卒斬胡白題將一人。一戰功二十七　受詔幷將燕趙齊梁楚車騎。擊破胡騎於硰石。至平城。爲胡所圍。一戰功二十八　從還軍東垣。從擊陳豨。受詔別攻豨丞相侯敞軍曲逆下。破之。卒斬敞及特將五人。降曲逆。盧奴。上曲陽。安國。安平。攻下東垣。一戰功二十九　黥布反。以車騎將軍先出攻布別將於相。破之。斬亞將樓煩將三人。又進擊破布上柱國軍及大司馬軍。又進破布別將肥誅。嬰身生得左司馬一人。所將卒斬其小將十人。追北至淮上。益食二千五百戶。一戰功三十爵賞十三　布已破。高帝歸。定令嬰食潁陰五千戶。除前所食邑。一爵賞十四　凡從得二千石二人。無名　別破軍十六。楚王武軍齊軍等　降城四十六。臨菑等　定國一。齊　郡二。縣五十二。嬴博博陽取慮等　得將軍二人。楚周蘭齊華無傷　柱國。楚項他　相國。齊田光　各一人。二千石十人。無名　嬰自破布歸。高帝崩。嬰以列侯事孝惠帝及呂太后。太后崩。呂祿等以趙王自置爲將軍。軍長安。爲亂。齊哀王聞之。舉兵西。且入誅不當爲王者。上將軍呂祿等聞之。乃遣嬰爲大將。將軍往擊之。嬰行至滎陽。乃與絳侯等謀。因屯兵滎陽。風齊王以誅呂氏事。齊兵止不前。絳侯等既誅諸呂。齊王罷兵歸。嬰亦罷兵自滎陽歸。常疑諸呂既誅齊王何以不至京師以覬尊位蓋有灌嬰之兵以阻之也嬰功不在于誅呂氏而在於却齊今歸功灌嬰是本傳體　與絳侯陳平。

共立代王爲孝文皇帝。孝文皇帝於是益封嬰三千戶。賜黃金千斤。拜爲太尉。一三歲。絳侯勃免相就國。嬰爲丞相。罷太尉官。一是歲匈奴大入北地上郡。令丞相嬰將騎八萬五千。往擊匈奴。匈奴去。濟北王反。詔乃罷嬰之兵。嬰戰功餘波兩罷兵相對後歲餘。嬰以丞相卒。謚曰懿侯。一子平侯阿代侯。二十八年卒。子彊代侯。十二年。彊有罪。絕二歲。元光三年。天子封灌嬰孫賢爲臨汝侯。續灌氏後。八歲。坐行賕有罪。國除。

太史公曰。吾適豐沛。問其遺老。觀故蕭曹樊噲滕公之家。反其素。一頓異哉所聞。歎息一句七字作兩節方其鼓刀屠狗賣繒之時。豈自知附驥之尾。垂名漢庭。德流子孫哉。余與他廣通。爲言高祖功臣之興時若此云。贊語曲折縹渺意在言外

此篇與曹相國世家是一樣筆法固爲史公創格大意雖相似然其中用字處各有變化○如此傳以一樣筆法連寫四篇爲之者固難讀之者亦易厭然細看其中一篇是一樣筆法如噲傳是親臣故用從字而中間插鴻門一段酈傳以官名提綱貫下夏侯傳是車將故節節提奉車灌傳是騎將故一段從一段別將一段從韓信縱橫馳騁古人作文決不輕易下筆讀者須細看

張丞相列傳

張丞相蒼者。陽武人也。好書。律歷。總句一秦時爲御史。主柱下方書。有罪。亡歸。一及沛

公署地過陽武。蒼以客從攻南陽。蒼坐法當斬。解衣伏質。一生壽考福澤劈頭先有此一難身長大。肥白如瓠。張丞相固是痴肥一流人時王陵見而怪其美士。乃言沛公。赦勿斬一遂從西入武關。至咸陽。沛公立爲漢王。入漢中。還定三秦。一以漢事提綱陳餘擊走常山王張耳。耳歸漢。漢乃以張蒼爲常山守。從淮陰侯擊趙。蒼得陳餘。趙地已平。漢王以蒼爲代相。備邊寇。一得陳餘事略已而徙爲趙相。相趙王耳。耳卒。相趙王敖。復徙相代王。一相代事略燕王臧荼反。高祖往擊之。蒼以代相從攻臧荼有功。以六年中封爲北平侯。食邑千二百戶。一攻臧荼事略遷爲計相。一月。更以列侯爲主計四歲。是時蕭何爲相國。而張蒼乃自秦時爲柱下史。明習天下圖書計籍。蒼又善用算律曆。故令蒼以列侯居相府。領主郡國上計者。一戰功序畢提始末總序作一束黥布反亡。漢立皇子長爲淮南王。而張蒼相之。一相淮南事署十四年。遷爲御史大夫。一且截住御史大夫生出下周昌五傳周昌者。沛人也。其從兄曰周苛。因張蒼帶出周昌因周昌又帶出周苛鵜籠書生逐層吞吐秦時皆爲泗水卒史。及高祖起沛。擊破泗水守監。於是周昌周苛自卒史從沛公。沛公以周昌爲職志。周苛爲客。因周昌帶出周苛即以周昌周苛雙序從入關破秦。一事省因蒼傳已明也沛公立爲漢王。以周苛爲御史大夫。周昌爲中尉。周苛周昌雙序漢王四年、楚圍漢王滎陽急。漢王遁出去。而使周苛守滎陽城。楚破滎陽城。欲令周苛將。苛罵曰。若趣降漢王。不然。今爲虜矣。項羽怒。亨周苛。一於是乃拜周昌爲御史大夫。又卽周苛歸到周昌仍常從擊破項籍。以六年中與蕭曹等俱封。封周昌爲汾陰侯。周苛子周成以父死事。封爲高景侯。一又帶序周苛以終其事昌爲人。至此始獨序周昌事彊力。敢直言。直伏下如意事自蕭曹等皆卑下之。昌嘗燕時入奏事。高帝方擁戚姬。昌還走。高帝逐得。騎周昌項。非顛非痴。大是慚恧也。問曰。我何如主也。昌仰曰。一騎字。一仰字。思之如畫。陛下卽桀紂之主也。於是上笑之。然尤憚周昌。憚字隱隱伏下脉。及帝欲廢太子。而立戚姬子如意爲太子。大臣固爭之。莫能得。上以留侯策卽止。而周昌廷爭之彊。兩句連得妙。事有適然。使二人分功不得。上問其說。昌爲人吃。又盛怒。曰。臣口不能言。然臣期期知其不可。陛下雖欲廢太子。臣期期不奉詔。上欣然而笑。兩笑字相照。前則半慚。此則全憚。旣罷。呂后側耳於東廂聽。見周昌。爲跪謝曰。微君。太子幾廢。一是後戚姬子如意爲趙王。年十歲。高祖憂卽萬歲之後不全也。趙堯年少。爲符璽御史。趙人方與公。因張蒼帶出周昌。又因周昌帶出趙堯。乃正欲序趙堯時。忽又插入一方與公。其法同也。張蒼從御史大夫載住。序周昌。趙堯從符璽御史載住。序與公。其法同也。方謂御史大夫周昌曰。君之史趙堯。年雖少。然奇才也。君必異之。是且代君之位。周昌笑曰。堯年少刀筆吏耳。何能至是乎。居頃之。趙堯侍高祖。（間接）高祖獨心不樂。悲歌。（與前兩笑字相照　笑乃強笑　悲則眞悲）羣臣不知上之所以然。（前已點明　偏又頓一句）趙堯進請問曰。陛下所爲不樂。非爲趙王年少而戚夫人與呂后有郤邪。備萬歲之後而趙王不能自全乎。（兩調俊健）高祖曰。然。吾私憂之。不知所出。堯曰。陛下獨宜爲趙王置貴彊相及呂后太子羣臣素所敬憚乃可。高祖曰。然。吾念之欲如是。而羣臣誰可者。（三句作三斷妙）（正寫高祖平日宛轉思量心口商度之語）堯曰。御史大夫周昌。其人有堅忍質直。（應彊力直言）且自呂后太子及大臣皆素敬憚之。（應尤憚周昌）獨昌可。高祖曰。善。於是乃召周昌。謂曰。吾欲固煩公。公彊爲我相趙王。周昌泣曰。臣初起從陛下。陛下獨奈何中道而棄之於諸侯乎。高祖曰。吾極知其左遷。然吾私憂趙王。念非公無可者。（乃可誰可獨昌可非公無可照應生情）公不得已彊行。（兩彊字極寫情事）於是徙御史大夫周昌爲趙相。既行久之。高祖持御史大夫印弄之曰。誰可以爲御史大夫者。孰視趙堯曰。無以易堯。（玩弄頓挫事情固佳文情更妙）遂拜趙堯爲御史大夫。堯亦前有軍功食邑。及以御史大夫從擊陳豨有功。封爲江邑侯。（又提趙堯前事序完）

（趙堯）高祖崩。呂太后使使召趙王。其相周昌令王稱疾不行。使者三反。周昌固爲不遣趙王。於是高后患之。乃使使召周昌。周昌至。謁高后。高后怒而罵周昌曰。爾不知我之怨戚氏乎。而不遣趙王。句何。句昌既徵。高后使使召趙王。趙王果來。至長安月餘飲藥而死。周昌因謝病不朝見。三歲而死。— 後五歲。高后聞御史大夫江邑侯趙堯。高祖時定趙王如意之畫。乃抵堯罪。以廣阿侯任敖爲御史大夫。— 因周昌及趙堯而兩附傳夾序

遯入任敖 任敖者、故沛獄吏。高祖嘗辟吏。吏繫呂后。遇之不謹。任敖素善高祖。句怒。句擊傷主呂后吏。— 及高祖初起。敖以客從爲御史。守豐二歲。高祖立爲漢王。東擊項籍。敖遷爲上黨守。陳豨反時。敖堅守。封爲廣阿侯。食千八百戶。高后時爲御史大夫。三歲免。— 任敖事只畧序爲御史大夫不爲任敖也 以平陽侯曹窋爲御史大夫。高后崩。不與大臣共誅呂祿等。免。— 曹窋事亦只畧序 以淮南相張蒼爲御史大夫。重入正傳遙接御史大夫蓋曰由周昌而來遞傳遞及以至于蒼也

蒼與絳侯等尊立代王爲孝文皇帝。四年、丞相灌嬰卒。張蒼爲丞相。— 自漢興至孝文二十餘年。會天下初定。將相公卿皆軍吏。獨推出張蒼是文家尊主法也 張蒼爲計相時。緒正律曆。以高祖十月始至霸上。因故秦時本以十月爲歲首。弗革。推五德之運。以爲漢當水德之時。尚黑如故。吹律調樂。入之音聲。及以比定律令。若百工。天下作程品。至於

爲丞相卒就之。故漢家言律曆者。本之張蒼。蒼本好書。應前無所不觀。無所不通。而尤善律曆。—又總序一段與前主計一段遙遙應合兩兩對序以成文章張蒼德王陵。王陵者。安國侯也。及蒼貴。常父事王陵。陵死後。蒼爲丞相。洗沐。常先朝陵夫人上食。然後敢歸家。—又插序爲救斬一段應完蒼爲丞相十餘年。開接律曆事魯人公孫臣上書言漢土德時。其符有黃龍當見。詔下其議張蒼。張蒼以爲非是。罷之。其後黃龍見成紀。於是文帝召公孫臣以爲博士。草土德之曆制度。更元年。張丞相由此自絀。謝病稱老。—蒼任人爲中候。大爲姦利。上以讓蒼。蒼遂病免。—蒼爲丞相十五歲而免。孝景前五年。蒼卒。謚爲文侯。子康代侯。八年卒。子類代爲侯。八年。坐臨諸侯喪後就位。不敬。國除。—序完張蒼事初張蒼父長不滿五尺。及生蒼。蒼長八尺餘。爲侯丞相。蒼子復長。及孫類長六尺餘。坐法失侯。—忽從長短上生出文情奇蒼之免相後。老。口中無齒。食乳。女子爲乳母。妻妾以百數。嘗孕者不復幸。蒼年百有餘歲而卒。—又借二軼事作餘波文章方不呆板不枯淡申屠丞相嘉者。梁人。以材官蹶張從高帝擊項籍。遷爲隊率。從擊黥布軍。爲都尉。孝惠時。爲淮陽守。孝文帝元年。舉故吏士二千石從高皇帝者。悉以爲關內侯。食邑二十四人。而申屠嘉食邑五百戶。—張蒼已爲丞相嘉遷爲御史大夫（嘉得以附傳者爲此故也）張蒼免相孝文帝欲用皇后弟竇廣國爲丞相（欲用）曰恐天下以吾私廣國（欲不用）廣國賢有行故欲相之（又欲用）念久之不可（終于不用）（寫四次轉折心事遍露）而高帝時大臣又皆多死餘見無可者（又作一頓乃遜入嘉）乃以御史大夫嘉爲丞相因故邑封爲故安侯一嘉爲人廉直門不受私謁是時太中大夫鄧通方隆愛幸賞賜累巨萬文帝嘗燕飲通家其寵如是是時丞相入朝而通居上傍有怠慢之禮丞相奏事畢因言曰陛下愛幸臣則富貴之至於朝廷之禮不可以不肅上曰君勿言吾私之（一邊行行直氣一邊妮妮私語兩不相入故又生出下一段文情）罷朝坐府中嘉爲檄召鄧通詣丞相府不來且斬通通恐入言文帝文帝曰汝第往（戲得妙）吾今使人召若通至丞相府免冠徒跣頓首謝嘉坐自如故不爲禮（迂得妙）責曰夫朝廷者高皇帝之朝廷也通小臣戲殿上大不敬當斬吏今行斬之通頓首首盡出血不解（窘得妙）文帝度丞相已困通使使者持節召通而謝丞相曰此吾弄臣君釋之鄧通既至爲文帝泣曰丞相幾殺臣一（寫一邊極其迂執一邊極其窘急而文帝從中玩弄弄鄧通卽弄申屠嘉也入情入事如觀扮劇妙甚）嘉爲丞相五歲孝文帝崩孝景帝卽位二年鼂錯爲內史貴幸用事諸法令多所請變更議以謫罰侵削諸侯

而丞相嘉自絀所言不用。疾錯。錯爲內史。門東出。不便。更穿一門南出。南出者。太上皇廟堧垣。先出穿門後出廟垣倒法嘉聞之。欲因此以法錯。擅穿宗廟垣爲門。奏請誅錯。錯客有語錯。錯恐。夜入宮上謁。自歸景帝。至朝。丞相奏請誅內史錯。景帝曰。錯所穿非眞廟垣。乃外堧垣。故他官居其中。且又我使爲之。錯無罪。罷朝。嘉謂長史曰。吾悔不先斬錯。乃先請之。爲錯所賣。與鄧通事兩兩對照至舍。因歐血而死。一謚爲節侯。子共侯蔑代。三年卒。子侯去病代。三十一年卒。子侯臾代。六歲。坐爲九江太守受故官送有罪。國除。自申屠嘉死之後。景帝時開封侯陶靑。桃侯劉舍爲丞相。及今上時。柏至侯許昌。平棘侯薛澤。武彊侯莊靑翟。高陵侯趙周等爲丞相。忽附入陶靑劉舍等六人使人不覺其用筆皆以列侯繼嗣。娖娖廉謹。爲丞相備員而已。無所能發明功名有著於當世者。

太史公曰、張蒼文學律曆。爲漢名相。而絀賈生公孫臣等言正朔服色事。而不遵明。用秦之顓頊曆。何哉。周昌木彊人也。任敖以舊德用。申屠嘉可謂剛毅守節矣。然無學術。殆與蕭曹陳平異矣。

史公作傳無不有線索貫串而此篇線索更異他篇以御史大夫串故于張蒼爲御史大夫一句頓住因言張蒼爲御史大夫之前則有周苛周苛徇難而用

周昌周昌相趙而用趙堯趙堯抵罪而用任敖任敖免而用曹窋曹窋免而後至張蒼爲御史大夫耳故用周昌等而結至張蒼本傳至序完張蒼因計張蒼御史大夫之後則有申屠嘉故又附申屠嘉一傳篇中純以御史大夫照應而絕無開入可竄入也不然執栝棬而祭者非其子孫何以通鬼神哉〇張蒼先提好書律曆一句通篇皆以書律曆事貫〇因御史大夫而附周昌申屠嘉六周也乃嘉傳後不序後之爲御史大夫者乃反序後之爲丞相者如陶靑等人是史公故作狡獪伎倆愚弄後世而後世之人受其愚而不覺耳

附丞相列傳　褚先生補

孝武時。丞相多。甚不記。莫錄其行起居狀畧。且紀征和以來。有車丞相。長陵人也。（只一句畧）卒而有韋丞相代。一韋丞相賢者。魯人也。以讀書術爲吏。（不學無術不可以作宰相故以獨書文吏貫）至大鴻臚。有相工相之。當至丞相。有男四人。使相工相之。至第二子。其名玄成。相工曰。此子貴。當封。韋丞相言曰。我即爲丞相。有長子。是安從得之。後竟爲丞相。病死。而長子有罪論。不得嗣。而立玄成。玄成時佯狂。不肯立。竟立之。有讓國之名。後坐騎至廟。不敬。有詔奪爵一級。爲關內侯。失列侯。得食其故國邑。韋丞相卒。有魏丞相代。一魏丞相相者。濟陰人也。以文吏至丞相。（文吏應前讀書爲吏）其人好武。皆令諸吏帶劍。帶劍前奏事。或有不帶劍者。當入奏事。至乃借劍而敢入奏事。（帶劍奏事作數疊是古文法）其時京兆尹趙君。丞相奏以免罪。使人執魏丞相。欲求脫罪而不聽。復使人脅恐魏丞相。以夫人賊殺侍婢事而私獨奏請驗之。發吏卒至丞相舍。捕奴婢笞擊問之。實不以兵刃殺也。而丞相司直繁君奏京兆尹趙君迫脅丞相。誣以夫人賊殺婢。發吏卒圍捕丞相舍。不道。又得擅屏騎士事。趙京兆坐要斬。又有使掾陳平等劾中尚書。疑以獨擅刼事而坐之。大不敬。長史以下皆坐死。或下蠶室。而魏丞相竟以丞相病死。子嗣。後坐騎至廟。不敬。有詔奪爵一級。爲關內侯。失列侯。得食其故國邑。魏丞相卒。以御史大夫邴吉代。一邴丞相吉者。魯國人也。以讀書好法令。（讀書應前）至御史大夫。孝宣帝時。以有舊故。封爲列侯。而因爲丞相。明於事。有大智。後世稱之。以丞相病死。子顯嗣。後坐騎至廟。不敬。有詔奪爵一級。失列侯。得食故國邑。顯爲吏至太僕。坐官耗亂。身及子男有姦贓。免爲庶人。邴丞相卒。黃丞相代。長安中有善相工田文者。與韋丞相魏丞相邴丞相微賤時。會於客家。田文言曰。今此三君者皆丞相也。其後三人竟更相代爲丞相。何見之明也。（又借相工總序三相另作一結變法）黃丞相霸者。淮陽人也。以讀書爲吏。（讀書應前）至潁川太守。治潁川。以禮義條教喻告化之。犯法者風曉令自殺。化大行。名聲聞。孝宣帝下制曰。潁川太守霸以宣布詔令治民。道不拾遺。男女異路。獄中無重囚。賜爵關內侯。黃金百斤。徵爲京兆尹而至丞相。復以禮義爲治。以丞相病死。子嗣。後爲列侯。黃丞相卒。以御史大夫于定國代。一于丞相已有廷尉傳。在張廷尉語中。于丞相去。御史大夫韋玄成代。一韋丞相玄成者。卽前韋丞相子也。代父後。失列侯。其人少時。好讀書。（好讀書應前）明于詩論語。爲吏至衞尉。徙爲太子太傅。御史大夫薛君免。爲御史大夫。于丞相乞骸骨免。而爲丞相。因封故邑爲扶陽侯。數年病死。孝元帝親臨喪。賜賞甚厚。子嗣。後其治容容隨世俗浮沉。而見謂諂巧。而相工本謂之當爲侯代父。而後失之。復自游宦而起。至丞相。父子俱爲丞相。世間美之。豈不命哉。相工其先知之。（又借相工發議論挽至前段）韋丞相卒。御史大夫匡衡代。一丞相匡衡者。東海人也。好讀書。（好讀書應前）從博士受詩。家貧。衡傭作以給食飲。才下。數射策不中。至九。乃中丙科。其經以不中科。故明習。補平原文學卒史。數年。郡不尊敬。御史徵之。以補百石屬。薦爲郞。而補博士。拜爲太子少傅。而事孝元帝。孝元好詩。而遷爲光祿勳。居殿中爲師。授教左右。而縣官坐其旁聽。甚善之。日以尊貴。御史大夫鄭弘坐事免。而匡君爲御史大夫。歲餘。韋丞相死。匡君代爲丞相。封樂安侯。以十年之間。不出長安城門。而至丞相。豈非遇時而命也哉。借時命一段。下又發議論。回環感歎。頗極文情。深惟士之游宦所以至封侯者微甚。然多至御史大夫。卽去者。諸爲大夫而丞相次也。其心冀幸丞相物故也。或乃陰私相毀害。欲代之。然守之日久不得。或爲之日少而得之。至于封侯。眞命也。夫御史大夫鄭君守之數年不得。匡君居之未滿歲。而韋丞相死。卽代之矣。豈可以智巧得哉。多有賢聖之才。困戹不得者衆甚也。兩折以宕語結

褚先生于史記有原缺而補者有因事而續者獨丞相列傳史原無之無所附麗舊因張丞相傳後有陶青六人遂寄予後今因之○此篇恬淡濟楚後幅亦以感歎作致而無奇麗壯偉之觀

酈生陸賈列傳

酈生食其者。陳留高陽人也。好讀書。家貧落魄。無以爲衣食業。爲里監門吏。然縣中賢豪不敢役。縣中皆謂之狂生。寫得一落拓不羈另有一種氣 及陳勝項梁等起。諸將徇地過高陽者數十人。酈生聞其將皆握齱。好苛禮。自用。不能聽大度之言。所謂公等碌碌不足入達人眼底 酈生乃深自藏匿。接酈生狂生處偏寫其不狂爲酈生立品前寫諸將後寫沛公此寫酈生正以酈生之必見沛公也 後聞沛公將

兵略地陳留郊。沛公麾下騎士。適酈生里中子也。沛公時時問邑中賢士豪俊。不說酈生見沛公先說沛公間豪傑漸漸逼入騎士歸。酈生見。不說騎士薦酈生先說酈生見騎士又作一逼謂之曰。吾聞沛公慢而易人。多大略。與以上諸將相反此眞吾所願從游。莫爲我先。若見沛公。謂曰。臣里中有酈生。年六十餘。長八尺。人皆謂之狂生。生自謂我非狂生。騎士不言致之使言此處又偏寫其狂態語氣壓落狂生自謂非狂生兩疊句尤有致。騎士曰。沛公不好儒。諸客冠儒冠來者。沛公輒解其冠。溲溺其中。與人言。常大罵。未可以儒生說也。又作騎士一沮作一頓酈生曰。第言之。騎士從容言。如酈生所誡者。以上多少委曲至此便收如兩澗透迤不肯遽合至三峽橋邊忽然而會一落便下誠快觀也沛公至高陽傳舍。使人召酈生。酈生至。入謁。沛公方踞牀。使兩女子洗足。而見酈生。寫高祖處正寫其慢易大略生動飛舞與握齱苛禮者自別酈生入。則長揖不拜。上句極寫沛公此句極寫酈生曰。足下欲助秦攻諸侯乎。且欲率諸侯破秦也。語帶狂致

好

沛公罵曰。豎儒。夫天下同苦秦久矣。故諸侯相率而攻秦。何謂助秦攻諸侯乎。酈生曰。必聚徒合義兵。誅無道秦。不宜倨見長者。突起一頭不知如何收拾乃只爲此一句瞥然而入奇文於是沛公。輟洗。起攝衣。延酈生上坐。謝之。寫沛公倨處極倨恭處極恭一撥便轉英雄作用酈生因言六國從橫時。沛公喜。賜酈生食。寫其衣服寫其氣槩寫其兩相駕馭處而言六國從橫所以深動沛公處偏不細寫妙甚問曰。計將安出。上泛言虛

此問計實酈生曰。足下起糾合之衆。收散亂之兵。不滿萬人。欲以徑入彊秦。此所謂探虎口者也。夫陳留天下之衝。四通五達之郊也。陳留人也今其城又多積粟。臣善其令。陳留人也請得使之。令下足下。即不聽。足下舉兵攻之。臣爲內應。陳留人也於是遣酈生行。沛公引兵隨之。遂下陳留。號酈食其爲廣野君。一說令事亦不細寫莽莽蒼蒼只具大槩文以疎爲妙者此等是也酈生言其弟酈商。使將數千人從沛公西南略地。酈生常爲說客。馳使諸侯。一虛一句藏許多事即伏下說齊事

漢三年秋。項羽擊漢。拔滎陽。漢兵遁保鞏洛。楚人聞淮陰侯破趙。彭越數反梁地。則分兵救之。淮陰方東擊齊。漢王數困滎陽成皋。計欲捐成皋以東。屯鞏洛以拒楚。酈生因曰。臣聞知天之天者。奇句王事可成。不知天之天者。王事不可成。只增兩不字上下便作兩樣一正一反王者以民人爲天。而民人以食爲天。又解明天之天夫敖倉天下轉輸久矣。臣聞其下乃有藏粟甚多。楚人拔滎陽。不堅守敖倉。迺引而東。令適卒分守成皋。此乃天所以資漢也。方今楚易取而漢反卻。自奪其便。臣竊以爲過矣。下一轉甚捷且兩雄不俱立。楚漢久相持不決。百姓騷動。海內搖蕩。農夫釋耒。工女下機。天下之心未有所定也。願足下急復進兵。收取滎陽。據敖倉之粟。塞成皋之險。杜大行之道。距蜚狐之口。

守白馬之津。五句忽作排調而敖倉一句是主以示諸侯効實形制之勢。則天下知所歸矣。應天之心未有所定

方今燕趙已定。唯齊未下。今田廣據千里之齊。田間將二十萬之衆。軍于歷下。諸田宗。彊負海阻河濟。南近楚。人多變詐。足下雖遣數十萬師。未可以歲月破也。臣請得奉明詔。說齊王。使爲漢而稱東藩。上曰。善。迺從其畫。復守敖倉。而使酈生說齊。一說。齊王曰。前酈生口中原因敖倉搭入說齊是一件事故即以而字接下王知天下之所歸乎。緊頂天下知所歸句落下王曰不知也。曰。王知天下之所歸。則齊國可得而有也。若不知天下之所歸。卽齊國未可得保也。亦只增一不字未字一反一正與前句對齊王曰。天下何所歸。曰。歸漢。只二字硬綻之極是忻動齊王神情曰。先生何以言之。曰。漢王與項王戮力西面擊秦。約先入咸陽者王之。漢王先入咸陽。項王負約不與。而王之漢中。項王遷殺義帝。漢王聞之。起蜀漢之兵擊三秦。出關而責義帝之處。收天下之兵。立諸侯之後。降城卽以侯其將。得賂卽以分其士。與天下同其利。豪英賢才皆樂爲之用。諸侯之兵四面而至。蜀漢之粟方船而下。一段說漢項王有倍約之名。殺義帝之負。於人之功無所記。於人之罪無所忘。戰勝而不得其賞。拔城而不得其封。非項氏莫得用事。爲人刻印。刓而不能授。攻城得賂。積而不能賞。天下畔之。

賢才怨之而莫爲之用。一段說楚一反一覆氣浩汗以氣勢勝 故天下之士歸于漢王。可坐而策也。乃說到歸漢之故作一束 夫漢王發蜀漢。定三秦。涉西河之外。援上黨之兵。下井陘。誅成安君。破北魏。舉三十二城。此蚩尤之兵也。非人之力也。天之福也。今已據敖倉之粟。塞成皋之險。守白馬之津。杜大行之阪。距飛狐之口。與前一字不換對照作章法 天下後服者先亡矣。先後字用得巧 王疾先下漢王。齊國社稷可得而保也。不下漢王。危亡可立而待也。又作兩折語對鎖 田廣以爲然。迺聽酈生。罷歷下兵守戰備。與酈生日縱酒。淮陰侯聞酈生伏軾下齊七十餘城。迺夜渡兵平原襲齊。齊王田廣聞漢兵至。以爲酈生賣己。迺曰。汝能止漢軍。我活汝。不然。我將亨汝。酈生曰。舉大事不細謹。盛德不辭讓。而公不爲若更言。寫酈生語壯終以狂致結 齊王遂亨酈生。引兵東走。一漢十二年、曲周侯酈商以丞相將兵擊黥布有功。帶序完酈商事 高祖舉列侯功臣。思酈食其。酈食其子酈疥數將兵。功未當侯。上以其父故。封疥爲高梁侯。後更食武遂。嗣三世。元狩元年中。武遂侯平坐詐詔衡山王取百斤金。當棄市。病死。國除也。一陸賈者、楚人也。以客從高祖定天下。名爲有口辯士。居左右。常使諸侯。一提一句所以與酈生合傳亦以引起下文使南越事 及高祖時。中國初定。尉他平南越。因王之高祖使陸賈賜尉他印爲南越王陸生至尉他魋結箕倨見陸生陸生因進說他曰足下中國人（魋結箕倨老他借蠻彝自處放恣傲慢以折陸賈而陸賈劈頭以中國人三字折之便令老他氣索是兩人權術駕馭）親戚昆弟墳墓在眞定今足下反天性棄冠帶欲以區區之越與天子抗衡爲敵國禍且及身矣（先責尉他即提轉入漢事）且夫秦失其政諸侯豪傑竝起唯漢王先入關據咸陽項羽倍約自立爲西楚霸王諸侯皆屬可謂至彊然漢王起巴蜀鞭笞天下刼畧諸侯遂誅項羽滅之五年之間海內平定此非人力天之所建也（與上酈生說齊一樣文法對照）天子聞君王王南越不助天下誅暴逆將相欲移兵而誅王天子憐百姓新勞苦故且休之（說得有體）遣臣授君王印剖符通使君王宜郊迎北面稱臣迺欲以新造未集之越屈彊於此漢誠聞之掘燒王先人冢夷滅宗族使一偏將將十萬衆臨越則越殺王降漢如反覆手耳（此一段正從中國人三字貫下蓋中國人而王越終是他族逼處與越人之心終未合一故殺王降漢直入老他心坎故不覺蹶然起坐也）於是尉他迺蹶然起坐謝陸生曰居蠻彝中久殊失禮義（爲箕踞自解然已招承作中國人矣寫老他心服）因問陸生曰我孰與蕭何曹參韓信賢陸生曰王似賢（聞陸賈之言不覺心服而轉念又未免倔强故作此問意在皇帝不在三人故陸賈亦不復深答寫兩人權術）復曰我孰與皇帝賢陸生曰皇帝起豐沛討暴秦誅彊楚爲天下

興利除害。繼五帝三皇之業。統理中國。中國之人以億計。地方萬里。居天下之膏腴。人衆車轝。萬物殷富。政由一家。自天地剖泮。未始有也。今王衆不過數十萬。皆蠻夷。崎嶇山海間。譬若漢一郡。王何迺比於漢。（賢否只就事業上較量）尉他大笑曰。吾不起中國。故王此。使我居中國。何渠不若漢。（因他說蠻夷崎嶇中國殷富故答還此二句然終于倔強意）迺大說陸生。留與飲數月。曰。越中無足與語。至生來。令我日聞所不聞。（正寫中國人居越空谷足音蛩然而喜也）賜陸生橐中裝直千金。（伏後事）他送亦千金。陸生卒拜尉他為越王。令稱臣奉漢約。歸報。高祖大說。拜賈為太中大夫。一陸生時時前說稱詩書。高祖罵之曰。迺公居馬上而得之。安事詩書。陸生曰。居馬上得之。寧可以馬上治之乎。（立說便甚）且湯武逆取而以順守之。文武並用。長久之術也。昔者吳王夫差智伯極武而亡。秦任刑法不變。卒滅趙氏。鄉使秦已并天下。行仁義。法先聖。陛下安得而有之。（是正論有之正應馬上得之）高帝不懌而有慙色。迺謂陸生曰。試為我著秦所以失天下。吾所以得之者何。及古成敗之國。陸生迺麤述存亡之徵。凡著十二篇。每奏一篇。高帝未嘗不稱善。左右呼萬歲。（借左右作一襯寫一時傾動）號其書曰新語。一孝惠帝時。呂太后用事。欲王諸呂。畏大臣有口者。陸生自度不能爭之。迺病免家居。以好畤田地善。可以家焉。有五男。迺出所使越得橐中裝賣千金。間接分其子。子二百金。令爲生產。陸生常安車駟馬。從歌舞鼓琴瑟侍者十人。寶劍直百金。謂其子曰。與汝約。過汝。汝給吾人馬酒食。極欲十日而更。所死家得寶劍車騎侍從者。一歲中往來過他客。率不過再三過。數見不鮮。無久慁公爲也。一奇人奇事寫得意致飛舞人生如寄得此便足不得不欣羨陸生也呂太后時。王諸呂。諸呂擅權。欲刼少主。危劉氏。右丞相陳平患之。力不能爭。恐禍及己。常燕居深念。陸生往請。直入坐。而陳丞相方深念。不時見陸生。點綴處事情盡露陸生曰。何念之深也。陳平曰。生揣我何念。陸生曰。足下位爲上相。食三萬戶侯。可謂極富貴無欲矣。然有憂念。不過患諸呂少主耳。陳平曰。然。爲之奈何。陸生曰。天下安。注意相。天下危。注意將。將相和調。則士務附。士務附。天下雖有變。卽權不分。爲社稷計。在兩君掌握耳。句調俱佳臣常欲謂太尉絳侯。絳侯與我戲。易吾言。君何不交驩太尉。深相結。爲陳平畫呂氏數事。又虛寫一筆陳平用其計。迺以五百金爲絳侯壽。厚具樂飲。太尉亦報如之。此兩人深相結。則呂氏謀益衰。陳平乃以奴婢百人。車馬五十乘。錢五百萬。遺陸生爲飲食費。飲食費應前人馬酒食云云寫陸生曠達陸生以此游漢廷公卿間。名聲籍盛。及誅諸呂。立孝文帝。陸生頗有力焉。—只就虛處寫妙 孝文帝卽位。欲使人之南越。陳丞相等乃言陸生爲太中大夫。往使尉他。令尉他去黃屋稱制。令比諸侯。皆如意旨。語在南越語中。—先使南越已盡情實發此不幾重複乎故只虛序略點下一句即收正見章法 陸生竟以壽終。—

平原君朱建者。楚人也。故嘗爲淮南王黥布相。有辠去。後復事黥布。布欲反時。問平原君。平原君非之。止布事只虛序 布不聽。而聽梁父侯。遂反。漢已誅布。聞平原君諫不與謀得不誅。語在黥布語中。—平原君爲人辯有口。刻廉剛直。家于長安。行不苟合。義不取容。—亦只虛寫 辟陽侯行不正。得幸呂太后。時辟陽侯欲知平原君。平原君不肯見。及平原君母死。陸生素與平原君善。借陸生帶下喚合前傳 過之。平原君家貧。未有以發喪。方假貸服具。陸生令平原君發喪。陸生往見辟陽侯。賀曰。平原君母死。劈頭突入另用一法 辟陽侯曰。平原君母死。何乃賀我乎。陸賈曰。前日君侯欲知平原君。平原君義不知君。以其母故。今其母死。君誠厚送喪。則彼爲君死矣。辟陽侯乃奉百金往稅。列侯貴人以辟陽侯故。往稅凡五百金。—且頓住 辟陽侯幸呂太后。人或毀辟陽侯於孝惠帝。孝惠帝大怒。下吏。欲誅之。呂太后慙。不可以言。大臣多害辟陽侯行。欲遂誅之。辟陽侯急。因使人欲見平原君。平原君辭曰。獄急。不敢見君。先寫太后不能救大臣不欲救辟陽侯已心盡氣絕可以顯出平原君矣而偏又作此一閃文情之妙乃爾 迺求見孝惠幸臣閎籍孺。即就幸臣說是 說之曰。君所以得幸帝。天下莫不聞。今辟陽侯幸太后而下吏。道路皆言君讒欲殺之。辟陽自辟陽籍孺自籍孺兩不相及也乃硬坐一句使之一驚一驚便可動而辟陽之事即籍孺之事矣立說之妙 今日辟陽侯誅。旦日太后含怒。亦誅君。又硬刼一句 何不肉袒爲辟陽侯言於帝。帝聽君出辟陽侯。太后大驩。兩主共幸君。君富貴益倍矣。又甜哄一句說來可聽 於是閎籍孺大恐。只就大恐一邊說富貴猶綫圖禍患殊可慮也 從其計言帝。果出辟陽侯。辟陽侯之囚。欲見平原君。平原君不見辟陽侯。辟陽侯以爲倍己。大怒。及其成功出之。迺大驚。又補寫一筆大怒大驚一頓挫入情調亦秀勁 呂太后崩。大臣誅諸呂。辟陽侯于諸呂至深。而卒不誅。計畫所以全者。皆陸生平原君之力也。又虛寫一筆與陸生傳一樣帶定陸生是合傳體 孝文帝時。淮南厲王殺辟陽侯。以諸呂故。文帝聞其客平原君爲計策。使吏捕欲治。聞吏至門。平原君欲自殺。諸子及吏皆曰。事未可知。何早自殺爲。平原君曰。我死禍絕。不及而身矣。遂自剄。孝文帝聞而惜之。曰。吾無意殺之。借文帝一嘆爲平原君增價自是臨去秋波 迺召其子。拜爲中大夫。使匈奴。單于無禮。迺罵單于。遂死匈奴中。

初沛公引兵過陳留。酈生踵軍門上謁曰。高陽賤民酈食其。竊聞沛公暴露。將兵助楚討不義。敬勞從者。願得望見口畫天下便事。起得從容文雅儼然是一儒生就知轉而一叱即變爲壯士使者入通。沛公方洗。問使者曰。何如人也。使者對曰。狀貌類大儒。衣儒衣。冠側注。就衣冠上寫其人而其人活現是襯法也沛公曰。爲我謝之。言我方以天下爲事。未暇見儒人也。使者出謝曰。沛公敬謝先生。方以天下爲事。未暇見儒人也。兩句作兩折一字不換酈生瞋目案劍叱使者曰。走。復入言沛公。吾高陽酒徒也。非儒人也。以前祥烟瑞靄霏霏微微一變而爲轟雷掣電使者懼而失謁。跪拾謁。還走。借旁人極寫其勇與赤泉侯射項羽事同復入報曰。客天下壯士也。叱臣。臣恐。至失謁。曰走。復入言而公高陽酒徒也。亦兩折一字不換對作章法沛公遽雪足杖矛曰。延客入。寫沛公傾倒酈生入。揖沛公曰。足下甚苦暴衣露冠。將兵助楚討不義。足下何不自喜也。臣願以事見。而曰吾方以天下爲事。未暇見儒人也。夫足下欲興天下之大事。而成天下之大功。而以目皮相。恐失天下之能士。且吾度足下之智不如吾。勇又不如吾。若欲就天下而不相見。竊爲足下失之。一路以短間促節勝此忽換一段汪洋大觀沛公謝曰。鄉者聞先生之容。今見先生之意矣。迺延而坐之。問所以取天下者。方入題酈生曰。夫足下欲成大功。不如止陳留。陳留者。天下之據衝也。兵之會地也。積粟數千萬石。城守甚堅。說陳留一段前傳詳此獨用簡臣素善其令。願爲足下說之。不聽。臣請爲足下殺之。而下陳留。足下將陳留之衆。據陳留之城。而食其積粟。招天下之從兵。從兵已成。足下橫行天下。莫能有害足下者矣。沛公曰。敬聞命矣。于是酈生迺夜見陳留令。說之曰。夫秦爲無道。而天下畔之。今足下與天下從。則可以成大功。今獨爲亡秦嬰城而堅守。臣竊爲足下危之。說令一段前傳簡此獨用詳陳留令曰。秦法至重也。不可以妄言。妄言者無類。吾不可以應。先生所以敎臣者。非臣之意也。願勿復道。寫令之恐懼畏懦急詞反以詳寫而其急愈甚妙酈生留宿臥。夜半時斬陳留令首。踰城而下。報沛公。沛公引兵攻城。縣令首於長竿。以示城上人曰。趣下。而令頭已斷矣。妙在警脫今後下者。必先斬之。于是陳留人見令已死。遂相率而下沛公。沛公舍陳留南城門上。因其庫兵。食積粟。留出入三月。從兵以萬數。遂入破秦。孫月峯云篇中以十五天下字十三足下字四先生字十一陳留字十四沛公字若故重之以見奇

太史公曰。世之傳酈生書。多曰漢王已拔三秦。東擊項籍。而引軍于鞏洛之間。酈生被儒衣。往說漢王。迺非也。自沛公未入關。與項羽別。而至高陽。得酈生兄弟。余讀陸

生新語。書十二篇。固當世之辯士。至平原君子與余善。是以得具論之。

鄺生陸賈是當代一流人物郎平原朱建亦不平常故史公極力模寫凡情事聲色衣冠言動俱從字句中現出不必優孟抵掌而孫叔敖如生古人云文如生龍活虎捉搦不得吾以爲此文足以當之○寫鄺生處處處寫其狂生另有一種超然邁遠高視一切之度而陸生一傳則精詳秀雅又是一種丰裁至與尉他對語一段各用權術各相龝敺至今生氣勃勃○後再述鄺生一段或以爲傳聞之異或以爲史公未成之蘽竝存于此皆非也蓋鄺生見沛公致詞處叱謁者處沛公雪足杖矛處極其精神而前傳不能全入者作傳之體也若詳悉鋪排便成日錄於章法何如故史公只得略取裁剪成吾文章而鄺生一篇好文字所不暇惜也然終不忍棄去故全載於此耳不然史公豈不知更定而留此未成之書邪

傅靳蒯成列傳

陽陵侯傅寬。以魏五大夫騎將從。爲舍人。起橫陽。從攻安陽杠里。擊趙賁軍於開封。及擊楊熊曲遇陽武。斬首十二級。賜爵卿。從至霸上。沛公立爲漢王。漢王賜寬封號共德君。從入漢中。遷爲右騎將。從定三秦。賜食邑雕陰。從擊項籍。待懷。賜爵通德侯。從擊項冠周蘭龍且。所將卒斬騎將一人敖下。益食邑。屬淮陰。擊破齊歷下軍。擊田解。屬相國參。殘博。益食邑。因定齊地。剖符世世勿絕。封爲陽陵侯。二千六百戶。除前所食。爲齊右丞相。備齊。五歲爲齊相國。四月。擊陳豨。屬太尉勃。以相國代丞相噲擊孫一月徙爲代相國將屯二歲爲代丞相將屯孝惠五年卒謚爲景侯子須侯精立二十四年卒子共侯則立十二年卒子侯偃立二十一年坐與淮南王謀反死國除

信武侯靳歙以中涓從起宛朐攻濟陽破李由軍擊秦軍亳南開封東北斬騎十人將一人首五十七級捕鹵七十三人賜爵封號臨平君又戰藍田北斬車司馬一人騎長一人首二十八級捕鹵五十七人至霸上沛公立爲漢王賜歙爵建武侯遷爲騎都尉從定三秦別西擊章平軍於隴西破之定隴西六縣所將卒斬車司馬侯各四人騎長十二人從東擊楚至彭城漢軍敗還保雍丘去擊反者王武等畧梁地別將擊邢說軍菑南破之身得說都尉二人司馬侯十二人降吏卒四千六百八十人破楚軍滎陽東三年賜食邑四千二百戶別之河內擊趙將賁郝軍朝歌破之所將卒得騎將二人車馬二百五十匹從攻安陽以東至棘蒲下七縣別攻破趙軍得其將司馬二人侯四人降吏卒二千四百人從攻下邯鄲別下平陽身斬守相所將卒斬兵守郡守各一人降鄴從攻朝歌邯鄲及別擊破趙軍降邯鄲郡六縣還軍敖倉破項籍軍成皐南擊絕楚餉道起滎陽至襄邑破項冠軍魯下畧地東至繒郯下

邳。南至蘄竹邑。擊項悍濟陽下。還擊項籍陳下。破之。別定江陵。降江陵柱國大司馬以下八人。身得江陵王。生致之雒陽。因定南郡。從至陳。取楚王信。剖符世世勿絕。定食四千六百戶。號信武侯。以騎都尉從擊代。攻韓信平城下。還軍東垣。有功。遷爲車騎將軍。并將梁趙齊燕楚車騎。別擊陳豨丞相敞。破之。因降曲逆。從擊黥布。有功。益封。定食五千三百戶。凡斬首九十級。虜百三十二人。別破軍十四。降城五十九。定郡國各一。縣二十三。得王柱國各一人。二千石以下至五百石三十九人。高后五年。歙卒。諡爲肅侯。子亭代侯。二十一年。坐事國人過律。孝文後三年。奪侯國除。

蒯成侯緤者。沛人也。姓周氏。常爲高祖參乘。以舍人從起沛。至霸上。西入蜀漢。還定三秦。食邑池陽。東絕甬道。從出度平陰。遇淮陰侯兵襄國。軍乍利乍不利。終無離上心。以緤爲信武侯。食邑三千三百戶。高祖十二年。以緤爲蒯成侯。除前所食邑。上欲自擊陳豨。蒯成侯泣曰。始秦攻破天下。未嘗自行。今上常自行。是爲無人可使者乎。上以爲愛我。賜入殿門不趨。殺人不死。至孝文五年。緤以壽終。諡爲貞侯。子昌代侯。有罪國除。至孝景中二年。封緤子居代侯。至元鼎三年。居爲太常。有罪。國除。

中華書局印行

太史公曰、陽陵侯傅寬。信武侯靳歙。皆高爵。從高祖起山東。攻項籍。誅殺名將。破軍降城以十數。未嘗困辱。此亦天授也。蒯成侯周緤。操心堅正。身不見疑。上欲有所之。未嘗不垂涕。此有傷心者。然可謂篤厚君子矣。

初讀曹相國世家鋪序處覺文法一新耳目頓異及至樊酈滕灌列傳亦有作法此傳平直無奇不覺積習生厭矣孫月峯以其有吏牘意亦似脚色供狀誠然也而何氏以爲後人採漢書補之或其然乎○傅寬傳俱未特將從高祖者六屬淮陰屬相國參屬太尉勃者各一靳傳從高祖者九別將者八周傳止從高祖者一以終無離上之心爲總而畧序其留行一一事此三傳之大畧也